विद्यापति पदावली

(टिप्पणी सहित)

विद्यापति पदावली

(टिप्पणी सहित)

सम्पादन और शब्दार्थ

श्री रामवृक्ष बेनीपुरी

लोकभारती प्रकाशन

लोकभारती प्रकाशन
पहली मंजिल, दरबारी बिल्डिंग, महात्मा गांधी मार्ग
प्रयागराज-211 001

वेबसाइट : www.lokbhartiprakashan.com
ईमेल : info@lokbhartiprakashan.com

शाखाएँ : 1-बी, नेताजी सुभाष मार्ग, दरियागंज
नई दिल्ली-110 002
अशोक राजपथ, साइंस कॉलेज के सामने
पटना-800 006
1, अनमोल सोराबजी संतुक लेन, धोबी तलाव,
मरीन लाइंस, मुम्बई-400 002

बारहवाँ संस्करण : 2024

मूल्य : ₹595

मुद्रक : बी.के. ऑफसेट
नवीन शाहदरा, दिल्ली-110 032

VIDYAPATI PADAWALI
by Ramvirksha Benipuri

ISBN : 978-81-8031-366-0

अनुक्रम

●

●

मैथिल-कोकिल

कोकिल की कलकंठता कितनी मधुर, कितनी सरस और कितनी हृदय-ग्राहिणी होती है; इसका परिचय इसी से मिलता है कि जब संस्कृत के सहृदय विद्वानों को कविकुलगुरु महर्षि वाल्मीकि की वंदना के लिए जिह्वा खोलनी पड़ी तब उन्होंने यही कहा—

कूजन्तं रामरामेति मधुरं मधुराक्षरम्।
आरुह्य कविता-शाखां वंदे वाल्मीकि-कोकिलम्॥

इस एक श्लोक ही में—जो समस्त गुण आदिकवि की रचनाओं में हैं उनका व्यापक निरूपण है—थोड़े से शब्दों में ही बहुत कुछ कह दिया गया है। इसी प्रकार भारती के वरपुत्र विद्यापति की लोकोत्तर रचनाओं का परिचय देने, उनके माधुर्य, प्रसाद, सरसता और मनोमुग्धकारिता की व्याख्या करने के लिए उनको 'मैथिल-कोकिल' कह देना ही पर्याप्त है। आप मैथिली भाषा-राकारजनी के राकेश और कविता-कामिनी के कमनीय कांत हैं। आपकी कोकिल-काकली-कलित मधुमयता, कोमल-कांत पदावली, भावुक-हृदयविमोहिनी भावुकता और नव-नव भावोन्मेषिणी प्रतिभा देखकर चित्त विमुग्ध हो जाता है। आपके इन्हीं गुणों की आकर्षिणी शक्ति का यह प्रभाव है कि केवल मैथिली भाषा को ही आपका गर्व नहीं है, बंगभाषा और हिन्दी भाषा-भाषी भी आपको अपनाने में अपना गौरव समझते हैं, और आज भी हृदय से आपका अभिनंदन करते हैं। तीन-तीन प्रांतों में समान भाव से समादृत होने का गुण यदि किसी कविता में है, तो आपकी ही कविता में है, अन्य किसी की कविता में आज तक यह महत्व नहीं प्राप्त हुआ। खेद है, ऐसी अपूर्व रचना का समुचित प्रचार अब तक प्रत्येक प्रांत में नहीं हुआ। इसी उद्देश्य की पूर्ति के लिए यह संग्रह तैयार किया गया है। संग्रहकर्ता ने उनकी उत्तमोत्तम रचना-कुसुमावली में से सरस-से-सरस सुमन के संग्रह करने में जिस मधुप-वृत्ति का परिचय दिया है, उसकी भूयसी प्रशंसा की जा सकती है। पाद-टिप्पणियाँ तो सोने में सुगंध हैं। यदि आप लोगों ने इसका समुचित समादर किया तो अतीव सुंदर आकार-प्रकार में उक्त कविपुंगव की अधिकांश रचनाएँ आप लोगों के कर-कमलों में अर्पित की जायेंगी। उस समय मैं एक वृहत् भूमिका द्वारा इसी महान् कवि की रचनाओं पर समुचित प्रकाश डालने की चेष्टा करूँगा। आज इन कतिपय पंक्तियों को लिखकर ही संतोष ग्रहण करता हूँ।

—अयोध्यासिंह उपाध्याय

हिन्दू विश्वविद्यालय
काशी

विद्यापति का इतिहास

भारतीय प्राचीन महापुरुषों का जीवनवृत्त लिखना कठिन है। भारत में इतिहास व जीवनी लिखने की वैसी प्रथा नहीं थी। अतएव, अपने प्राचीन पुरुषों की जीवनी लिखने में हमें विशेषतः किंवदंतियों या परंपरा से चली आती हुई जनश्रुतियों का आधार लेना पड़ता है। यदि किसी महापुरुष की चर्चा प्रसंगवश किसी पुस्तक में आ गई हो, तो वह हमारे लिए एक बहुमूल्य ऐतिहासिक सामग्री हो जाती है। ताम्रपत्र या सिक्के भी इतिहास-संकलन में बहुत सहायता करते हैं। यहाँ एक बात और ध्यान में रखने की है। जो राजा हो गये हैं, जिन्होंने राजवंश में जन्म लिया था, या जिन्होंने किसी राजा का आश्रय लिया था, प्राचीन पुस्तकों में प्रायः उन्हीं की अधिक चर्चा है—सिक्के और ताम्रपत्र हमें उन्हीं के इतिहास-संकलन में सहायक होते हैं। जिनका जन्म साधारण घराने में हुआ था, जिन्होंने किसी राजा का आश्रय नहीं लिया था, उनके जीवन-वृत्त लिखने में तो विशेषतः किंवदंतियाँ ही सहायक होती हैं। सूर और तुलसी इतने बड़े कवि हो गये हैं, किन्तु इनके विषय में जो कुछ हम जानकारी रखते हैं, वह केवल किंवदंतियों के ही आधार पर। जन-श्रुति या किंवदंतियाँ सर्वथा अमूलक नहीं हुआ करतीं। उनमें बहुत कुछ ऐतिहासिक तथ्य रहते हैं—हाँ, हम यह स्वीकार करेंगे, कि उनमें ऐतिहासिक तथ्यों पर बहुत कुछ परदा पड़ा हुआ रहता है।

विद्यापति इस विषय में सूर या तुलसी से अधिक सौभाग्यशाली हैं। इनका जन्म सूर-तुलसी के लगभग दो सौ वर्ष पूर्व होने पर भी इनके जीवनी-लेखक को बहुत कुछ ऐतिहासिक सामग्रियाँ मिलती हैं। उसका खास कारण यह है, कि ये एक राजवंश के आश्रित थे। उस राजवंश के इतिहास के साथ इनका इतिहास भी सम्मिलित है। कई प्राचीन पुस्तकों में प्रसंग-क्रम से इनकी चर्चा आ गई है। एक ताम्रपत्र भी इनके सम्बन्ध में मिला है।

विद्यापति का निवास-स्थान

बहुत दिनों तक विद्यापति के जन्मस्थान के विषय में विवाद चला आ रहा था, किन्तु अब उस विवाद का अंत हो गया। अब यह बात निश्चित हो गई है कि विद्यापति बंगाली नहीं, मैथिल थे। उनका जन्म दरभंगे जिले के बेनीपट्टी थाने के अन्तर्गत 'बिसपी' गाँव में हुआ था। दरभंगे से जो रेलगाड़ी उत्तर-पश्चिम की ओर जाती है, उसका तीसरा स्टेशन कमतौल है। कमतौल से लगभग चार मील पर यह गाँव है। विद्यापति के पूर्वज बहुत दिनों से यहीं वास करते थे—इस गाँव का पहला नाम गढ़ बिसपी था। विद्यापति को यह गाँव उनके आश्रयदाता राजा शिवसिंह की ओर से उपहारस्वरूप मिला था। इस दान का ताम्रपत्र भी प्राप्त हुआ है। उस ताम्रपत्र का कुछ अंश यहाँ दिया जाता है—

स्वस्ति श्री गजरथपुरात् समस्त प्रक्रिया विराजमान श्रीमद्रामेश्वरीवरलब्धप्रसाद भवानीभवभक्तिभावनापरायण रूपनारायण महाराजाधिराज श्रीमच्छिवसिंह देवपादस्स-मरविजयिनो जरैल तण्यायां बिसपी ग्राम वास्तव्य सकल लोकान् भूकर्षकांश्च समादिशंति। ज्ञातुमस्तुभवताम्। ग्रामोऽयमस्माभिः सप्रकियार्भिनवजयदेव महाराजपंडित ठक्कुर श्रीविद्यापतिभ्यः शासनीकृत्य प्रदत्तोऽतोऽयमेतेपां वचनकरी भूकर्षणादिकर्म्मकरिष्यथेति॥ ल० सं० 293 श्रावण सुदि 7 गुरौ।

विद्यापति के वंशधर बहुत दिनों तक इसी गाँव में बसते रहे। किन्तु अभी, चार पुस्त पहले, वे इस गाँव को छोड़कर इसी जिले के सौराठ नामक गाँव में बस गये हैं। अँगरेजी राज्य के पहले तक वे लोग इस गाँव का उपभोग ला-खिराज के रूप में करते थे। किन्तु अँगरेजी सरकार द्वारा सर्वे होने के समय इस गाँव का स्वत्व इनके वंशधरों से छीन लिया गया। उस समय विद्यापति के वंशधरों ने अपना स्वत्व सिद्ध करने के लिए उपर्युक्त ताम्रपत्र पेश किया था। इस ताम्रपत्र को लेकर कुछ दिनों तक खूब विवाद चला। ग्रियर्सन साहब इसे जाली बताते रहे। किन्तु महामहोपाध्याय हरप्रसाद शास्त्री तथा अन्य बंगीय अनुसंधानकर्ताओं ने इस दान-पत्र को प्रामाणिक माना है। बिसपी गाँव विद्यापति को शिवसिंह ने अवश्य दिया था। विद्यापति के प्रसिद्ध विद्वेषी पंडित केशव मिश्र इसी दान की ओर लक्ष्य कर 'अतिलुब्ध नगरयाचक' नाम से इनका उपहास किया करते थे।

इन्हें बंगदेशीय सिद्ध करने के लिए जो कोशिशें हुई थीं, उस विषय में भी कुछ जान लेना अप्रासंगिक न होगा। बात यों है, कि विद्यापति की अधिकांश रचनाएँ शृंगार रस से ओत-प्रोत हैं। भारतीय शृंगारी कवियों के प्रधान उपास्य देव हैं—राधा-कृष्ण। संस्कृत और भाषा का शृंगार-साहित्य राधा-कृष्ण की केलि-क्रीड़ाओं से भरा पड़ा है, विद्यापति ने भी अपने पदों में राधा-कृष्ण की लीलाओं का वर्णन किया है—और खूब किया है। इस विषय के ऐसे मधुर और कोमल पद भाषा-साहित्य में कहीं अन्यत्र मिलना कठिन है। जिस समय बंगाल में चैतन्य महाप्रभु का आविर्भाव हुआ, उस समय इस कवि-कोकिल की काकली मिथिला की गली-गली को रसप्लावित कर बंगाल के श्यामल व्योममंडल को गुँजा रही थी। चैतन्यदेव के कानों में भी इसकी मधुर ध्वनि पड़ी। सुनते ही वे मंत्र-मुग्ध हो गये। वे ढूँढ़-ढूँढ़कर विद्यापति के पद गाने लगे। विद्यापति के अलौकिक पदों को गाते-गाते, प्रेमावेश में, वे मूर्च्छित हो जाते थे! (चैतन्यदेव भारत के अवतारी पुरुषों में हैं— ऐसा सौभाग्य प्राप्त करना विद्यापति के लिए कितने गौरव की बात है!) अब क्या था, चैतन्यदेव की शिष्य-परंपरा में विद्यापति के पद गाने की प्रथा अनुदिन बढ़ती गई। यही नहीं, विद्यापति के ही अनुकरण पर कृष्णदास, नरोत्तमदास, गोविंददास,[1] ज्ञानदास, श्रीनिवास, नरहरिदास आदि बंगीय कवियों ने कविताएँ रचना प्रारम्भ किया। बाबू नगेंद्रनाथ गुप्त लिखते

---

1. कहा जाता है कि ये भी मैथिल ही थे।—लेखक

हैं—"विद्यापतिर जे रूप अनुकरण हइआछिल, बोध हय कोन देशे कोन कविर तद्रुप हय नाई।.....ताँहारई भाषा भाँगिया-चूरिया, गड़िया-पठिया, रूप-रस, छंदोबंध, ठामभङ्गी, शब्द, उत्प्रेक्षा, उपमा, ताँहारई पदावली हइते लइया लोकमनोमोहन वैष्णव काव्यसमूह सृजित हइल।" त्रैलोक्यनाथ भट्टाचार्य एम०ए०, बी०ए०एल० ने जो लिखा था उसका भाव देखिए—"विद्यापति और चंडीदास की अतुलनीय प्रतिभा से समस्त बंग-साहित्य उज्ज्वल और सजीव हुआ है। वैष्णव गोविंददास और ज्ञानदास से लेकर हिन्दू बंकिमचंद्र और ब्राह्म रवींद्रनाथ ठाकुर तक सब ही उन लोगों की आभा से आलोकित हैं, और उन लोगों का अनुकरण करके कविता-रचना में व्यस्त पाए जाते हैं।"

फल यह हुआ कि विद्यापति बंगालियों के रगरग में प्रवेश कर गये। सैकड़ों वर्षों तक लगातार बंगालियों द्वारा गाये जाने के कारण विद्यापति के बंगदेशीय पदों का रूप भी ठेठ बँगला हो गया। अब तो बंगाली लोग यह एक बार ही भूल गये कि विद्यापति बंगाली नहीं, मैथिल थे। बंगाली अपनी कुशाग्रबुद्धि के लिए प्रसिद्ध हैं। उन लोगों ने विद्यापति का निवास-स्थान भी बंगाल ही में ढूँढ़ निकाला। यही नहीं, शिवसिंह नामक एक बंगाली राजा भी कहीं से टपक पड़े—रानी लखिमा देवी भी मिल गईं। यों सब प्रकार से सिद्ध हो गया कि विद्यापति ठेठ बंगाली थे। यही कारण है कि बँगला 1282 साल में स्वर्गीय राजकृष्ण मुखोपाध्याय ने जब पहले-पहले 'वङ्गदर्शन' नामक पत्र में यह प्रकाशित किया कि विद्यापति बंगाली नहीं, मैथिल थे, और इसके प्रमाण में उन्होंने उपर्युक्त ताम्रपत्र आदि पेश किये, तो समूचे बंगाल में कोलाहल मच गया। विद्यापति पर वे लोग इतने फिदा थे, कि उन्हें अन्यदेशीय सिद्ध होना वे सुनना नहीं चाहते थे। उस समय एक प्रसिद्ध बँगला-लेखक ने यह अंदाज लड़ाया था कि विद्यापति बंगाली ही थे, पहले बंगाली लोग मिथिला में विद्याध्ययन को जाते थे, संभव है, विद्यापति यहाँ से विद्याध्ययन को गये हों और वहाँ अपनी प्रतिभा से राजा शिवसिंह को प्रसन्न कर गाँव प्राप्त किया हो और बस गये हों। किन्तु ये सब गपोड़ेबाजियाँ अब गलत साबित हो चुकी हैं। महामहोपाध्याय हरप्रसाद शास्त्री, जस्टिस सारदा चरन मित्र, बाबू नगेंद्रनाथ गुप्त सभी बंगीय विद्वानों ने यह कबूल कर लिया है, कि ये मिथिला-निवासी थे और इन्होंने मैथिली भाषा में कविता की है—जो ब्रजबोली की एक शाखा है। हमें धन्यवाद देना चाहिए श्रीयुत ग्रियर्सन साहब को, जिन्होंने सबसे पहले विद्यापति को बिहारी होना सिद्ध किया था।

विद्यापति का समय

प्राचीन कवियों की तरह विद्यापति के जन्म और मृत्यु के समय भी निश्चित नहीं है। निश्चित है, तो केवल यही, कि लक्ष्मणाब्द 292 या शाकाब्द 1324 में देवसिंह मरे थे, उसी साल शिवसिंह राजगद्दी पर बैठे थे; और राजगद्दी पर बैठने के छः महीने के अंदर उन्होंने विद्यापति को बिसपी गाँव उपहार में दिया था। बिसपी गाँव के ताम्रपत्र की प्रतिलिपि दी जा चुकी है; शिवसिंह के पिता देवसिंह की मृत्यु के विषय में विद्यापति का एक पद यों है—

अनल[3] रंध्र[9] कर[2] लक्खन नरवइ सक समुद्द[4] कर[2] आगनि[3] ससी[1]।
चैत कारि छठि जेठा मिलिश्रो बार बेहप्पय जाहु लसी॥
देवसिंह जू पुहुमि छड्डिअ अद्धासन सुरराअ सरू। *इत्यादि*

बाबू ब्रजनंदन सहाय ने अपने 'मैथिल-कोकिल विद्यापति' ग्रंथ में लिखा है कि बिसपी गाँव प्राप्त करने के समय विद्यापति की अवस्था केवल बीस वर्ष की थी। इसके पहले विद्यापति ने 'कीर्तिलता' नाम की पुस्तक लिखी थी। सहायजी उसे 16 की अवस्था में लिखी हुई बताते हैं। सहायजी का यह कथन अनुमान-विरुद्ध तथा ऐतिहासिक प्रमाणों से असत्य सिद्ध होता है। सबसे प्रधान कारण तो यह है कि शिवसिंह गद्दी पर बैठने के तीन वर्ष के बाद ही मुसलमानों से युद्ध करते हुए पराजित होकर किसी अज्ञात स्थान में चले गये, जहाँ से वे पुनः नहीं लौटे—संभवतः वे उसी युद्ध में मारे गये। इतिहास से यह[1] सिद्ध है, और स्वयं सहायजी ने भी इसे स्वीकार किया है। इससे तो यही सिद्ध होता है कि कुल तेईस वर्ष की अवस्था तक ही विद्यापति और शिवसिंह की संगति रही। विद्यापति के अधिकांश पदों में शिवसिंह का नाम है। क्या यह कभी संभव हो सकता है कि केवल तीन-चार वर्षों के अंदर ही इतने पद लिखे गये हों? अनुमान की बात जाने दीजिए। इतिहास भी इसके विरुद्ध है। सहायजी ने अपनी पुस्तक में लिखा है कि विद्यापति बचपन में अपने पिता गणपति ठाकुर के साथ राजा गणेश्वर के दरबार में आते-जाते थे। नेपाल-दरबार के पुस्तकालय में विद्यापति-रचित 'कीर्तिलता' की पूरी पुस्तक महामहोपाध्याय पं० हरप्रसाद शास्त्रीजी ने देखी थी और उसकी नकल भी इन्होंने करा ली थी। उस 'कीर्तिलता' में लिखा हुआ है कि 252 लक्ष्मणाब्द में राजा गणेश्वर की मृत्यु हुई थी। अतः राजा गणेश्वर की मृत्यु के पहले तो विद्यापति का जन्म अवश्य हो गया होगा—वे ऐसी अवस्था के जरूर रहे होंगे कि दरबार में अपने पिता के साथ जा सकें। 292 लक्ष्मणाब्द में यदि विद्यापति केवल 20 वर्ष के थे तो 252 लक्ष्मणाब्द में वे राजा गणेश्वर के दरबार में कैसे आ-जा सकते थे—उस समय तो उनका जन्म भी न हुआ होगा!

बात यों है, कि बाबू ब्रजनंदन सहायजी को बाबू अयोध्याप्रसाद खत्री लिखित मिथिला-राज्य की वंशावली ने धोखा दिया है। बाबू अयोध्याप्रसाद खत्री के कथनानुसार शिवसिंह के पिता देवसिंह की मृत्यु 1446 ईस्वी में हुई थी, जो लक्ष्मणाब्द 247 होता है[2]। सहायजी ने स्वयं इसका खंडन किया है। क्योंकि विद्यापति

1. 'मिथिला-दर्पण' के रचयिता ने देवसिंह के बाद शिवसिंह का 46 वर्षों तक राज्य करने की बात लिखी है। किन्तु 'मिथिला-दर्पण' का काल-निर्णय नितांत अशुद्ध जान पड़ता है। यहाँ तक कि उसमें दी हुई राजाओं की वंशावली भी अशुद्ध है।—लेखक
2. लक्ष्मणाब्द और ईस्वी सन् के तारतम्य में भिन्न-भिन्न ऐतिहासिकों का भिन्न-भिन्न मत है। सहायजी ने शिवसिंह के राज्यारोहण काल 293 ल० सं० को 1400 ई० माना है, 'हिस्ट्री ऑफ तिरहुत' के रचयिता ने इसे 1412 ई० लिखा है, और मेरे हिसाब से यह 1402 ई० पड़ता है।—लेखक

के कथनानुसार लक्ष्मणाब्द 293 में देवसिंह की मृत्यु हुई थी। यों अयोध्याप्रसादजी ने सहायजी की गणनानुसार 46 वर्ष की भूल की है। किन्तु एक जगह खत्रीजी के समय को गलत मानकर भी दूसरी जगह सहायजी ने उसे प्रामाणिक मान लिया है। 'दुर्गाभक्ति-तरंगिनी' नामक पुस्तक विद्यापति ने राजा नरसिंहदेव के समय में लिखना शुरू किया था, और उनके बाद के राजा धीरसिंह के समय में समाप्त किया था। नरसिंहदेव का समय खत्रीजी ने 1470 ई० लिखा है। सहायजी ने इस समय को प्रामाणिक मान लिया है। जब 1470 ई० के बाद तक विद्यापति के जीवित रहने की बात स्वीकार कर ली गई, तब उनके जन्म-साल को आगे बढ़ाना सहायजी के लिए जरूरी था। किन्तु सोचना तो यह था कि जिस प्रकार देवसिंह की मृत्यु के विषय में खत्रीजी ने 46 वर्ष की भूल की है, वही 46 वर्ष की भूल यहाँ भी की होगी। खत्रीजी की यह भूल भी इतिहास सिद्ध है। स्वयं सहायजी ने अपनी पुस्तक के 20 पृष्ठ में लिखा है कि नरसिंहदेव के पुत्र धीरसिंह के राजत्वकाल में—'सेतुबंध' नामक प्राकृत ग्रंथ की 'सेतुदर्पणी' नामक टीका लिखी गई थी। जिसके अनुसार 321 लक्ष्मणाब्ध में धीरसिंह सिंहासन पर विराजमान बतलाए गये हैं। 321 लक्ष्मणाब्द 1428 ई० में पड़ता है।[1] सोचने की बात है कि जब पुत्र 1428 ई० में राजगद्दी पर बैठा था तो उसका पिता 1470 में कैसे राजा हुआ? बस साफ प्रकट है कि खत्रीजी ने यहाँ भी 46 वर्ष की गलती की है। 1470 में 46 घटा देने पर 1424 ई० में नरसिंहदेव का राजा होना सिद्ध होता है। नरसिंहदेव ने सहायजी के ही कथनानुसार एक ही वर्ष तक राज किया था। सम्भव है 1425 में वे मर गये हों और 1428 में उनके पुत्र धीरसिंह राजगद्दी पर विराजमान रहे हों। 'सेतुदर्पिणी' से भी यही पता चलता है। इसी 46 वर्ष के फेर में पड़कर जहाँ सहायजी ने केवल 20 वर्ष की अवस्था में शिवसिंह और विद्यापति की भेंट कराकर तीन ही वर्षों में उनका चिरवियोग कराया, वहाँ विद्यापति की शताधिक वर्ष की अवस्था का भी भ्रम उन्हें हो गया था—जिसका औचित्य प्रमाणित करने के लिए आपने जमीन-आसमान का कुलाबा मिलाया है, निजी और सार्वजनिक सब प्रमाणों को पेश किया है।

सहायजी को एक और तिथि ने भी धोखा दिया है। आपने 23 पृष्ठ में लिखा है कि 349 लक्ष्मणाब्द में इनके अपने हाथ से भागवत पोथी की नकल करना सिद्ध होता है। यह गलत है। नगेंद्रनाथ गुप्त ने मैथिल कविवर चंदा झा के साथ स्वयं तरौनी जाकर उस पुस्तक को देखा था। उस पुस्तक के अंत में लिखा है—'शुभमस्तु सर्वार्थगता ल० सं० 309 श्रावण सुदि 5 कुजे रजाबनौली ग्रामे श्री विद्यापतिर्लिपरियमिति।'' इस 309 को ही सहायजी ने भ्रमवश 349 मान लिया है।

अब यथार्थ बात सुनिए। वह इतिहास और जनश्रुति दोनों पर अवलंबित है और आपको युक्तियुक्त भी मालूम पड़ेगी।

---

1. सहायजी की गणना के अनुसार।—लेखक

एशियाटिक सोसाइटी में एक प्राचीन हस्तलिखित पोथी है जो 1322 शाकाब्द (= 290 लक्ष्मणाब्द) की लिखी हुई है। वह पोथी शिवसिंह की राजधानी गजरथपुर में विद्यापति की प्रेरणा से लिखी गई थी। दो ब्राह्मणों ने इसे लिखा था। उसमें विद्यापति को 'सप्रक्रिय सदुपाध्याय ठक्कुर श्री विद्यापति' ऐसा लिखा है कि शिवसिंह का नाम महाराजा की उपाधि से युक्त है। इससे दो बातों का पता चलता है। एक यह कि शिवसिंह अपने पिता के जीवनकाल में ही महाराजा कहलाते थे। [मालूम होता है, वृद्ध पिता ने अपना शासन-भार पुत्र को ही सौंप दिया था और जनता शिवसिंह को ही अपना अधिपति मानती थी।] दूसरी बात इस पोथी से यह प्रकट होती है कि शिवसिंह के सिंहासनारोहण के पहले से ही विद्यापति दरबार में रहते थे। देवसिंह के नाम से विद्यापति ने कुछ पद भी बनाए हैं।

हाँ, तो यह सिद्ध है कि पिता की मृत्यु के पहले से ही शिवसिंह राज्य-शासन करते थे। मिथिला में यह जनश्रुति है कि शिवसिंह पचास वर्ष की अवस्था में राजगद्दी पर बैठे थे और विद्यापति उनसे दो वर्ष बड़े थे। अत: शिवसिंह के राज्यारोहरण के समय विद्यापति की अवस्था 52 वर्ष की थी। यह जन्मश्रुति बहुत तथ्यपूर्ण है। क्योंकि विद्यापति को उपर्युक्त ताम्रपत्र में 'अभिनव जयदेव' लिखा गया है। उस समय तक विद्यापति की कीर्ति चारों ओर फैल गई रही होगी। उनकी कविता के माधुर्य पर मुग्ध होकर लोग उन्हें 'अभिनव जयदेव' कहने लगे थे। विद्यापति की कविता राजा के अंत : पुर से लेकर गरीबों की झोंपड़ी तक में गूँज रही थी। राजसिंहासन पर बैठने के समय शिवसिंह अपने प्यारे सहचर विद्यापति को कैसे भूल सकते थे। जिसकी कविता-सुधा को पान कर वह मस्त बने थे, जिसकी कविता उन्हें और उनकी सहधर्मिणी 'लखिमा' को अमर कर चुकी थी, उसे वे कैसे कुछ पुरस्कार न देते। अत: राजगद्दी पर बैठने के कुछ ही दिनों के बाद उन्होंने विद्यापति को बिपसी गाँव प्रदान किया। जैसा कि पहले लिखा जा चुका है, बिसपी गाँव 293 लक्ष्मणाब्द में विद्यापति को दिया गया था, उस समय उनकी अवस्था लगभग 52 वर्ष की थी। अत: उनका जन्म 241 लक्ष्मणाब्द में या संवत् 1407 विक्रमीय में होना सिद्ध होता है (= 1350 ई०)। इस कथन की सत्यता पूर्वोक्त राजा गणेश्वरसिंह के दरबार में विद्यापति के आने-जाने वाली बात से भी प्रमाणित होती है। 'कीर्तिलता' के अनुसार राजा गणेश्वर 252 लक्ष्मणाब्द में परलोकवासी हुए थे। उस समय विद्यापति 10-11 वर्ष के रहे होंगे। तभी तो उनके पिता उन्हें राज-दरबार में ले जाते थे। अनुमान और प्रमाण से यह समय बहुत अंशों में ठीक है।

विद्यापति का वंश

विद्यापति मैथिल ब्राह्मण थे। इनका मूल बिसइबार और आस्पद ठाकुर था। मैथिलों में पंजी-प्रथा का प्रचलन है। जितने मैथिल ब्राह्मण और कर्णकायस्थ हैं, सभी के नाम, पुस्त-दरपुस्त, एक पोथी में लिखे हुए हैं। इस पोथी को पंजी कहते हैं। पंजी से पता चलता है कि गढ़ बिसपी में कर्मादित्य त्रिपाठी नामक ब्राह्मण रहते हैं। आप

राजमंत्री थे। ये महाशय विद्यापति के वंश के आदिपुरुष विष्णु शर्मा ठाकुर के पोते थे। कर्मादित्य के बाद इनके खानदान में जितने महापुरुषों ने जन्म लिया, सभी तत्कालीन मिथिला के राजा के दरबार में उच्च पदों पर काम करते रहे। कोई राजमंत्री थे, कोई राजपंडित। किसी को महामहत्तक की उपाधि प्राप्त हुई तो किसी को सान्धिविग्रहीक की। इनका खानदान अपनी विद्वत्ता और बुद्धिमत्ता के सम्मुख उस समय मिथिला में जोड़ नहीं रखता था। इनके खानदान में कितने ही लेखक और कवि भी हो गये हैं। कर्मादित्य के पोते वीरेश्वर ठाकुर ने, जो न्यान्यवंशीय राजा शत्रुसिंह एवं उनके पुत्र हरिसिंहदेव के[1] राजमंत्री भी थे, 'छांदोग्य दशपद्धति' की रचना की थी। अभी तक इसी पुस्तक के अनुसार बिहार में दशकर्म किये जाते हैं। इनके सोदर भाई धीरेश्वर, जो विद्यापति के निज प्रपितामह थे, 'महावार्तिक नैबन्धिक' नाम से प्रख्यात थे। वीरेश्वर के पुत्र चंडेश्वर ने 'कृत्यचिंतामणि' तथा 'विवादरत्नाकर', 'राजनीति-रत्नाकर' आदि सप्त रत्नाकारों की रचना की थी। 'राजनीति-रत्नाकर' एक बहुत ही बहुमूल्य ग्रंथ है। प्राचीन भारतीय राजनीति पर इससे बहुत कुछ प्रकाश डाला जा सकता है। आप उपर्युक्त हरिसिंह देव के मंत्री एवं महामहत्तक सांधिविग्रहीक थे। विद्यापति के पिता पंडित गणपति ठाकुर भी राजमंत्री थे, आपने 'गङ्गभक्ति तरङ्गिनी' नाम की एक पुस्तक की रचना की थी।

यों देखा जाता है, कि विद्यापति का खानदान ही सरस्वती का अपूर्व कृपापात्र रहा है। जिस प्रकार उनके पूर्वजों ने राज्यकर्म में अपनी अपूर्व चातुरी दिखलाई थी, उसी प्रकार सरस्वती-सेवा में भी वे लोग पीछे नहीं रहे हैं। ऐसे प्रतिभावान कुल में उत्पन्न होकर विद्यापति ने जो कुछ काव्य-कुशलता दिखलाई है, वह स्वाभाविक ही है।

विद्यापति का प्रारम्भिक जीवन

विद्यापति के पिता का नाम था पंडित गणपति ठाकुर। गणपति ठाकुर राजा गणेश्वर के सभापंडित थे। इनकी माता का नाम था हांसिनी देवी। वह पिता धन्य है, जिन्हें ऐसा पुत्ररत्न प्राप्त हुआ था, वह माता भी धन्य है, जिन्होंने ऐसे पुरुषरत्न को अपने गर्भ में धारण किया था। बिसपी गाँव की प्रत्येक कणा पुण्यमय और धन्य है, जहाँ ऐसे कविकोकिल ने अपना जीवन व्यतीत किया था। कहा जाता है, गणपति ठाकुर ने कपिलेश्वर महादेव की आराधना करके विद्यापति ऐसा पुत्र-रत्न प्राप्त किया था।

विद्यापति ने सुप्रसिद्ध हरिमिश्र से विद्याध्ययन किया था और उनके भतीजे सुख्यात पक्षधर मिश्र इनके सहपाठी थे। विद्यापति अपने पिता के साथ राजा गणेश्वर के दरबार में बचपन से ही आया-जाया करते थे। गणेश्वर के बाद कीर्तिसिंह राजा हुए। विद्यापति राजा कीर्तिसिंह के दरबार में आने-जाने लगे। प्रारम्भ से ही इनमें प्रतिभा की झलक दीख पड़ती थी। राजा कीर्तिसिंह के दरबार में, मालूम होता है, ये कुछ अधिक

---

1. **हरिसिंहदेव शिवसिंह से बहुत पहले प्रसिद्ध सिमराँव गढ़ के अधिपति थे। इन्होंने नेपाल को जीता था।—लेखक**

काल तक रहे होंगे क्योंकि इन्हीं राजा कीर्तिसिंह के नाम पर इन्होंने अपना पहला ग्रंथ 'कीर्तिलता' का निर्माण किया था। यह पूरी पुस्तक नेपाल के राज पुस्तकालय में है। मिथिला में इस ग्रंथ का केवल फुटकर अंश मिलता है। 'कीर्तिलता' कवि के तरुण वयस की रचना है। इस ग्रंथ की भाषा-संस्कृत, प्राकृत मिश्रित मैथिली है। कवि ने इस भाषा का नामकरण 'अवहट्ठ' भाषा किया है। 'कीर्तिलता' के प्रथम पल्लव में कवि ने स्वयं कहा है—

देसिल बअना सब जन मीट्ठा।
ते तैसन जम्पओ अवहट्ठा॥

"देशी भाषा सभों को मीठी लगती है। यही जानकर अवहट्ठ भाषा में इसकी मैंने रचना की है।" किन्तु इस पुस्तक की रचना के समय, मालूम होता है, कवि अपनी काव्य-कुशलता के लिए बहुत प्रसिद्ध हो गया था। उसकी भाषा पर सभी मुग्ध थे। उसका प्रतिद्वंद्वी उसी अवस्था में कोई नहीं था। वह अभिमान के साथ उस पुस्तक में लिखता है—

बालचंद विज्जावइ भासा।
दुहु नहिं लग्गइ दुज्जन हासा॥
ओ परमेसर हर सिर सोहइ।
इ निच्चय नाअर मन मोहइ॥

—कीर्तिलता, प्रथम पल्लव

बाल-चंद्रमा और विद्यापति की भाषा—इन दोनों पर दुष्टों की हँसी लग नहीं सकती। वह (बालचंद्रमा) देवता के रूप में शिव के सिर पर सोहता है और यह (विद्यापति की भाषा) निश्चयपूर्वक नागरों का—सुचतुर भाषाविज्ञों का—मन मोहती है। इस पद के एक-एक शब्द से कवि का अभिमान टपकता है। जयदेव के समान इसे भी अपनी भाषा पर नाज था। बात भी ठीक है। हम दावे के साथ कह सकते हैं कि भाषा की मिठास और कोमलता की दृष्टि से तो इस कवि का कोई भी प्रतिद्वंद्वी हिन्दी-साहित्य में नहीं है।

कीर्तिसिंह के बाद शिवसिंह के पिता देवसिंह राजा हुए। देवसिंह के समय में राज्यशासन का भार शिवसिंह के ही हाथ में था। उसी अवसर पर विद्यापति और शिवसिंह में घनिष्ठता हुई। तब से विद्यापति शिवसिंह के अंतिम समय तक उन्हीं के पास रहे।

विद्वत्ता : संस्कृत रचनाएँ

जैसा कि पहले लिखा जा चुका है, इन्होंने सुप्रसिद्ध विद्वान् हरिमिश्र से विद्याध्ययन किया था। इनका खानदान ही सरस्वती का कृपापात्र रहा है। इनके पिता गणपति ठाकुर स्वयं कवि थे। अतएव, इसमें संदेह नहीं कि संस्कृत-साहित्य का विद्यापति ने पूरी तरह से अनुशीलन किया था। इसका प्रमाण इनकी लिखी हुई संस्कृत की अनेकानेक पोथियाँ हैं। यहाँ पर यदि हम इनके लिखे हुए संस्कृत-ग्रंथों का कुछ

परिचय दे दें, तो असामयिक नहीं होगा। उनसे हम इनकी विद्वत्ता का कुछ अंदाज लगा सकेंगे।

विद्यापति की प्रथम रचना 'कीर्तिलता' है। इसके विषय में कुछ चर्चा हो चुकी है। दूसरी पोथी 'भू-परिक्रमा' है। यह पोथी राजा देवसिंह की आज्ञा से लिखी गई थी। इसमें नैतिक कहानियाँ हैं। इसी का वृहद् रूप 'पुरुष-परीक्षा' है। इनकी तीसरी पोथी है—'पुरुष-परीक्षा'। वह पोथी, मालूम होता है, उस समय की रचना है जब इनके मस्तिष्क का पूरा विकास हो चुका था। यह राजा शिवसिंह की आज्ञा से उन्हीं के राजत्वकाल में लिखी गई थी। इसमें कथाओं के ढंग से धार्मिक एवं राजनीतिक उपयोगी विषयों का वर्णन है। राजनीतिक और धार्मिक विषयों में भी कवि ने श्रृंगार-रस को विस्मरण नहीं किया है। कवि ने श्रृंगार-रस के परदे में राजनीति और धर्म की शिक्षा दी है। इस पुस्तक का बहुत मान है। 1830 ईस्वी में इसका अँगरेजी में अनुवाद हुआ था। यह अनुवाद लार्डबिशप टर्नर के परामर्श से राजा कालीकृष्ण बहादुर ने किया था। फोर्ट विलियम कालेज में पहले यह पाठ्य-पुस्तक की तरह पढ़ाई जाती थी। उक्त कालेज के बङ्गभाषा के प्राध्यापक हरप्रसाद राय ने 1815 ई० में इसका भाषानुवाद किया था।

इनकी चौथी पुस्तक 'कीर्तिपताका' है। इसमें मैथिली भाषा में लिखी गई प्रेम-कविताएँ हैं। पाँचवीं 'लिखनावली' है, जिसमें संस्कृत में पत्रव्यवहार करने की रीति वर्णित है। 'लिखनावली' रजाबनौली के अधिपति पुरादित्य के लिए 299 लक्ष्मणाब्द में लिखी गई थी। इस रजाबनौली में विद्यापति ने 309 लक्ष्मणाब्द में अपने हाथ से भागवत लिखकर समाप्त की थी। छठी पुस्तक 'शैव-सर्वस्व-सार' है। यह पुस्तक शिवसिंह की मृत्यु के बहुत दिनों के बाद रानी विश्वासदेवी के समय में लिखी गई थी। इस पुस्तक में भवसिंह से लेकर विश्वासदेवी तक के समय के राजाओं की कीर्ति-कथा है, एवं शिक्षा की पूजा की विधि लिखी हुई है। सातवीं पुस्तक 'गंगा वाक्यावलि' है, जो विश्वासदेवी के ही लिए लिखी गई थी। आठवीं पुस्तक है—'दान वाक्यावलि'। यह राजा नरसिंहदेव की स्त्री धीरमति को समर्पित की गई है। नवीं पुस्तक 'दुर्गाभक्ति तरंगिणी' दुर्गा-पूजा के प्रमाण और प्रयोग पर लिखी गई है। इसका निर्माण नरसिंहदेव के कहने से हुआ था। धीरसिंह के समय में यह पूरी हुई थी। इसमें धीरसिंह के भाई भैरवसिंह और चंद्रसिंह का भी नाम आया है। इसके अतिरिक्त 'विभाग-सार' (स्मृति ग्रंथ) 'वर्षकृत्य' और 'गया-पतन' नामक संस्कृत पुस्तकें भी आपकी ही लिखी हैं। अब तक मिथिला में खोज का काम कुछ नहीं हुआ है। संभव है, इनकी लिखी और भी संस्कृत-पुस्तकें हों, जो अभी तक छिपी पड़ी होंगी। क्योंकि विद्यापति दीर्घजीवी पुरुष थे। किन्तु केवल इन्हीं पुस्तकों के देखने से ही विद्यापति के प्रगाढ़ पांडित्य का परिचय मिलता है। हिन्दी के लिए तो यह नितांत गौरव की बात है कि उसका एक प्रथम श्रेणी का कवि संस्कृत-साहित्य में भी अपना खास स्थान रखता है।

विद्यापति की उपाधियाँ

हिन्दी में आजकल यह प्रथा विशेष रूप से पाई जाती है कि प्रत्येक कवि अपना एक-न-एक उपनाम रखता है। हिन्दीवालों ने यह प्रथा विशेषत: उर्दूवालों से ली है, ऐसा कहा जाता है। किन्तु प्राचीन हिन्दी कवियों में भी उपनाम देखे जाते हैं। हाँ, आजकल के उपनाम और उस समय के उपनाम में एक गहरा भेद है। किसी राजा या प्रसिद्ध व्यक्ति द्वारा उनकी काव्य-कुशलता देखकर उसी के अनुसार प्रदान की हुई उपाधियाँ ही, उस समय कवियों के उपनाम होते थे। आजकल जिसके जी में जो आता है, अपना उपनाम धर लेता है। प्राचीन कवियों में 'बिहारी' 'भूषण' आदि उपनाम जो देखे जाते हैं, वे सब राजप्रदत्त उपाधियाँ हैं।

विद्यापति को भी कई उपाधियाँ प्राप्त हुई थीं। 'अभिनव जयदेव' की उपाधि तो सर्वप्रसिद्ध है। बिसपी गाँव का जो ताम्रपत्र है, उसमें भी विद्यापति को 'अभिनव जयदेव' कहा गया है। मालूम होता है, यह उपाधि स्वयं शिवसिंह ने दी थी। विद्यापति इस उपाधि के सर्वथा योग्य भी थे। जिस प्रकार संस्कृत-साहित्य में मधुर-शृंगार वर्णन में जयदेव का जोड़ नहीं है, इसी प्रकार, इस विषय में विद्यापति भी भाषा-साहित्य में अपना जोड़ नहीं रखते! इस उपनाम से इन्होंने कुछ कविताएँ भी की हैं। एक पद यों है—

सुकवि नव जयदेव भनिअ रे।
देवसिंह नरेंद्र नंदन
सेतु नरवइ कुल निकंदन
सिंह सम सिवसिंह राया
सकल गुनक निधान गनिअ रे॥

इनकी दूसरी उपाधि 'कविशेखर' है। कविशेखर नाम से इनकी बहुत-सी रचनाएँ हैं। न मालूम यह उपाधि किसने दी थी। बिसपी ग्राम के दानपत्र में यह उपाधि नहीं है। कविकंठहार, कविरंजन इन दो नामों से भी अधिक कविताएँ हैं। दशावधान और पंचानन की उपाधियाँ भी इनकी कही जाती है। कुछ कविताएँ 'चंपति वा विद्यापति चंपई' नाम से भी है। 'दशावधान' नाम से कुछ कविताएँ भी हैं। यह उपाधि, कहा जाता है, दिल्लीश्वर ने दी थी।

विद्यापति का संप्रदाय

अभी तक यह विषय भी संदेहप्रद रहा है। इनकी कविताएँ विशेषत: राधा-कृष्णविषयक हैं। अत: लोगों की धारणा है कि ये वैष्णव रहे होंगे। बंगाल में भी पहले यही धारणा थी। बाबू ब्रजनंदन सहाय ने अपने समर्पणपत्र में भी इन्हें 'वैष्णव-कवि-चूड़ामणि' लिखा है। किन्तु जनश्रुति और प्रमाण इसके विरुद्ध हैं। बात यों है कि विद्यापति शृंगारिक कवि थे। शृंगार के आराध्य देव श्रीकृष्णजी ठहरे। अत: शृंगारिक वर्णन में राधा-कृष्ण के विलास ही वर्णन किए जाते हैं—सभी भारतीय शृंगारिक

कवियों ने इसी युगल-मूर्ति को लक्ष कर शृंगारिक रचनाएँ की हैं। किन्तु इसी से किसी कवि को वैष्णव मान लेना ठीक नहीं। विद्यापति के पिता गणपति ठाकुर शैव थे। आपने शिव की उपासना के बाद ही यह पुत्ररत्न प्राप्त किया था। ऐसी अवस्था में विद्यापति का शैव होना बहुत संभव है। जनश्रुति भी ऐसी ही है। यही नहीं, विद्यापति का एक पद यों है—

आन चान गन हरि कमलासन
सब परिहरि हम देवा।
भक्त-बछल प्रभु वान महेसर
जानि कएलि तुअ सेवा॥

'कोई चंद्र की पूजा करते हैं। कोई विष्णु की पूजा करते हैं। किन्तु मैंने सबको छोड़ दिया। हे वाम महेश्वर भक्तवत्सल जानकर मैंने तुम्हारी ही सेवा की।' यह बाण महेश्वर कौन हैं? विद्यापति के गाँव बिसपी से उत्तर भेड़वा नामक एक गाँव में बाणेश्वर महादेव हैं। प्रवाद है कि विद्यापति उसी महादेव की उपासना करते हैं। यही नहीं, विद्यापति के बनाए हुए अनेकानेक शिवगीत या नचारियाँ हैं जो मिथिला में उनकी पदावली से भी अधिक प्रसिद्ध हैं। मिथिला में उनकी पदावली तो विशेषत: स्त्रियों में प्रचलित है—विशेषत: स्त्रियाँ ही उनके पद गाती हैं। पुरुषों में तो नचारियाँ ही प्रसिद्ध हैं। झुंड के झुंड कोकिलकंठी रमणियाँ जिस प्रकार तीर्थस्थानों को जाती हुई विद्यापति के मधुर पद गाती झूमती जाती हैं, उसी प्रकार तीर्थयात्री पुरुष के झुंड प्रेम से नचारियाँ गाते हैं।

कहते हैं स्वयं महादेव इनकी भक्ति पर मुग्ध थे। एक दिन एक अपरिचित आदमी इनके निकट आया और इनसे नौकरी करने की अनुमति माँगी। विद्यापति ने उसे रख लिया। उसका नाम उगना था—कोई-कोई उदना भी कहते हैं। यह स्वयं महादेवजी थे। उगना इनके यहाँ रहने लगा। वह सदा इनकी फरमाबरदारी में रहता। एक दिन उगना के साथ विद्यापति कहीं जा रहे थे। रास्ते में इन्हें प्यास लगी। उगना से कहा। उगना चल पड़ा। थोड़ी ही देर में वह एक लोटा पानी लेकर लौटा। विद्यापति उसे पीने लगे। किन्तु पीने पर उन्हें मालूम हुआ कि यह पानी गंगा का है। आपने कहा—उगना, यह पानी कहाँ से लाया है? उगना ने कहा—निकट ही के कुएँ से। विद्यापति ने कहा—यह जल कुएँ का हो नहीं सकता, यह गंगाजल है। बहुत कहने-सुनने पर भी जब विद्यापति को संतोष न हुआ, तो उगना ने अपना यथार्थ रूप प्रकट किया। स्वयं महादेव उगना के रूप में थे। यह पानी उन्हीं की जटा का पानी था। उस जगह, निकट में, कोई कुआँ या तालाब न पाकर महादेव ने अपनी जटा से पानी लेकर उन्हें दिया था। महादेव ने कहा, देखो, तुम मेरे पूर्ण भक्त हो, मैं तुमसे अलग नहीं रहना चाहता। किन्तु प्रतिज्ञा करो, कि कभी यह बात किसी से न प्रकट करोगे। खबरदार, जिस दिन यह बात प्रकट करोगे, उसी दिन मैं अंतर्द्धान हो जाऊँगा।

थोड़े दिन बीते। उगना इनके पास रहने लगा। किन्तु विद्यापति अब उसे कभी कोई नीच काम करने को न कहते। एक दिन विद्यापति की स्त्री ने उगना से कुछ लाने को कहा। उगना को लाने में देरी हुई। ब्राह्मणी बिगड़ पड़ी। ज्योंही उगना निकट आया कि एक चैला लेकर वे टूट पड़ी। विद्यापति यह देखकर चिल्ला उठे—हा हा! यह क्या कर रही हो? साक्षात् शिव पर प्रहार। उसी क्षण उगना अंतर्द्धान हो गया। विद्यापति पागल होकर गाने लगे—

उगना रे मोर कतए गेला।
कतए गेला सिथ की दहु भेला॥
भाँग नहि बटुआ रुसि बैसलाह।
जोहि हेरि आनि देल हँसि उठलाह॥
जो मोर कहता उगना उदेस।
ताहि देवओं कर कँगना बेस॥
नंदन बन में भेटल महेस।
गौरि मन हरखित मेटल कलेस॥
विद्यापति भन उगना सों काज।
नहि हितकर मोर त्रिभुवन राज॥

इस तरह के कई पद हैं। यद्यपि इस नास्तिकवाद के वैज्ञानिक युग में इस कथा पर लोगों को विश्वास न होगा, किन्तु ऐसी घटनाओं से प्राचीन भारतीय इतिहास भरा पड़ा है।

इन सब बातों से यही सिद्ध होता है कि विद्यापति वैष्णव नहीं, वरन शैव थे। हाँ, यह बात निस्संदेह सत्य है कि वे आजकल के शैवों की तरह विष्णु-द्रोही नहीं थे। वे शिव और विष्णु को एक ही रूप की दो कलाएँ मानते थे। आपका एक पद है—

भल हरि भल हर भल तुअ कला।
खन पित बसन खनहि बघछला॥ इत्यादि

विद्यापति के आश्रयदाता : शिवसिंह

जैसा कि पहले लिखा जा चुका है, विद्यापति के प्रधान आश्रयदाता राजा शिवसिंह हैं। इन्हीं की छत्रछाया में रहकर विद्यापति ने अपने अधिकांश पदों की रचना की थी। जिस प्रकार शिवसिंह ने प्रचुर सम्पत्ति देकर इन्हें सांसारिक झंझटों से मुक्त कर दिया था, उसी प्रकार, बदले में विद्यापति ने उनका और उनकी धर्मपत्नी लखिमा देवी का नाम अपने पदों में देकर उन्हें अजर-अमर बना दिया है। शिवसिंह का भौतिक दान तो थोड़े ही दिनों में विलीन हो गया, किन्तु विद्यापति ने उन्हें जो यश का दान दिया, वह अनंत काल तक संसार में विद्यमान रहेगा।

लोगों को स्वभावतः यह उत्कंठा होगी, कि ये शिवसिंह कौन थे? मिथिला के नवीन युग के शासकों में सिमराँव और सुगाँव ये दो राजघराने अधिक प्रसिद्ध हैं। राजा शिवसिंह सुगाँव राजघराने में हुए थे। सुगाँव-राजघराने के पहले सिमराँव राजघराने के लोग शासन करते थे। इनकी राजधानी सिमराँव गढ़ में थी—जो वर्तमान चंपारण जिले में है। सिमराँव के राजा क्षत्रिय थे। इस राज्य के संस्थापक नान्यदेव थे। इसी राजकुल में सुप्रसिद्ध हरिसिंहदेव हुए थे, जिन्होंने नेपाल विजय किया था। हरिसिंहदेव के मंत्री विद्यापति के पूर्वज चंडेश्वर थे और उनके राजपंडित शिवसिंह के पूर्वज कामेश्वर ठाकुर।

कहा जाता है कि एक समय हरिसिंहदेव ने एक वृहद् यज्ञानुष्ठान किया था। किन्तु अन्य राजाओं द्वारा यज्ञ भ्रष्ट कर दिया गया, जिससे विरक्त होकर वे जंगल में चले गए। इसी समय सुअवसर पाकर दिल्ली के बादशाह ने मिथिला पर चढ़ाई की। मिथिला में उस समय अराजकता फैल रही थी। दिल्लीश्वर का चिरमनोरथ पूरा हुआ—मिथिला का शासन-सूत्र मुसलमानों के हाथ में आया। इस अवसर पर राजपंडित कामेश्वर ठाकुर ने बादशाह से भेंट की। बादशाह[1] उनके गुण से अत्यंत संतुष्ट हुए। उनके अस्वीकार करने पर भी उन्हीं को मिथिला-प्रदेश का शासक नियुक्त किया। तभी से मिथिला का शासन ब्राह्मणों के हाथ में आया।

कामेश्वर ठाकुर ओयनबार ब्राह्मण थे। उनके पूर्वपुरुष पं० ओयन ठाकुर ने किसी राजा से (संभवतः नान्यदेव से) 'ओयनी' नामक गाँव उपहार में पाया था। ओयनी गाँव दरभंगा जिले में पूसा रोड स्टेशन के निकट है। ओयनी गाँव में बसने के कारण इस वंश को ओयनबार वंश कहते हैं।

ओयनबार वंश के सबसे प्रथम राजा यही पं० कामेश्वर कुए। कामेश्वर के बाद उनके पुत्र भोगेश्वर और उनके बाद उनके पुत्र गणेश्वर राजा हुए। गणेश्वर के दो बेटे थे—वीरसिंह और कीर्तिसिंह। इन्हीं कीर्तिसिंह के दरबार में विद्यापति ने 'कीर्तिलता' का निर्माण किया था। कीर्तिसिंह और उनके भाई वीरसिंह निःसंतान मरे। तब भोगेश्वर के भाई भवसिंह के बेटे देवसिंह राजा हुए।

राजा शिवसिंह महाराज देवसिंह के पुत्र थे। इनकी राजधानी गजरथपुर नामक नगर में बागमती के किनारे थी। इनके प्रति विद्यापति की इतनी अनुरक्ति देखकर मालूम होता है, ये बड़े ही रसिक और काव्यमर्मज्ञ[2] पुरुष थे। विद्यापति के पदों में इनके नाम के साथ इनकी प्राणप्रिया महारानी लखिमा देवी का भी नाम है। इस प्रकार रानी का नाम पदों में देने से लोगों ने उलटा-सीधा बहुत कुछ अनुमान किया है। किन्तु यथार्थ

---

1. **उस समय गयासुद्दीन का राज्यकाल था।—लेखक**
2. **विद्यापति के ही समान अन्य कितने कवि भी शिवसिंह के दरबार में थे। उन्हीं में से एक थे उमापति, जो 'पारिजातहरण' और 'रुक्मिणी परिणय' नामक भाषा-नाटकों के रचयिता कहे जाते हैं। लोग पहले इन दोनों नाटकों के रचयिता विद्यापति को मानते थे।—लेखक**

बात तो यों है कि विद्यापति ने जहाँ कहीं किसी राजा का नाम दिया है, वहाँ साथ-ही-साथ उसकी स्त्री का नाम भी दिया है। देवसिंह शिवसिंह के पिता थे। जहाँ उनके नाम से विद्यापति ने कविता की है, वहाँ शिवसिंह की माता हँसिनी देवी का भी नाम है।

शिवसिंह और लखिमा देवी के नाम पदों में होने के विषय में मिथिला में एक प्रवाद है। वह यह है, कि विद्यापति जिन पदों की रचना करते थे, वे सब राजा के अंत:पुर में गाए जाते थे। राजा-रानी दोनों अंत:पुर में एकत्र बैठते, उनके चारों ओर स्त्रियाँ आ बैठतीं। उस समय केटी (चेरी) नाम की गायिकाओं की श्रेणी शिवसिंह और लखिमा देवी की भणिता युक्त विद्यापति के पद गाने लगतीं। 'केटी' स्त्रियाँ गानविद्या में निपुण होती थीं। वे महल में इसी काम के लिए नियुक्त की जातीं। विद्यापति के पदों में लखिमा के अतिरिक्त शिवसिंह की अन्य रानियों के भी नाम आये हैं। संभवत: लखिमा देवी ही पटरानी रही हों, या इन्हीं पर राजा की अधिक आसक्ति रही हो।

शिवसिंह जिस प्रकार कलाविद्ध थे, उसी प्रकार वीर योद्धा भी थे। उनको यह बात बहुत अखरती रही कि यवनों के वे अधीन हैं। पिता के जीवन में ही एक बार उन्होंने दिल्ली कर भेजना बंद कर दिया। जिस पर मुसलमानी फौज मिथिला आई। दैव-दुर्विपाक से शिवसिंह कैद करके दिल्ली ले जाये गये। देवसिंह ने अधीनता स्वीकार कर अपना राज्य तो प्राप्त कर लिया, किन्तु पुत्रशोक से पीड़ित रहने लगे। इधर विद्यापति को भी शिवसिंह के बिना चैन कहाँ? लखिमा की दशा का क्या पूछना? विद्यापति अपनी जान पर खेलकर शिवसिंह का उद्धार करने पर तुल गए। कविजी दिल्ली पहुँचे। वहाँ जाकर अपना परिचय दिया। सुलतान ने हुकुम दिया कि अगर शायर हो, तो कुछ करामात दिखाओ। विद्यापति ने कहा कि मैं अदृष्ट का दृष्टवत् वर्णन कर सकता हूँ। सुलतान ने एक सद्य:स्नाता सुंदरी का वर्णन करने को कहा। विद्यापति गाने लगे—

कामिनी करए सनाने।
हेरितहि हृदय हनए पंचवाने। आदि।

सुलतान को इससे भी संतुष्टि नहीं हुई। विद्यापति एक काठ के संदूक में बंद किए गए और वह संदूक कुएँ में लटका दिया गया। ऊपर एक सुंदरी स्त्री आग फूँकती हुई खड़ी की गई। तब विद्यापति से कहा गया, कि ऊपर जो कुछ है, उसका वर्णन करो। विद्यापति संदूक के अंदर से गाने लगे—

सजनि निहुरि फुकु आगि।
तोहर कमल भमर मोर देखल
मदन ऊठल जागि।
जो तोंहे भामिनि भबन जएवह
ऐवह कोनह बेला।

जों ए संकट सौं जी बाँचत
होएत लोचन मेला॥

बादशाह अत्यंत प्रसन्न हुआ। राजा शिवसिंह छोड़ दिये गये। तब विद्यापति ने निम्नलिखित पद कहा—

भन विद्यापति चाहथि जे बिधि
करथि से से लीला।
राज सिवसिंह बंधन मोंचल
तखन सुकवि जीला॥

राजा शिवसिंह की दानशीलता की कहानियाँ अभी तक मिथिला में प्रचलित हैं। इन्होंने अपने पिता का तुलादान कराया था। कितने ही तालाब इन्होंने खुदवाए थे। प्राचीन कमला नदी के किनारे लहेरा नामक गाँव में इन्होंने 'घोड़दौड़' नामक एक तालाब खुदवाया था। कहते हैं, वहाँ इन्होंने अपना निवासस्थान भी बनवाया था। इसका भग्नावशेष अभी तक पाया जाता है। मधुबनी से दक्षिण पतोल नामक गाँव में इनका खुदवाया हुआ एक तालाब है, जिसके विषय में यह कहावत प्रसिद्ध है कि—

पोखरि रजोखरि और सब पोखरा।
राजा सिवसिंह और सब छोकरा॥

राजा शिवसिंह बहुत दिनों तक युवराज के रूप में कार्य करते थे, किन्तु प्रजा इन्हें ही अपना राजा समझती थी। देवसिंह तो केवल नाममात्र के राजा थे। युवराजावस्था में ही ये महाराजा कहे जाते थे, जैसा कि पहले वर्णन हो चुका है। ल० 293 में देवसिंह की मृत्यु हुई। ठीक उसी समय दिल्लीश्वर ने भी मिथिला पर चढ़ाई कर दी। दिल्लीश्वर के साथ बंगाल के नवाब भी थी। शिवसिंह के लिए बड़े संकट का समय था। एक ओर पिता का श्राद्धादि कर्म, दूसरी ओर युद्ध का आयोजन। विद्यापति ने प्राकृत मिश्रित एक पद में शिवसिंह की इस विजय की चर्चा यों की है—

अनल रंध्र कर लक्खन नरवइ, सक समुद्द कर अगिनि ससी।
चैत कारि छठि जेठा मिलिओ बार बेहप्पय जाहु लसी॥
देवसिंह जू पुहमी छड्डिअ अद्धासन सुरराए सरू।
दुहु सुरतान नीदे अथ सोअओ तपन-हीन जग तिमिर भरू॥
देखहु ओ पृथिमी के राजा, पौरुस माझ पुन्न पलिओ।
सत बले गंगा मिलिअ कलेवर देवसिंह सुरपुर चलिओ॥
एक दिस सकल जबन बल चलिओ ओका दिस से जमराए चरू।
दूधओ दलटि मनोरथ पुरओ, गरुअ दाप सिवसिंघ करू॥
सुरतरु कुसुम घालि दिसि पूरिओ, दुन्दुभि सुन्दर साद धरू।
वीर छत्त देखन को कारन सुरगन सते गगन भरू॥
आरम्भिए अंतेट्टि महामख राजसूअ असमेध जहाँ।
पंडित घर अचार वर वानिज जाचक काँ घर दान कहाँ॥
बिजाबइ कविवर यहु गावए मानव मन आनंद भओ।
सिंहासन सिवसिंह बइट्ठो, उच्छवै बैरस बिसरि गओ॥

शिवसिंह ने राजगद्दी पर बैठते ही विद्यापति को बिसपी गाँव उपहार में दे दिया। राज्यारोहण के तीन ही वर्ष बाद पुनः यवन सेना मिथिला पर आ चढ़ी। पहली बार पराजित होने के कारण स्वभावतः ही बादशाह ने बड़ी तैयारी की थी। शिवसिंह दूरदर्शी थे, भविष्य समझ गये। किन्तु तो भी अधीनता स्वीकार करना उन्हें नापसंद हुआ। आपने अपनी स्त्रियों को विद्यापति के साथ अपने मित्र राजा पुरादित्य के पास रजाबनौली (नेपाल तराई) भेज दिया। स्वयं सेना के साथ बादशाह से जा भिड़े। शिवसिंह बादशाह की सेना का व्यूह भेदकर बादशाह के निकट पहुँच गये और अपनी तलवार से उसका शिरस्त्राण उड़ाते हुए फिर बाहर निकल भागे। यवन-सेना इनके पीछे दौड़ी, तो उसने मना कर दिया। शिवसिंह वहाँ से नेपाल की ओर जंगल में चले गये और पुनः अपने राज्य में न लौटे। कोई-कोई कहते हैं, वे मारे गये।

शिवसिंह की मृत्यु (अथवा पलायन) के बाद मालूम होता है, विद्यापति बहुत दिनों तक लखिमा देवी[1] के साथ रजाबनौली में ही रहे। क्योंकि यहीं पर 299 लक्ष्मणाब्द में यहाँ के राजा पुरादित्य के लिए आपने 'लिखनावली' लिखी। यही नहीं, 309 लक्ष्मणाब्द में आपने स्वलिखित 'भागवत' की पोथी भी यहीं समाप्त की। 'लिखनावली' के बाद आपने शिवसिंह के भाई पद्मसिंह की स्त्री विश्वास देवी के लिए दो ग्रंथ लिखे। इन दोनों ग्रंथों में समय नहीं दिये गये हैं। पद्मसिंह के उत्तराधिकारी हरिसिंह के लिए आपने 'विभागसार' की रचना की थी। उनकी स्त्री धीरमती के लिए 'दान वाक्यावली' लिखी गई थी। जैसा कि पहले लिखा जा चुका है, इनकी अंतिम रचना 'दुर्गा-भक्ति-तरंगिणी' है। यह नरसिंह देव के समय में प्रारम्भ की गई थी, धीरसिंह के राजत्वकाल में समाप्त हुई थी। धीरसिंह का समय, 'सेतुदर्पिणी' के अनुसार 301 लक्ष्मणाब्द है। अतएव, इस समय तक अर्थात् संवत् 1489 वि० या 1430[2] ई० तक इनका जीवित रहना सब प्रकार से सिद्ध है।

विद्यापति की मृत्यु

विद्यापति की मृत्यु कब हुई, इसमें भी विवाद है। जैसाकि लिखा जा चुका है, 321 लक्ष्मणाब्द तक उनका जीवित रहना सिद्ध होता है। धीरसिंह के बाद के किसी राजा के नाम से[3] लिखी गई इनकी कोई पुस्तक नहीं मिलती है, इससे अनुमान होता है,

---

1. लखिमा देवी की विद्वत्ता, चतुरता और प्रत्युत्पन्नमतित्व की अनेक जन-श्रुतियाँ मिथिला में प्रचलित हैं। किसी-किसी ऐतिहासिक के मत से इन्होंने शिवसिंह के बाद 9 वर्ष तक राज्य भी किया था। किन्तु स्वयं विद्यापति ने भी कहीं इसकी ओर इशारा तक नहीं किया है। अतः यह बात अप्रामाणिक मालूम होती है—लेखक।
2. 'हिस्ट्री ऑफ तिरहुत' में 321 लक्ष्मणाब्द को 1439 ई० लिखा है—लेखक।
3. विद्यापति के एक पद में 'कंसदलन नारायण सुंदर तसु रंगिनि पए होई' ऐसी भणिता है। मैंने भ्रमवश पहले इस 'कंसदलन नारायण' को 'कंस नारायण' नामक मिथिला का राजा समझा था। एक तो नाम में भी भेद है, दूसरे राधा का वर्णन है, अतः वहाँ कृष्ण अर्थ है। कंस नारायण विद्यापति की मृत्यु के बहुत पश्चात् राजा हुए थे।—लेखक।

कि धीरसिंह के राजत्वकाल में ही या उनके थोड़े ही दिनों के बाद इनकी मृत्यु हो गई होगी। विद्यापति का एक पद यों हैं—

सपन देखल हम सिवसिंघ भूप।
बतिस बरिस पर सामर रूप॥
बहुत देखल गुरुजन प्राचीन।
आव भेलहुँ हम आयु विहीन॥
सिमटु सिमटु निअ लोचन नीर।
ककरहु काल न राखथि थीर॥
विद्यापति सुगतिक प्रस्ताव।
त्याग के करुना रसक सुभाव॥

इससे पता चलता है कि शिवसिंह की मृत्यु के बत्तीस वर्ष बाद विद्यापति ने उन्हें स्वप्न में देखा था। ऐसी प्राचीन धारणा है, कि बहुत दिनों पर यदि अपना कोई मृत प्रेम पात्र मलिन 'वर्ष' में दीख पड़े, तो मृत्यु निकट समझनी चाहिए। यही भाव बड़े ही कारुणिक शब्दों में उपयुक्त पद में वर्णन किया गया है। शिवसिंह 296 लक्ष्मणाब्द में मरे थे, अत: 328 लक्ष्मणाब्द में विद्यापति ने उक्त स्वप्न देखा होगा, जो विक्रमीय संवत् 1494 पड़ता है। यदि हम इस स्वप्न के तीन वर्ष के बाद विद्यापति की मृत्यु मान लें तो वे नब्बे वर्ष की अवस्था में संवत् 1497 वि० में (या 1440 ईस्वी में) मरे थे। श्री नगेंद्रनाथ गुप्त ने भी इसी समय को प्रामाणिक माना है।

उस समय विद्यापति बूढ़े हो चले थे। जन्मभर शृंगार-रचना में व्यस्त रहने के कारण अंतिम समय में संसार के प्रति उन्हें अत्यंत उदासीनता हो गई थी। उन्हें अपना भविष्य अंधकारमय प्रतीत होता था—निराशा की काली घटा ने उनके हृदय-व्योम को आच्छादित कर लिया था। आप अत्यंत करुण स्वर में गाते हैं।

तातल सैकल बारि बूँद सम, सुत मित रमनि समाज।
तोहें बिसरि मन ताहि समर्पिनु अब मझुहब कौन काज॥
माधव, हम परिनाम निरासा।
तुहु जगतारन दीन दयामय अतए तोहर बिसबासा।
आध जनम हम नींद गमायनु जरा सिसु कत दिन गेला।
निधुबन रमनि रभसरँग मातनु तोहे भजब कओन बेला॥

आपने अपनी कविता-रचना द्वारा प्रचुर संपत्ति प्राप्त की थी। वृद्धावस्था में आप इस धन को देख-देखकर कहते हैं—

जतन जतेक धन पापे बटोरल मिलि मिलि परिजन खाए।
मरनक बेरि हरि कोई न पूछए करम संग चलि जाए॥
ए हरि बंदों तुअ पद नाय।
तुअ पद परिहरि पाप पयोनिधि पारक कओन उपाय॥

जावत जनम नहिं तुअ पद सेबिनु जुबतो मति मय मेलि।
अमृत तजि किए हलाहल पीअनु संपद अपदहि भेलि॥

विद्यापति अपनी उमर की ओर लक्ष्य कर कहते हैं—

बयस, कतह चल गेला।
ताहें सेवइत जनम बहल, तइओ न अपन भेला॥

वयम, तुम कहाँ चले गये। तुम्हें सेवते हुए अपना जन्म बिता दिया, किन्तु तुम अपना न हुए।

कहा जाता है, अपना मृत्यु-समय निकट आया जान विद्यापति अपने घर के लोगों से बिदा लेकर गंगा-सेवन को चले। गंगा-सेवन की प्रथा मिथिला में अद्यावधि प्रचुर रूप से प्रचलित है। गंगा-यात्रा के अवसर पर आपने अपने पुत्र को बहुत कुछ उपदेश दिया। उससे कहा—बेटा प्रजारंजन करना, अतिथि-सत्कार में कभी नहीं चूकना, दूसरे की स्त्री को माता के तुल्य जानना। पश्चात् विद्यापति अपनी कुल देवी विश्वेश्वरी के निकट गये। देवी से आपने जाने की अनुमति माँगी—कहा, माँ, अब गंगा जा रहा हूँ। जन्म-भर शिव की आराधना की। अब विदा दो। घर पर सभी को संतोष दे पालकी पर चढ़कर गंगा की ओर चले। राह में जब गंगा से कुछ दूर पर ही थे, तो आपने अपनी पालकी रखवा दी। एक अभिमानी भक्त की तरह कहा—मैं इतनी दूर से मैया के निकट आया, क्या मैया मेरे लिए दो कोस आगे नहीं बढ़ आवेगी? रात बीती। दूसरे ही दिन लोग दृश्य देखकर अवाक् रह गये। गंगा अपनी धारा छोड़, दो कोस की दूरी पर पहुँच गई थी! अभी तक उस स्थान पर गंगा की धारा टेढ़ी नजर आती है। उस स्थान का नाम मऊ बाजितपुर है। यह मुजफ्फरपुर जिले में है। यहीं विद्यापति की मृत्यु हुई। इनकी चिता पर एक शिव-मंदिर की स्थापना की गई। यह शिव-मंदिर अभी तक विद्यमान है। विद्यापति की मृत्यु-तिथि के विषय में एक पद प्रचलित है—

विद्यापतिक आयु अवसान।
कातिक धवल त्रयोदसि जान॥

इसके अनुसार विद्यापति की मृत्यु कार्तिक शुक्ला त्रयोदशी को हुई। यह तिथि प्रामाणिक समझ पड़ती है। कार्तिक महीने में गंगासेवन करने का हिन्दू शास्त्र के अनुसार बड़ा महत्व है। विद्यापति की मृत्यु गंगा-तट पर हुई थी—जबकि वे गंगासेवन करने गये थे। अत: इस तिथि को अप्रामाणिक मानने का कोई कारण नहीं। तुलसीदास के विषय में भी ऐसा ही एक दोहा प्रसिद्ध है। जब वह दोहा प्रामाणिक माना जाता है, तो कोई कारण नहीं, कि यह पद प्रामाणिक न माना जाये।

विद्यापति का हस्ताक्षर

हिन्दी में ऐसे बहुत ही कम सौभाग्यशाली प्राचीन कवि हैं, जिनकी हस्तलिपि प्राप्त होती है। विशेषत: विद्यापति ऐसे प्राचीन कवि की—जो चंद को छोड़कर सभी

प्रसिद्ध हिन्दी कवियों से पहले हुए थे—हस्तलिपि प्राप्त होना, तो हम लोगों के लिए बड़ा ही सौभाग्य का विषय है। विद्यापति के हाथ से लिखी हुई उनकी निज रचना, पदावली या संस्कृत पोथियाँ नहीं पाई जातीं। हाँ, एक सटीक भागवत की पोथी विद्यापति के हाथ की लिखी हुई अवश्य पाई जाती है। यह दरभंगा से बारह कोस, तरौनी नामक गाँव में जयनारायण झा की विधवा पत्नी के पास सुरक्षित है। दरभंगा जिले की पंडितमंडली का पूरा विश्वास है और जनश्रुति से भी यह सिद्ध है कि यह पुस्तक विद्यापति के हाथ से लिखी गई थी। यह पुस्तक तालपत्र पर लिखी हुई है। प्रत्येक पत्र की लंबाई दो फुट और डेढ़ इंच तथा चौड़ाई सवा दो इंच के लगभग है। पत्र की संख्या 576 है। पत्र की दोनों ओर लिखावट है। प्रत्येक पृष्ठ में छः पंक्तियाँ हैं। लिपि स्पष्ट, अक्षर की आकृति बड़ी, प्रत्येक अक्षर अलग-अलग और स्पष्ट, विराम और विभाग का चिह्न सर्वत्र विद्यमान। लिखावट सुन्दर, कहीं भी एक अशुद्धि अथवा लिपि-दोष नहीं। रोशनाई प्रायः सर्वत्र स्पष्ट। अंतिम पत्र काष्ठ के वेष्टन के घर्षण और बंधन के कारण जीर्ण हो गया है और लिखावट भी अस्पष्ट हो गई है। ग्रंथ के शेष में लिखा है—

''शुभमस्तु सर्व्वार्थगता संख्या ल० सं० 309 श्रावणशुक्ल
15 कुजे रजाबनौली ग्रामे श्री विद्यापतिलिपिरियमिति।''

अंतिम दो अक्षर 'मिति' पत्रांश से छिन्न हो गया है। रजाबनौली गाँव दरभंगा से प्रायः 15 कोस उत्तर है। शिवसिंह 293 लक्ष्मणाब्द में राज्यासन पर बैठे थे। उनकी मृत्यु उसके तीसरे साल हुई थी। इस तरह उनकी मृत्यु के तेरह साल बाद की यह पोथी है। मालूम होता है, शिवसिंह की मृत्यु के बाद विद्यापति का जी सांसारिक कार्यों से उचट गया था—कम-से-कम श्रृंगारिक रचनाओं की ओर से। मित्र-वियोग पर ऐसा होना संभव भी है। उसी शोकावस्था में अपने चित्त की शांति के लिए विद्यापति ने यह कष्टकर कार्य प्रारम्भ किया हो।

विद्यापति का परिवार

विद्यापति के बेटे का नाम हरपति था—विद्यापति-रचित एक पद में इनका नाम आया है। विद्यापति को एक कन्या भी थी। मिथिला में यह प्रवाद है कि इनकी लड़की का नाम दुलही था। विद्यापति ने कितने पद ऐसे बनाए हैं, जिसमें पति-गृह गमन के समय कन्या को उपदेश दिया गया है। उन पदों में दुलही शब्द आया है। कहते हैं, ये पद विद्यापति ने अपने पुत्री को ही संबोधित कर लिखे थे। दुलही का अर्थ नववधू भी होता है। न मालूम क्या रहस्य है? मिथिला के एक वृद्ध ब्राह्मण के घर में एक पद प्राप्त हुआ है, जिससे सिद्ध होता है कि इनकी लड़की का नाम दुलही था। अंतिम काल में विद्यापति कहते हैं—

दुल्लहि, तोहर कतए छथि माय।
कहु न ओ आवथु एखन नहाय॥

'दुलही, तुम्हारी माँ कहाँ है, कहो न वे इस समय स्नान कर आवें।'

दरभंगा के वर्तमान राजघराने में नरपति ठाकुर नामक राजा हो गये हैं। उनके दरबार में लोचन नामक एक कवि थे। लोचन ने 'रागतरंगिणी' नामक एक पुस्तक का संकलन किया था। उसमें उसने विद्यापति के बहुत से पद रखे हैं। 'रागतरंगिणी' में एक कविता चंद्रकला नामक एक रमणी की बनाई हुई पाई जाती है। लोचन ने इस कविता पर टिप्पणी की है—'इति श्रीविद्यापतिपुत्रवध्वाः'। इससे मालूम होता है, चंद्रकला विद्यापति की पतोहू थी। यहाँ पर चंद्रकला की उस कविता को उद्धृत करने का लोभ हम संवरण नहीं कर सकते—

स्निग्ध कुञ्चित कोमलं कच गंडमंडित कोमलम्।
अधर बिम्ब समान सुंदर शरदचंद्र निभाननम्॥
जय कम्बु कंठ विशाल लोचन सारमुज्वल सौरभम्।
बाहु बल्लि मृणाल पंकज हार शोभित ते शुभम्॥
शोभय सुंदरि मम हृदयम्।
गदगद हास सुदति निपुणम्॥
उर पीन कठिन विशाल कोमल याति युग्म निरंतरम्।
श्री फला कमला विचित्र विधातु निर्मल कुच वरम्॥
श्यामा सुवेषा त्रिवलिरेखा जघन भार विलम्बिते।
मत्त गज-कर जघन युगवर गमन गति वरटा जिते॥
सुललित मंद गमन करई।
जनि पति सँग बरटाभमई॥
अति रूप जौवन प्रथम सम्भव किं वृथा कथया प्रिये।
तेजह रूप-विमोह परिहर शोक चिंतित चिंतये॥
उपयात मदन-व्याधि दुःसह दहए पावक से वनम्।
पवन दिसे दिसे दहए पावक युग्मदारज सम्बरम्॥
स्यामा सबंदिते।
अति समय गीत सुशोभिते॥
आत्मदान समान सुंदरि धार वर्षति सिञ्चये।
सिञ्चह सुंदरि मन हृदयम्।
अधर-सुधा मधु पान मियम्॥
चंद्र कवि जयदेव मुद्रित मान तेज तोहें राधिके।
वचन मम धर कृष्णमनुसर किन्नु कामकला शुभे॥
चंद्रकला हे वचन करसी।
मानिनि माधव मनुसरसी॥

विद्यापति और पक्षधर मिश्र

पक्षधर मिश्र मिथिला के प्रकांड विद्वान हो गये हैं। आप विद्यापति के सहपाठी थे। विद्यापति ने बिसपी गाँव में एक अतिथिशाला निर्माण कर रखी थी। प्रतिदिन

भोजन के पश्चात् स्वयं विद्यापति अतिथिशाला में जाते और अतिथियों से वार्त्तालाप करते। प्रवाद है कि एक दिन जब विद्यापति अतिथिशाला में गये तो सभी अतिथि इनकी अभ्यर्थना में खड़े हो गये। केवल कोने में एक अत्यंत कृश पुरुष बैठा ही रहा। विद्यापति के पूछताछ करने पर मालूम हुआ कि इन्होंने भोजन नहीं किया है। उस पुरुष की दुर्बलता और कृशता पर इनकी मुख से सहसा निकल गया—

प्राघूनो घुणवत् कोणे सूक्ष्मत्वान्नोपलक्षितः।

घर के कोने में सूक्ष्म कीट (घुन) वत् अतिथि सूक्ष्मतावशतः नहीं दीख पड़े।

बैठे हुए पुरुष ने तुरन्त उस श्लोक की पूर्ति करते हुए उत्तर दिया—

नहिं स्थूलधियः पुंसः सूक्ष्मे दृष्टिः प्रयायते।

'स्थूलबुद्धि पुरुष को सूक्ष्म पदार्थ नहीं दीख पड़ता।' विद्यापति बोली सुनते ही अपने सहपाठी को पहचान गये। उन्हें आदरपूर्वक अपने घर में ले गये। पक्षधर मिश्र संभवतः विद्यापति से कुछ छोटे थे। उनके स्वहस्तलिखित एक विष्णुपुराण में 354 लक्ष्मणाब्द लिखा हुआ है।

विद्यापति के प्रति विद्वेष

बड़े लोगों के प्रति उनके अड़ोस-पड़ोस वाले सदा द्वेष भाव रखते हैं, यह बात स्वयं प्रसिद्ध है। विद्यापति के भी कुछ लोग विद्वेषी थे। विद्यापति शिवभक्त थे। शिव की पूजा करते समय, भावावेश में, स्वयं प्रणीत नचारी गाते थे, वे नाचने तक लगते थें। इसी कारण कुछ लोग उन्हें 'नर्तक' नाम से चिढ़ाते थे, ऐसा प्रवाद है। विद्यापति के एक और प्रसिद्ध विद्वेषी हो गये हैं। इनका नाम है केशव मिश्र। इनका समय 473 लक्ष्मणाब्द है, अर्थात् विद्यापति के लगभग सौ वर्ष पश्चात्। ये प्रसिद्ध शाक्त थे। 'द्वैत परिशिष्ठ' नामक स्वरचित ग्रंथ में इन्होंने 'देवीभागवत' को प्रामाणिक ग्रंथ प्रतिपादित किया है। विद्यापति ने अपने हाथ से 'श्रीमद्‌भागवत' लिखा था, इसलिए ये उनसे चिढ़ से गये थे। एक शाक्त के निकट भला शिव का पुजारी क्यों न बुरा जँचे? केशव मिश्र विद्यापति को 'अतिलुब्ध नगरयाचक' नाम से उपहास करते थे। विद्यापति ने बिसपी गाँव उपहास-रूप ग्रहण किया था—इसीलिए वे 'नगरयाचक' थे। द्वेष का कोई ठिकाना है। ये महाशय शिवसिंह के कुल की दौहित्र संतान थे। राजकुटुम्ब के पुरुष थे। अतएव ऐसी उद्दंडता स्वाभाविक भी है!

पदावली

यद्यपि विद्यापति ने लगभग एक दर्जन संस्कृत ग्रंथों का निर्माण किया था, तथापि उनकी प्रसिद्धि का खास कारण है उनकी पदावली। गाने योग्य छंद पद कहे जाते हैं। विद्यापति ने जितने छंद बनाए, सभी संगीत के सुर-लय से बँधे हुए हैं। विद्यापति ने कविता में अपना आदर्श जयदेव को माना है—लोग इन्हें 'अभिनय जयदेव' कहते भी थे। अतः जयदेव के ही समान वे संगीत-पूर्ण कोमल कांत पदावली में शृङ्गारिक रचना करते थे। जैसाकि पहले लिखा जा चुका है, दरभंगा के वर्तमान अधिपति के पूर्वपुरुष

नरपति ठाकुर के समय में लोचन नामक एक कवि हो गये हैं। उन्होंने अपनी 'रागतरंगिणी' नामक पुस्तक में लिखा है कि सुमति नामक एक कलाविद् कायस्थ कत्थक के लड़के जयत को राजा शिवसिंह ने विद्यापति के निकट रख दिया था। विद्यापति पद तैयार करते थे, जयत उसका 'सुर' ठीक करता था।

सुमति सुतोदय जन्मा जयतः शिवसिंहदेवेन।
पंडितवर कविशेखर विद्यापठये तु सन्यस्तः॥

बिना संगीत का मर्म जाने संगीत की रचना नहीं की जा सकती। मालूम होता है, विद्यापति स्वयं भी गान विद्या में पारंगत थे। विद्यापति के पदों में कहीं-कहीं छंदोभंग से दीख पड़ते हैं। सूरदास के पदों में यही बात पाई जाती है। किन्तु यथार्थतः ऐसी बात नहीं है। संगीत के सुर-लय के अनुसार जो पद बनाए जाते हैं, उनमें 'ध्वनि' का ही विचार किया जाता है, अक्षर और मात्रा का नहीं। इसी से संगीत से अपरिचित व्यक्तियों को पदों में छंदोभंग का आभास हो जाता है।

पदावली का रूप

विद्यापति ने कितने पद बनाए थे, इसका भी अभी तक पूरा पता नहीं चला है। श्री नगेंद्रनाथ गुप्त ने 945 पदों का संग्रह प्रकाशित किया था। बाबू ब्रजनंदन सहायजी का संग्रह इससे बहुत छोटा है, तथापि उसमें कुछ ऐसे पद हैं, जो नगेन्द्रनाथ गुप्त वाले संस्करण में नहीं हैं। सहायजी के नए पदों में नचारियों की ही प्रधानता है। किन्तु अभी तक विद्यापति के बहुत से अनूठे पद अप्रकाशित ही हैं। मिथिला की स्त्रियाँ जिन पदों को विवाह के अवसर पर गाती हैं उनका तथा बहुत-सी नचारियों का, अभी संकलन नहीं हुआ है।

पदावली के प्राचीन संस्करणों को देखने से पता चलता है, कि विद्यापति ने पदों की रचना विषय-विभाग के अनुसार नहीं की थी। बिहारी के ही समान विद्यापति भी, जब उमंग में आते थे, रचना कर डालते थे। पीछे लोगों ने उन्हें अलग-अलग विभाग कर सजा लिया।

पदावली की हस्तलिखित पोथियाँ

यों तो विद्यापति के अधिकांश पद लोगों को कंठस्थ ही हैं और उन्हीं का संग्रह 'पदकल्पतरु' आदि बँगला के प्राचीन संग्रह ग्रंथों में है, किन्तु हाल में तीन प्राचीन हस्तलिखित ग्रंथ मिले हैं, जिनसे विद्यापति के कितने नवीन पद प्राप्त हुए हैं, एवं पदावली की प्रामाणिकता का पूरा पता चला है।

उन ग्रंथों में सबसे प्राचीन और पौराणिक तालपत्र पर लिखी हुई एक पोथी है। यह पोथी भी विद्यापति लिखित 'भागवत' के साथ तरौनी ग्राम के स्वर्गीय पंडित लोकनाथ झा के घर में सुरक्षित पाई गई है। कहा जाता है कि विद्यापति के प्रपौत्र ने इसे लिखा था। इस पोथी की लिखावट और उसके तालपत्र को देखने से मालूम होता है कि कम-से-कम तीन सौ वर्षों का यह प्राचीन है। लापरवाही से रखने के कारण यह पोथी

जीर्ण-शीर्ण हो गई। पहला और दूसरा पत्र गायब है। फिर नवाँ नहीं है। इसके बाद 81 से लेकर 99 पत्र एक बार ही नहीं है। 103 नम्बर का पत्र भी गायब है। 132 पत्र के बाद का कुछ भी अंश नहीं मिलता। सम्पूर्ण पोथी न होने के कारण यह पता नही चलता कि यह कब लिखी गई, किसने इसे लिखा और कुल कितने पद इसमें थे। इस पोथी में लगभग 350 पद बचे हुए हैं।

दूसरी पोथी नेपाल में पाई गई है। महामहोपाध्याय हरप्रसाद शास्त्री ने प्रथम-प्रथम इसे नेपाल-दरबार के पुस्तकालय में देखा था। यह पोथी बहुत सुरक्षित है। किन्तु इस पोथी की भाषा में नेपाल-तराई (मोरँग) की बोली की छाप स्पष्ट दीख पड़ती है। मालूम होता है, इसे किसी मोरँग-निवासी ने लोगों से सुनकर लिखा था, जिससे ऐसी गलती हुई है। इस पोथी में लगभग 300 पद हैं। तीसरी पोथी है 'रागतरंगिणी'। इसकी चर्चा पहले हो चुकी है। इसमें लोचन ने विद्यापति के बहुत से पद रखे हैं। प्रत्येक पद के राग का निर्णय भी किया है। छंद के नियम और मात्राओं की संख्या भी दी है। 'रागतरंगिणी' अढाई सौ वर्ष की प्राचीन पोथी है। लोचन ने लिखा है—अपभ्रंश भाषा की रचना प्रथम-प्रथम विद्यापति ने ही की।

पदावली की भाषा

पदावली की भाषा भी अब तक विवादग्रस्त रही है। बंगाली विद्यापति को बँगला का प्रथम कवि या बंगभाषा का प्रवर्तक मानते हैं। इसीलिए उन्होंने विद्यापति को बंगाली सिद्ध करने की भी चेष्टा की थी। किन्तु अब तो यह सब प्रकार सिद्ध हो गया कि विद्यापति मैथिल थे। मैथिलों की एक खास बोली है—उसे मैथिली कहते हैं। विद्यापति भी मैथिल थे, अतः मैथिल लोग इन्हें अपनी बोली मैथिली का प्रथम कवि मानते हैं। यथार्थ में यही ठीक है।

किन्तु यह मैथिली बोली किस भाषा की शाखा है—बंगभाषा की या हिन्दी भाषा की। बाबू नगेन्द्रनाथ गुप्त ने मैथिली को ब्रजबोली (या हिन्दी) की एक शाखा माना है। गुप्तजी 'प्राचीन विद्या महार्णव' कहे जाते हैं। उनका निर्णय अधिक मूल्य रखता है। हमारी राय भी गुप्तजी से मिलती है। मिथिला बंग देश से सटी हुई है—विद्यापति का जन्म दरभंगे में हुआ था, जो द्वार बंग या बंगाल का द्वार है—इसलिए मैथिली पर बंगभाषा का प्रभाव जरूर पड़ा है। यदि हम कह सकें, तो कह सकते हैं कि मैथिली का शरीर हिन्दी का है, और उसकी पोशाक बंगला की। जिस प्रकार कोई हिन्दुस्तानी अँगरेजी पोशाक पहनकर अँगरेज नहीं बन जा सकता, उसी प्रकार मैथिली हिन्दी को छोड़कर बंगभाषा हो नहीं सकती। हाँ बंगभाषा के संसर्ग से इसमें मिठास अवश्य आ गई है।

पदावली की भाषा आजकल की मैथिली से कुछ भिन्न है। यह स्वाभाविक भी है। विद्यापति को हुए पाँच सौ वर्ष हुए। इन पाँच सौ वर्षों में भाषा में अवश्य कुछ न कुछ परिवर्तन होना सम्भव है। कुछ मैथिल महाशय विद्यापति के पदों की भाषा को तोड़-फोड़कर आजकल की मैथिली बोली से मिलाने का अनुचित प्रयत्न करते हैं।

किन्तु क्या वे समझने की चेष्टा करेंगे, कि ऐसा करके वे विद्यापति की स्वर्गीय आत्मा को कितना कष्ट पहुँचा रहे हैं?

विद्यापति की भाषा की दुर्दशा भी खूब हुई है। बंगालियों ने उसे ठेठ बंगला रूप दे दिया है, मोरँगवालों ने मोरँग का रंग चढ़ाया है, बाबू ब्रजनंदन सहायजी ने उस पर भोजपुरी की कलई की है और आजकल के मैथिल उस पर आधुनिक मैथिली का रोगन चढ़ा रहे हैं! भगवान विद्यापति की कोमलकांत पदावली की रक्षा करें।

पदावली की विशेषता

विद्यापति की पदावली अपना खास स्वरूप, अपना खास रंग-ढंग रखती है। वह कहीं भी रहे, आप उसे कितने ही कविताओं में छिपाकर रखिए, वह स्वयं चिल्ला उठेगी—मैं हिन्दी कोकिल की काकली हूँ। जिस प्रकार हजारों पक्षियों के कलरव को चीरती हुई, कोकिल की काकली, आकाश-पाताल को रसप्लावित करती, अलग से अलग अपना स्वतंत्र अस्तित्व प्रकट करती है, उसी प्रकार विद्यापति की कविता भी अपना परिचय आप देती है। बंगाल के यशोहर जिले में बसंत राय नामक एक कवि हो गये हैं। विद्यापति के पदों का प्रचार देखकर आपने भी विद्यापति के नाम से कविता करना प्रारम्भ कर दिया था। किन्तु वे अपनी कविताएँ विद्यापति की कविता में नहीं खपा सके। विद्यापति की भाषा उनकी खास अपनी भाषा है, उनकी वर्णन-प्रणाली उनकी खास वर्णन-प्रणाली है, उनके भाव स्वयं उनके हैं। उनकी पदावली पर 'खास की मुहर लगी हुई है। बंगाल के सैकड़ों कवियों ने इनके अनुकरण पर कविताएँ की, किन्तु कोई भी इनकी छाया न छू सके।

विद्यापति एक अजीब कवि हो गए हैं। राजा की गगनचुंबी अट्टालिका से लेकर गरीबों की टूटी हुई फूस की झोपड़ी तक में उनके पदों का आदर है। भूतनाथ के मंदिर और 'कोहबर-घर' में इनके पदों का समान रूप से सम्मान है। कोई मिथिला में जाकर तमाशा देखे। एक शिवपुजारी डमरू हाथ में लिए, त्रिपुंड चढ़ाए, जिस प्रकार 'कखन हरब दुख मोर हे भोलानाथ' गाते-गाते तनमय होकर अपने आपको भूल जाता है, उसी प्रकार कलकंठी कामिनियाँ नववधू को कोहबर में ले जाती हुई "सुंदरि चललिहुँ पहु-घर ना, जाइतहि लागु परम ढरना" गाकर नव वर-वधू के हृदयों को एक अव्यक्त आनन्द-स्रोत में डुबो देती हैं। जिस प्रकार नवयुवक "ससन-परस खसु अम्बर रे देखलि धनि देह" पढ़ता हुआ एक मधुर कल्पना से रोमांचित हो जाता है, उसी प्रकार एक वृद्ध "तातल सैकत बारिबुन्द सम सुत मित रमनि समाज, ताहे बिसारि मन ताहि समरपिनु अब मझु हब कौन काम, माधव, हम परिनाम निरासा" गाता हुआ अपने नयनों से शत-शत अश्रुबूँद गिराने लगता है। विद्वद्वर ग्रियर्सन का यह कहना कितना सत्य है—

Even when the sun of Hindu-religion is set, when belief and faith in Krishna, and in that medicine of 'disease of existence' the hymns of Krishna's love, is extinct, still the love borne for songs of Vidyapati in which be tells of Krishna & Radha will never diminished.

डॉक्टर ग्रियर्सन के कथन का प्रमाण बंगाल में जाकर देखिए। सहस्र-सहस्र हिन्दू आज तक विद्यापति के राधा-कृष्ण विषयक पदों का कीर्तन करते हुए अपने-आपको विस्मरण कर देते हैं। एक जगह पुनः आप लिखते हैं—

The glowing stanzas of Vidapati are read by the devout Hindu with a litte of the baser part of human sensuousness as the songs of the Solomon by the Christian priests.

विद्यापति की उपमाएँ अनूठी और अछूती हैं, उनकी उत्प्रेक्षाएँ कल्पना के उत्कृष्ट विकास के उदाहरण हैं, रूपक का इन्होंने रूप खड़ा कर दिया है। स्वभावोक्ति से इनकी सारी रचनाएँ ओत-प्रोत हैं, श्रुत्यानुप्रास इनके पदों का स्वाभाविक आभूषण है, प्रधान काव्यगुण प्रसाद और माधुर्य इनके पद-पद से टपकते हैं, प्रकृति-वर्णन में तो इन्होंने कमाल किया है—इनका वसंत और पावस काल का वर्णन पढ़कर मंत्रमुग्ध हो जाना पड़ता है। इनके वसंत और पावस में मिथिला की खास छाप है। वसंत के समय में मिथिला की शस्यश्यामला मही जिस प्रकार अलंकृत और आभूषित हो जाती है, वह दर्शनीय है। पावस में, हिमालय निकट होने के कारण, यहाँ बिजलियाँ बड़ी जोर से कड़कती हैं—प्रायः कुलिशपात होता है। विद्यापति ने इसका बड़ा ही अपूर्व वर्णन किया है। विद्यापति का मिलन और विरह का वर्णन भी देखने योग्य है। हिन्दी कवियों ने विरह के नाम पर, हाय-हाय का ही बवंडर उठाया है—उनके विरह-वर्णन में, घनआनंद आदि दो-चार को छोड़कर, हृदय-वेदना का सूक्ष्म विश्लेषण प्रायः नहीं देखा जाता। विद्यापति का विरह-वर्णन प्रेमिका के हृदय की तस्वीर है—उसमें वेदना है, व्याकुलता है, प्रियतम के प्रति तल्लीनता है। कोरी हाय-हाय वहाँ है नहीं।

उपसंहार

'विद्यापति' नाम से हम एक समालोचनात्मक ग्रंथ शीघ्र लिखने का विचार कर रहे हैं। उसमें विद्यापति की कविताओं की तुलनात्मक समालोचना रहेगी—विशेषतः हिन्दी के सुप्रसिद्ध शृङ्गारिक कवियों की रचनाओं से विद्यापति की पदावली की तुलना की जायेगी। इस समय हम अपनी यह तुच्छ सेवा राष्ट्रभाषा के प्रेमियों के निकट उपस्थित करते हुए विनम्र शब्दों में प्रार्थना करते हैं, कि जिस कविता की माधुरी पर मुग्ध होकर महाप्रभु चैतन्य देव गाते-गाते मूर्च्छित हो जाते थे, जिस कविता की खूबियों पर विदेशी विद्वान् ग्रियर्सन लोट-पोट थे, जिस कविता के एकमात्र आधार पर मैथिली बोली आज कलकत्ता विश्वविद्यालय में वह स्थान प्राप्त कर सकी है, जिस स्थान की प्राप्ति के लिए हिन्दीभाषी प्रांतों के विश्वविद्यालय में ही, माँ हिन्दी तड़प रही है, हिन्दी के जयदेव, मैथिल-कोकिल विद्यापति की उस कविता को—उस कोमल-कांत-पदावली को—आप उपेक्षा की दृष्टि से न देखिए। हिन्दी में क्या नहीं

है—सूर्य है, चंद्र है, तारे हैं, एक नवीन 'नभमंडल' भी प्राप्त हुए हैं, किन्तु आपका काव्योद्यान आज कोकिलविहीन है—नहीं-नहीं कोकिल है अवश्य, किन्तु आप अभी तक अनजाने उसे भूले हुए हैं। अहा हा! सुनिए, सुनिए, उस कोकिल की वह काकली! देखिए काव्य-उद्यान का वसंत प्रभात!

बेनीपुर
(मुजफ्फरपुर)
पौष, 1982 वि०

—श्री रामवृक्ष शर्मा बेनीपुरी

•

विशेष सूचना

विद्यापति के आश्रयदाता राजा शिवसिंह की राजधानी गजरथपुर में थी। यह गजरथपुर कहाँ है? दरभंगा से 4-5 मील पूर्व दक्षिण कोने पर सिबईसिंहपुर नामक एक गाँव है, लोगों का कहना है, उसी का दूसका नाम गजरथपुर था। वहाँ जाकर पता लगाने पर एक वृद्ध ब्राह्मण से मालूम हुआ कि यहीं शिवसिंह की राजधानी थी। वृद्ध ने बतलाया कि इधर भी उस गढ़ को खोदने से कभी-कभी सोना-चाँदी आदि द्रव्य मिलते थे। किन्तु अब गढ़ का कहीं पता नहीं है—जहाँ पहले गढ़ था, वहाँ खेत लहरा रहे हैं।

इसी प्रकार राजा शिवसिंह के मित्र राजा पुरादित्य के विषय में भी कुछ विशेष बातें मालूम हुई हैं। आप द्रोणबार-कुल के भूमिहार-ब्राह्मण थे। आप बड़े ही प्रतापशाली थे और अपने बाहुबल से सप्तरी-परगना जीतकर उसमें अपना राज्य स्थापित किया था। विद्यापति अपनी 'लिखनावली' में लिखते हैं—

जित्वा शत्रुकुलं तदीय वसुभिर्येनार्थिनस्तर्पिता
दोर्दर्पाजित सप्तरी जनपदे राज्य स्थितिः कारिता।
संग्रामेऽर्जुन भूपतिर्विनिहतो बंधोनृशंसायितः।
तेनेयं लिखनावली नृपपुरादित्येन निर्मापिता॥

हमें यह सूचित करते अपार हर्ष होता है कि विद्यापति-लिखित 'पुरुष-परीक्षा' नामक नीति-विषयक उत्कृष्ट संस्कृत-ग्रंथ का अनुवाद हिन्दी-पुस्तक-भंडार प्रकाशित करने जा रहा है। इस पुस्तक का महत्व इसी से प्रकट होता है कि इसका अनुवाद बँगला की कौन कहे, अँगरेजी में भी हो चुका है। यही नहीं, यह ग्रंथ बहुत दिनों तक कोर्स की तरह बंगाल के कालेजों में पढ़ाया जाता था, और सुनने में आया है कि सिविल-सर्विस-परीक्षा में भी पाठ्य है।

—श्री रामवृक्ष शर्मा बेनीपुरी

•

विद्यापति पदावली

(टिप्पणी-सहित)

वंदना

(1)

नंदक नंदन कदम्बेरि तरु-तर, धिरे-धिरे मुरलि बोलाब।
समय सँकेत-निकेतन बइसल, बेरि-बेरि बोलि पठाब॥ 2॥
सामरि, तोरा लागि, अनुखन बिकल मुरारि॥ 3॥
जमुनाक तिर उपवन उद्वेगल, फिर-फिर ततहि निहारि।
गोरस बिकनिके अबइत जाइत, जनि-जनि पुछ बनमारि॥ 5॥
तोंहे मतिमान, सुमति मधुसूदन बचन सुनह किछु मोरा।
भनइ विद्यापति सुन बरजौवति बंदह नंद-किसोरा॥ 7॥

शब्दार्थ—1. नंदक नंदन = नंद के बेटे, श्रीकृष्ण। तर = तले, नीचे। 2. सँकेत-निकेतन = मिलने का सांकेतिक स्थान। बइसल = बैठे हुए। बेरि-बेरि = बार-बार। संकेत-स्थान में बैठे (मिलन का समय आया जान) बार-बार बुला रहे हैं (वंशी में पुकार रहे हैं) = "नामसमेतं कृत-संकेतं वादयते मृदु वेणुम्"—गीतगोविंद। 3. सामरि = श्यामा, सुंदरी—"शीते सुखोष्णसर्वाङ्गी ग्रीष्मे च सुखशीतला। तप्तकाञ्चनवर्णाभा सा स्त्री श्यामेति कथ्यते।" तोरा लागि = तुम्हारे लिए। अनुखन = प्रतिक्षण। 4, 5. तिर = तट। उद्वेगल = उद्विग्न हुए। ततहि = उसी ओर। जनि-जनि = प्रत्येक स्त्री से (पुल्लिग—जन, स्त्री—जनि)। यमुना के किनारे उपवन में (भ्रमण करते हुए) व्याकुल (होकर) पुनः-पुनः उसी ओर (तुम्हारे आगमन पथ की ओर) देखते हैं, और दूध-दही बेचने को आने-जाने वाली प्रत्येक जनी से वनमाली (श्रीकृष्ण तुम्हारे विषय में) पूछते हैं। 6. मतिमान = समझदार। 7. भनइ = कहते हैं। जौवति = युवती। बंदह = वंदना करो।

राधा की वंदना

(2)

देख देख राधा रूप अपार।
अपरुब के बिहि आनि मेराओल खिति-तल लावनि सार॥ 2॥
अंगहि अंग अनँग मुरछाएत हेरए पड़ए अथीर।
मनमथ कोटि-मथन करु जे जन से हेरि महि-मधि गीर॥ 4॥

कत-कत लखिमि चरन-तल नेओछए रंगिनि हेरि बिभोरि।
करु अभिलाख मनहि पदपंकज अहनिसि कोर अगोरि॥ 6 ॥

शब्दार्थ—2. अपरुब = अपूर्व। बिहि = विधि, ब्रह्मा। आनि मेराओल = ला मिलाया, रच दिखाया, खिति-तल = क्षितिं--पृथ्वी पर। लावनि = लावण्य। 3. अनँग = कामदेव। अथीर = अस्थिर, चंचल। 4. मनमथ = कामदेव। मधि = में। जो करोड़ों कामदेवों को (अपने सौंदर्य से) मथन करते हैं। (वह श्रीकृष्ण भी) जिसे देखकर (मूर्च्छित हो) पृथ्वी पर गिर पड़ते हैं। 5. लखिमि = लक्ष्मी। नेओछए = न्योछावर होती है। रंगिनि = सुंदरी। बिभोरि = बेसुध होकर। 6. अहनिसि = अहर्निश, दिन-रात। कोर = गोद। अगोरि (मैथिली) = पहरा देकर रखना। मन में अभिलाषा होती है कि इस पद-कमल को रात-दिन गोदी में 'अगोरकर' रखें।

देवी-वंदना

(3)

जय जय भैरवि असुर-भयाउनि, पसुपति-भामिनि माया।
सहज सुमति बर दिअ हे गोसाउनि, अनुगति गति तुअ पाया॥ 2 ॥
बासर-रैनि सबासन सोभित चरन, चंद्रमनि चूड़ा।
कतओक दैत्य मारि मुँह मेलल, कतेक उगिलि करु कूड़ा॥ 4 ॥
सामर बरन, नयन अनुरंजित, जलद-जोग फुल कोका।
कट कट विकट ओठ-पुट पाँड़रि, लिधुर-फेन उठ फोका॥ 6 ॥
घन घन घनन घुघुर कत बाजए, हन हन कर तुअ काता।
विद्यापति कवि तुअ पद सेवक, पुत्र बिसरु जनि माता॥ 8 ॥

शब्दार्थ—2. दिअ = दो। गोसाउनि=गोस्वामिनी, भगवती। पाया = पैर। 3. बासर = दिन। रैनि = रात। सबासन = शवासन = मुर्दे का आसन। चंद्रमनि = चंद्रकांतमणि। चूड़ा = शिखर, एक प्रकार का गहना। 4. कतओक = कितना ही। मेलल = रखा। कूड़ा = कुल्ला। 6. अनुरंजित = रँगा हुआ, लाल। जलद-जोग फुल कोका = बादल में लाल कमल फूले हों। पाँड़रि = एक लाल फूल। फोका = बुदबुद। 7. काता = कत्ता, तलवार।

•

"ते सुकृती रस-सिद्ध कबि, बंदनीय जग माहिं।
जिनके सुजस-सरीर कह, जरा मरन-भय नाहिं॥"

वयः-संधि

(4)

सैसव जौवन दुहु मिलि गेल, स्त्रवनक पथ दुहु लोचन लेल॥ 2 ॥
वचनक चातुरि लहु-लहु हास, धरनिये चाँद कएल परगास॥ 4 ॥

मुकुर हाथ लए करए सिंगार, सखि पूछइ कइसे सुरत-बिहार॥ 6॥
निरजन उरज हेरइ कत बेरि, बिहँसइ अपन पयोधर हेरि॥ 8॥
पहिलें बदरि-सम पुन नवरंग, दिन-दिन अनँग अगोरल अंग॥ 10॥
माधव पेखल अपरुब बाला, सैसव जौवन दुहु एक भेला॥ 12॥
विद्यापति कह तोहें अगेआनि, दुहु एक जोग इह के कह सयानि॥ 14॥

शब्दार्थ—2. सैसव = शिशुता, बचपन। जौवन = जवानी। दोनों आँखों ने कानों की राह पकड़ी = कटाक्ष करना प्रारम्भ किया। 3. लहु-लहु = मंद-मंद। हास = हँसी। 4. परगास = प्रकाश। 5. मुकुर = आईना। 6. सुरत-बिहार = काम-क्रीड़ा। 7. निरजन = एकांत में। उरज = पयोधर = स्तन। हेरइ = देखती। है। ''स्मितं किञ्चिद्वक्रं सरलतरलो दृष्टिविभवः परिस्पंदो वाचामपि नवविलासोक्तिसरसः। गतीनामारंभः किसलयितलीलापरिकरः स्पृशंत्यास्तारुण्यं किमिह नहि रम्यं मृदगृशः।'' 9. बदरि = बैर का फल। नवरंग = नारंगी; नींबू। कुच पहले बेर के समान छोटे थे, पुनः नारंगी-से हुए। 10. अनंग = कामदेव। अगोरल = पहरा देने लगा, डेरा डाल दिया। 11. पेखल = देखा। अपरुब = अपूर्व। 12. भेला = भया, हुआ। 14. के कह = कौन कहता है?

(5)

सैसव जौवन दरसन भेल, दुहु दल-बलहि दंद-परि गेल॥ 2॥
कबहुँ बाँधए कच कबहुँ बिथार, कबहुँ झाँपए अंग कबहुँ उघार॥ 4॥
थीर नयान अथिर किछु भेल, उरज उदय-थल लालिम देल॥ 6॥
चपल चरन, चित चंचल भान, जागल मनसिज मुदित नयान॥ 8॥
विद्यापति कह करु अवधान, बाला अंग लागल पंचबान॥ 10॥

शब्दार्थ—2. दंद = द्वंद्व-युद्ध। परि गेल = पड़ गया, शुरू हो गया, ठन गया। दोनों (शैशव और यौवन) के सैन्यबल में द्वंद्व-युद्ध छिड़ गया। 3. कच = केश। बिथार = खोल देना। 4. अंग = देह (यहाँ छाती)। 6. अथिर = चंचल। उरज = कुच। उदयथल = उगने का स्थान। देल = दिया। कुचों के उत्पन्न होने के स्थान में लालिमा छा गई। 7. भान = मालूम होता है। पैर चंचल थे ही, अब चित्त भी चंचल मालूम होता है। 8. मुदित = बंद। नयान = आँखें। कामदेव जग तो गया पर उसकी आँखें बंद ही हैं, अभी पूरी नहीं खुलीं।

(6)

सैसव जौवन दरसन भेल, दुहु पथ हेरइत मनसिज गेल॥ 2॥
मदनक भाव पहिल परचार, भिन जन देल भीन अधिकार॥ 4॥
कटिकेर गौरब पाओल नितंब, एकक खीन अओक अबलंब॥ 6॥

प्रगट हास अब गोपित भेल, उरज प्रगट अब तन्हिकर लेल ॥ 8 ॥
चरन चपल गति लोचन पाव, लोचन धैरज पदतल जाव ॥ 10 ॥
नव कविसेखर कि कहए पार, भिन भिन राज भीन बेवहार ॥ 12 ॥

शब्दार्थ—2. मनसिज = काम। शैशव और यौवन दोनों राहों को देखते हुए कामदेव ने (बाला के शरीर में) गमन किया। 3. पहिल परचार = पहले प्रचारित हुआ। 6. कटिकेर = कमर की। गौरव = गुरुता। नितंब = चूतड़। खीन = क्षीण, पतला। अओक = अन्य का, दूसरे का। 7, 8. गोपित = गुप्त। तन्हिकर = उसका। प्रकट हँसी अब लुप्त हुई और उसकी प्रकटता अब कुचों ने ले ली। 10. धैरज = धीरता। 'काव्यप्रकाश' में कहा है—श्रोणीबंधस्त्यजति तनुतां सेवते मध्यभागः। पद्भ्यां मुक्तास्तरलगतयः संश्रिता लोचनाभ्याम्। वक्षःप्राप्तं कुचसचिवतामद्वितीयन्तु वक्त्रम्। तद्गात्राणां गुणविनिमयः कल्पितो यौवनेन। 12. नव कविसेखर = विद्यापति का उपनाम।

(7)

कुच-जुग अंकुर उतपति भेल, चरन-चपल-गति लोचन लेल ॥ 2 ॥
अब सब खन रह आँचर हाथ, लाजे सखीजन न पुछए बात ॥ 4 ॥
कि कहब माधव बयसक संधि, हेरइत मनसिज मन रहु बंधि ॥ 6 ॥
तइअओ काम हृदय अनुपाम, रोपल कलस ऊँच कए ठाम ॥ 8 ॥
सुनइत रस-कथा थापए चीत, जइसे कुरंगिनि सुनए सँगीत ॥ 10 ॥
सैसब जौवन उपजल बाद, केओ नहि मानए जय-अबसाद ॥ 12 ॥
विद्यापति कौतुक बलिहारि, सैसब से तनु छोड़नहि पारि ॥ 14 ॥

शब्दार्थ—3. खन = क्षण। 5, 6. माधव! वयः-संधि (की बातें) क्या कहूँ—देखते ही कामदेव का मन भी बँध गया तथापि (बंदी होने पर भी) काम ने उसके अनुपम हृदय पर ऊँचा स्थान बनाकर कलस स्थापित कर दिया। 9. थापए = स्थापित करती है। कुरंगिनि = हरिणी। 11. उपजल बाद = होड़ मची, झगड़ा आरंभ हुआ। 12. केओ = कोई। अबसाद = पराजय। 14. शैशव को उसका शरीर छोड़ना ही पड़ेगा।

(8)

पहिलें बदरि कुच पुन नवरंग, दिन-दिन बाढ़ए पिड़ए अनंग ॥ 2 ॥
से पुन भए गेल बीजकपोर, अब कुच बाढ़ल सिरिफल जोर ॥ 4 ॥
माधव पेखल रमनि संधान, घाटहि भेटलि करइत असनान ॥ 6 ॥
तनसुक सुबसन हिरदय लाग, जे पए देखब तन्हिकर भार ॥ 8 ॥
उर हिल्लोलित चाँचर केस, चामर झाँपल कनक महेस ॥ 10 ॥
भनइ विद्यापति सुनह मुरारि, सुपुरुख बिलसए से बर नारि ॥ 12 ॥

शब्दार्थ—1. बदरि = बेर (फल)। नवरंग = नारंगी। पिड़ए = पीड़ा देता है। 3. बीजकपोर = बीजपुर, बड़ा (टाभ) नींबू। 4. सिरिफल = श्रीफल, बेल। जोर = जोड़ा। एक संस्कृत श्लोक है—उद्‌भेदं प्रतिपद्यपक्वबदरीभावं समेता क्रमात्। पुन्नगाकृतिमाप्य पूगपदबीमारुह्य बिल्वश्रियम्॥ लब्ध्वा तालफलोपमां च ललितामासाद्य भूयोधुना। चञ्चत्काञ्चनकुम्भजम्भनमिमावस्याः स्तनौ विभ्रतः॥ 5. पेखल = देखा। 6. असनान = स्नान। 7. तनसुक = एक प्रकार का महीन कपड़ा। 9, 10. हिल्लोलित = झूलता हुआ। चाँचर = छितराया हुआ, झाँझर। हृदय पर झाँझरी-से बने हुए बाल डोल रहे हैं, मानो सोने के महादेव को चँवर से ढँक दिया हो। 13. बिलसए = विलास करे।

(9)

खने-खने नयन कोन अनुसरई; खने-खने बसन-धूलि तनु भरई॥ 2॥
खने-खने दसन-छटा छुट हास, खने-खने अधर आगे करु बास॥ 4॥
चउँकि चलए खने-खने चलु मंद, मनमथ-पाठ पहिल अनुबंध॥ 6॥
हिरदय-मुकुल हेरि हेरि थोर, खने आँचर देअ खने होए भोर॥ 8॥
बाला सैसव तारुन भेट, लखए न पारिअ जेठ कनेठ॥ 10॥
विद्यापति कह सुन बर कान, तरुनिम सैसव चिन्हए न जान॥ 12॥

शब्दार्थ—1. खने-खने = क्षण-क्षण। क्षण-क्षण में आँखें कोण का अनुसरण करती हैं। 2. क्षण-क्षण में अस्तव्यस्त वस्त्र (अंचल धूलि में गिरकर) शरीर को धूलि से भरते हैं। 3. दसन = दाँत। हास = हँसी। 4. अधर = होंठ। बास = आश्रय। 6. अनुबंध = भूमिका। 7. हिरदय-मुकुल = हृदय की कली, कुच। 8. भोर = भूल जाना। 9, 10. तारुन = तरुणाई, जवानी। कनेठ = कनिष्ठ, छोटा। बाला के शरीर में बचपन की भेंट हुई है—मुकाबला हुआ है। इन दोनों में कौन बड़ा और कौन छोटा (कौन निबल और कौन सबल) है, यह जान नहीं पड़ता। 12. कान = कान्ह, कृष्ण। तरुनिम = जवानी।

नखशिख

(10)

पीन पयोधर दूबरि गता, मेरु उपजल कनक लता॥ 2॥
ए कान्ह ए कान्ह तोरि दोहाई, अति अपरुब देखलि राई॥ 4॥
मुख मनोहर अधर रँगे, फुललि माधुरी कमलक संगे॥ 6॥
लोचन जुगल भृङ्ग अकारे, मधुक मातल उड़ए न पारे॥ 8॥
भउँहेरि कथा पूछह जनू, मदन जोड़ल काजर-धनू॥ 10॥
भन विद्यापति दूतिबचने, एत सुनि कान्ह करु गमने॥ 12॥

शब्दार्थ—1. पीन = पुष्ट। पयोधर = कुच। गता = गात, शरीर। मेरु = सुमेरु पर्वत। दुबली (तन्वी) के शरीर में पुष्ट कुच है, मानो सोने की लता (देह) में सुमेरु

पर्वत (कुच) उत्पन्न हुआ हो। 4. अपरुब = अपूर्व। राई = राधा। 5, 6. अधर = ओष्ठ। रंगे = रँगे हुए, लाल। मधुरी = एक़ तरह का सुंदर लाल फूल जो मिथिला में विशेष होता है। सुन्दर मुख पर रंगीन (लाल) अधर है, मानो कमल के फूल के साथ मधुरी फूली हो। 7-8. भृंग = भौंरा। मधुक मातल = मधु पीकर मस्त बना हुआ। (उस मुख-कमल में) दोनों लोचन भौंरे के समान हैं (जो मुख-कमल का) मधु पीकर मस्त होने से उड़ नहीं सकते।

(11)

कि आरे! नव जौवन अभिरामा।
जत देखल तत कहए न पारिअ, छओ अनुपम एक ठामा॥ 2॥
हरिन इंदु अरबिंद करिनि हिम, पिक बूझल अनुमानी।
नयन बदन परिमल गति तन रुचि, अओ अति सुललित बानी॥ 4॥
कुच जुग उपर चिकुर फुजि पसरल, ता अरुझाएल हारा।
जनि सुमेरु ऊपर मिलि ऊगल, चाँद बिहुनि सबे तारा॥ 6॥
लोल कपोल ललित मनि-कुंडल, अधर बिंब अध जाई।
भौंह भमर, नासापुट सुंदर, से देखि कीर लजाई॥ 8॥
भनइ विद्यापति से बर नागरि, आन न पाबए कोई।
कंसदलन नाराएन सुंदर तसु रंगिनि पए होई॥ 10॥

शब्दार्थ—1-2. अहा, कैसी सुंदर नई जवानी है! जितना देखा, उतना कह नहीं सकता, छह अनुपम (पदार्थ) एक ही स्थान पर हैं। 3. इंदु = चंद्र। अरबिंद = कमल। करिनि = हथिनी। हेम = सोना। पिक = कोयल। 4. परिमल = सुगंध। तन रुचि = शरीर की कांति। हरिन, चंद, कमल, हथिनी, सोना, कोयल—ये छहों क्रमशः आँख, मुख, शरीर की सुगंध, मस्तानी चाल, शरीर की कांति और मीठी बोली के उपनाम हैं। 5-6. चिकुर = केश। फुजि = खुलकर। बिहिन = विहीन। दो कुचों से ऊपर केश खुलकर छिटके हुए हैं जिनसे (मुक्ता की) माला उलझी हुई है, मानों सुमेरु पर्वत पर चंद्रमा को छोड़कर (क्योंकि केश-रूपी अंधकार भी है) सब तारे मिलकर उगे हों। 7. लोल = चंचल। कपोल = गाल। अधर = ओष्ठ। बिंब = बिंबफल (लाल होता है)। अध = अधः, नीचे। अधर बिंब अध जाई = ओष्ठ की लालिमा देख बिंबफल नीचे जाता है, हीन मालूम होता है। 8. भमर = भौंरा। भौंह भमर = भौंहें भ्रमर के समान, काली हैं। नासापुट = नाक। कीर = सुग्गा। 10. कंसदलन नाराएन = (1) मिथिला के राजा, (2) श्रीकृष्ण। तसु = उसकी। रंगिनि = स्त्री।

''इश्क को दिल में दे जगह 'अकबर' इल्म से शायरी नहीं आती।''

नोट—'अद्भुत का एक अनुपम बाग' शीर्षक सूरदास का एक प्रसिद्ध पद्य है। साहित्य-संसार में उसकी बड़ी प्रशंसा होती है। सूरदास से डेढ़ सौ वर्ष पहले रची गई यह कविता पढ़कर पाठक विद्यापति की प्रतिभा का अंदाजा लगाएँ।

(12)

माधव कि कहब सुंदरि रूपे।
कतन जतने बिहि आनि समारल, देखल नयन सरूपे॥ 2॥
पल्लव-राज चरन-युग सोभित, गति गजराजक भाने।
कनक-कदलि पर सिंह समारल, तापर मेरु समाने॥ 4॥
मेरु उपर दुइ कमल फुलाएल, नाल बिना रुचि पाई।
मनि-मय हार धार बहु सुरसरि, तें नहि कमल सुखाई॥ 6॥
अधर बिम्ब सन, दसन दाड़िम-बिजु, रवि ससि उगथिक पासे।
राहु दूर बसु निअरे न आबथि, तें नहि करथि गरासे॥ 8॥
सारँग नयन बयन पुनि सारँग सारँग तसु समधाने।
सारँग उपर उगल दस सारँग, केलि करथि मधु पाने॥ 10॥
भनइ विद्यापति सुन बर जौबति एहन जगत नहि आने।
राजा सिवसिंह रूपनराएन, लखिमा देह प्रतिभाने॥ 12॥

शब्दार्थ—कि = क्या। 2. बिहि = बिधि, ब्रह्मा। सरूपे = सत्य, प्रत्यक्ष। 4. पल्लव-राज = कमल। 4. कनक-कदलि = सोने के केले का थंभ (जाँघ की उपमा)। सिंह = (कटि की उपमा)। मेरु = पहाड़ (उभरी हुई छाती। 5. दुइ कमल = दो कमल (दोनों कुच)। नाल = डंडी। रुचि = शोभा। 6. (कुचों पर) मणि-मालारूपी गंगा की धारा बह रही है। इसी से—उनके स्रोत में—(बिना नाल के भी दोनों कुच-रूपी) कमल नहीं मुरझाते। 7. अधर = ओष्ठ। सन = ऐसा। दसन = दाँत। दाड़िम = अनार। बिजु = बीज, दाना। रवि ससि उगथिक पासे = सूर्य-चंद्र एक जगह उगे हैं (चंद्रमा-से मुख में बाल सूर्य-सा लाल सिंदूर है)। 8. राहु (केश की उपमा)। निअर = निकट। 9. सारँग = (1) हरिण। सारँग = (2) कोयल। सारँग = (3) कामदेव। सारँग तसु समधाने = उसके संधान में, कटाक्ष में—काम बसता है। 10. सारँग = (4) कमल (ललाट)। दस (यहाँ बहुवाची)। सारँग = (5) भौंरा (केशों के लटके हुए गुच्छे। (मुखरूपी) कमल पर भौंरे (रूपी लटें लटकी हैं, जो मधुपान की केलि कर रहे हैं। एहन = ऐसा। आने = दूसरा।

(13)

जुगल सैल-सिम हिमकर देखल, एक कमल दुइ जोति रे॥ 1॥
फुललि मधुरि फुल सिंदुर लोटाइलि, पाँति बइसलि गज-मोति रे॥ 2॥
आज देखल जत के पतिआएत,' अपुरुब बिहि निरमान रे॥ 3॥
बिपरित कनक-कदलि-तर सोभित, थल-पंकज अपरूप रे॥ 4॥
तथहु मनोहर बाजन बाजए, जागए मनसिज भूप रे॥ 5॥
भनइ विद्यापति पुरुबक पुन तह, ऐसनि भजए रसमंत रे॥ 6॥
बुझए सकल रस राजा सिवसिंह, लखिमा देइ केर कंत रे॥ 7॥

शब्दार्थ—1. जुगल सैल = दो पहाड़ (कुचों की उपमा)। सिम = शिखर पर। हिमकर = चंद्रमा (मुख की उपमा)। कमल (मुख की उपमा)। दुई जोति = दो ज्योतियाँ (दो आँखें)। 2. मधुरि फुल = एक तरह का लाल फूल। फूली हुई मधुरी (अधर) सिंदूर पर लोटती है, और दाँत क्या है, गजमुक्ताओं की पंक्ति बैठी है। 4. विपरीत = उलटा। कनक-कदलि (जाँघ की उपमा)। थल-पंकज = स्थल-कमल (पैरों की उपमा); 5. तथहु = वहाँ भी। मनसिज = कामदेव । 6. पुन = पुण्य। ऐसनि = ऐसा। रसमंत = रसज्ञ, सुरसिक।

(14)

चाँद-सार लय मुख घटना करु, लोचन चकित चकोरे।
अमिअ धोए आँचर धनि पोछल, दह दिसि भेल उँजोरे॥ 2॥
कामिनि कओने गढ़ली।
रूप सरूप हमे कहए न पारिअ, लोचन लागि रहली॥ 4॥
गुरु नितंब भरे चलए न पारए, माझहि खीनि निमाई।
भाँगि जाएत मनसिज धरि राखलि, त्रिबलि लता अरुझाई॥ 6॥
भनइ विद्यापति अद्‌भुत कौतुक, ई सब बचन सरूपे।
रूपनराएन ई रस जानथि, सिवसिंह मिथिला भूपे॥ 8॥

शब्दार्थ—1. चंद्रमा का सार भाग लेकर (विधाता ने राधा के) मुख की रचना की, (जिसे देखते ही) चकोर की आँखें चकित हुईं। बाला ने (अपने मुख-चंद्र को) अंचल से पोंछकर जो अमृत को बहाया, वही (चाँदनी के रूप में) दसों दिशाओं में प्रकाशित हुआ। 3. कओने = किसने। गढ़ली = गढ़ा, रचना की। 4. भरे = भार से। माझहि = मध्य भाग में (कटि)। खीनि = क्षीण, पतली। निमाई = निर्माण की। 6. त्रिबलि लता = त्रिबली = पेट में पड़ी तीन रेखाएँ।

(15)

सुधामुखि के बिहि निरमलि बाला।
अपरुब रूप मनोभवमंगल, त्रिभुवन विजयी माला॥ 2॥
सुंदर बदन चारु लोचन-युग, काजर-रंजित भेला।
कनक-कमल माझे काल-भुजंगिनि श्रीयुत खंजन खेला॥ 4॥
नाभि-बिबर सएँ लोम लतावलि, भुजगि निसास-पिआसा।
नासा खगपति-चंचु भरम भयें, कुच-गिरि-संधि निबासा॥ 6॥
तिन बान मदन तेजल तिन भुवने, अवधि रहल दुइ बाने।
बिधि बड़ दारुन बधए रसिक जन, सोंपल तोहर नयाने॥ 8॥
भनइ विद्यापति सुन बर जौबति, ई रस केओ पए जाने।
राजा सिवसिंह रूपनराएन, लखिमा देइ रमाने॥ 10॥

शब्दार्थ—1. के बिहि = किस विधाता ने। निरमलि = निर्माण किया। मनोभव-मंगल = कामदेव का शुभ स्वरूप—"मनोभवमंगलकलशसहोदरे"— गीतगोविंद। त्रिभुवन विजयी माला = तीनों भुवनों को पराजित करने वाली माला के समान। 3-4. बदन = मुखड़ा। भेला = हुआ। सुंदर मुख में सुंदर काजल लगी आँखें हैं, मानो सोने के कमल (मुख) में काल-सर्पिणी (अंजन) खंजन के साथ क्रीड़ा कर रही हो। 5-6. बिवर = बिल, छेद। सएँ = से। रोमावलि = पंक्तिबद्ध बाल। भुजगि = सर्पिणी। निसास = साँस। खगपति = गरुड़। चंचु = चोंच। नाभि रूपी बिल से पंक्तिबद्ध बालरूपी सर्पिणी (नायिका की सुगंधित) साँसों की प्यास में आगे बढ़ी, किन्तु नुकीली नाक को गरुड़ की चोंच समझकर डर से कुच रूपी दो पर्वतों के बीच के (संकीर्ण) मिलन-स्थान में आ बसी। 7-8. तिन = तीन। तेजल = छोड़ा। अबधि = अवशिष्ट, बाकी। रहल = रहा। बधए = बधने को, हत्या करने को। तोहर = तुम्हारे। नयाने = आँखें। कामदेव को पंचबाण कहते हैं, सो मदन ने अपने (पाँच बाणों में से) तीन बाण तो तीनों लोकों में छोड़े, शेष उसके दो बाण रह गए। ब्रह्मा बड़ा ही निष्ठुर है, (उन बचे हुए दो बाणों को) रसिकों की हत्या करने के लिए तुम्हारे नयनों को सौंप दिया। 9. ई रस केओ पए जाने = यह रस कोई-कोई ही जानता है। 10. देइ = देवी। रमाने = रमण, पति।

•

"हृदय-सिंधु मति सीप समाना। स्वाती सारद कहहि सुजाना॥
जो बरसै बर बारि-बिचारू। होहिं 'कवित' चिंतामनि चारू॥"

(16)

जाइत देखलि पथ नागरि सजनि गे, आगरि सुबुधि सेयानि।
कनक-लता सनि सुंदरि सजनि गे, बिहि निरमाओलि आनि॥ 2॥
हस्ति-गमन जकाँ चलइति सजनि गे, देखइति राज-कुमारि।
जनिकर एहनि सोहागिनि सजनि गे, पाओल पदारथ चारि॥ 4॥
नील बसन तन घेरलि सजनि गे, सिर लेल चिकुर सँभारि।
तापर भमरा पिबय रस सजनि गे, बइसल पाँखि पसारि॥ 6॥
केहरि सम कटि-गुन अछि सजनि गे, लोचन अंबुज धारि।
विद्यापति कवि गाओल सजनि गे, गुन पाओल अवधारि॥ 8॥

शब्दार्थ—1. नागरि = नगर-निवासिनी; सुचतुरा। आगरि = अग्रगण्या। 2. सनि = समान। निरमाओलि आनि = लाकर बनाया। 3. जकाँ = ऐसा। 4. जनिकर = जिसकी। एहनि = ऐसी । 5. चिकुर = केश। 6. तापर = उस पर। भमरा = भौंरा। 7. केहरि = सिंह। अछि = (अस्ति) है। अंबुज = कमल। धारि = धारण करो, समझो (?)। अवधारि निश्चय करके।

(17)

चिकुर-निकर तम-सम, पुनु, आनन पुनिम ससी।
नयन-पंकज के पतिआओब, एक ठाम रहु बसी॥ 2॥
आज मएँ देखलि बारा।
लुबुध मानस, चालक मयन, कर की परकारा॥ 4॥
सहज सुंदर गोर कलेवर, पीन पयोधर सिरी।
कनक-लता अति बिपरित, फरल जुगल गिरी॥ 6॥
भन विद्यापति बिहिक घटन, के न अदबुद जाने।
राजा सिवसिंह रूपनराएन, लखिमा देइ रमाने॥ 8॥

शब्दार्थ—1-2. चिकुर-निकर = केश-समूह। पूनिम = पूर्णिमा। ठाम = स्थान। केश-समूह अंधकार के समान हैं, फिर, मुख पूर्णिमा के चंद्र के समान और नयन कमल के (समान)—कौन विश्वास करेगा (कि ये सब परस्पर-विरोधी पदार्थ) एक स्थान पर बसते हैं। मएँ = मैंने। बारा = बाला। 4. लुबुध = लुब्ध, अनुरक्त। चालक = प्रेरित करने वाला। मयन = काम। की परकारा = क्या उपाय। 5. सिरी = श्री, शोभायुक्त। 6. फरल = फला। 7. घटन = सृष्टि।

(18)

सजनी, अपरुब पेखलि रामा।
कनक-लता अवलंबन ऊअल, हरिन-हीन हिमधामा॥ 2॥
नयन-नलिन दुइ अंजन रंजित, भौंह बिभंग-बिलासा।
चकित चकोर-जोर विहि बाँधल, केवल काजर पासा॥ 4॥
गिरिबर गरुअ पयोधर-परसित, गिम गज-मोतिम हारा।
काम कंबु भरि कनक-संभु परि, ढारय सुरसरि-धारा॥ 6॥
पैसि पयाग जाग सत जागए, सोइ पाबए बहुभागी।
विद्यापति कह गोकुल-नायक, गोपी जन अनुरागी॥ 8॥

शब्दार्थ—1. अपरुब = अपूर्व। पेखलि = देखा। रामा = सुंदरी। 2. कनकलता = सोने की लता (देह)। ऊअल = उदित हुआ। हरिन-हीन हिमधामा = निष्कलंक चंद्र (मुख)। 3. नलिन = कमल। भौंह बिभंग-बिलासा = कुटिल कटीली भौंहों—भवों में भाव-भंगिमा। 5. जोर = जोड़ा। बाँधल = बाँधा है। पासा = पाश में, रस्सी में। 5-6. गिरिबर-गरुअ = पहाड़ के ऐसे भारी। पयोधर = कुच। गिम = ग्रीवा। कंठ गज-मोतिम = गजमुक्ता की। कंबु = शंख। कनक = सोना। पहाड़ ऐसे उत्तुंग कुचों को स्पर्श करती हुई गले में गजमुक्ताओं की माला है, मानो, कामदेव शंख (कंठ) में भरकर, सोने के महादेव (कुचों) पर गंगा की धारा (माला) ढार रहा हो। 7. पैसि = पैठकर, जाकर। पयाग = प्रयाग में। जाग = यज्ञ। सत = शत, सौ। जो प्रयाग में जाकर सैकड़ों यज्ञ करे, वही बहुभाग्यशाली (इस रमणी को) प्राप्त करे।

(19)

कनक-लता अरबिंदा। दमना माझ उगल जनि चंदा॥ 2॥
केओ कह सैबल छपला। केओ बोल नहि नहि मेघ झपला॥ 4॥
केओ कह भमए भमरा। केओ बोल नहि नहि चरए चकोरा॥ 6॥
संसय परु सब देखी। केओ बोलए ताहि जुगुति बिसेखी॥ 8॥
भनइ विद्यापति गावे। बड़ पुने गुनमति पुनमत पावे॥ 10॥

शब्दार्थ—1-2. दमना = द्रोणलता। माझ = में। उगल = उदित हुआ। जनि = मानो। सोने की लता पर कमल खिला है या द्रोणलता पर चंद्रमा उगा हुआ है। 3. केओ कह = कोई कहता है। सैबल = सेंवार। छपला = छिपा हुआ। 4. झपला = ढँका हुआ। 5. भमए भमरा = भौंरा भ्रमण कर रहा है। 6. चरए = चर रहा है, दाना चुग रहा है। 7. परु = पड़ गया। 10. पुने = पुण्य से। पुनमत = पुण्यवंत।

(20)

कबरी-भय चामरि गिरि-कंदर, मुख-भय चाँद अकासे।
हरिनि नयन-भय, सर-भय कोकिल, गति-भय गज बनबासे॥ 2॥
सुंदरि, किए मोहि सँभासि न जासि।
तुअ डर इह सब दूरहि पड़ाएल, तोहें पुन काहि डरासि॥ 4॥
कुच-भय कमल-कोरक जल मुदि रहु, घट परबेस हुतासे।
दाड़िम सिरिफल गगन बास करु, संभु गरल करु ग्रासे॥ 6॥
भुज-भय पंक मृनाल नुकाएल, कर-भय किसलय काँपे।
कबि-सेखर भन कत कत ऐसन, कहब मदन परतापे॥ 8॥

शब्दार्थ—1. कबरी = केश। चामरि = चँवरवाली गौ। 2. सर = स्वर, बोली। 3. किए = क्यों। सँभासि = बातचीत करके। जासि = जाती हो। सुंदरी, क्यों मुझसे बातें नहीं कर जाती? 4. पड़ाएल = भाग गया। 5. कमल-कोरक = कमल की कली। घट परबेस हुतासे = घड़ा अग्नि में प्रवेश करता है। 6. दाड़िम = अनार। सिरिफल = बेल। गगन = आकाश। संभु = शिव। गरल = विष। मृनाल = कमल-नाल। नुकाएल = छिप गया। कर = हाथ। किसलय = नवीन पत्ता।

(21)

रामा, अधिक चंगिम भेलि।
कतन जतन कत अद्‌भुत, बिहि निधि तोहि देलि॥ 2॥
सुंदर बदन सिंदुर-बिंदु सामर चिकुर भार।
जानि रवि-ससि संगहि ऊगल पाछु कए अंधकार॥ 4॥
चंचल लोचन बाँक निहारए अंजन शोभा पाए।
जनि इंदीवर पवन-पेलल अलि भरें उलटाए॥ 6॥

उनत उरोज चीरें झपाबए पुनु पुनु दरसाए।
जइओ जतने गोअए चाहए हिमगिरि न नुकाए॥ 8॥
एहनि सुंदरि गुनक आगरि पुनें पुनमत पाव।
ई रस बिंदक रूपनराएन कवि विद्यापति गाव॥ 10॥

शब्दार्थ—1. रामा = सुंदरी। चंगिम = शोभामयी। भेलि = हुई। 2. कतन = कितना। कत = कितना। बिहि = विधि, ब्रह्मा। निधि = खजाना। देलि = दिया। 3. बदन = मुख। सामर = काला। चिकुर = केश। 4. ऊगल = उदित हुआ। पाछु = पीछे। कए = करके। 5. बाँक = तिरछा। निहारए = देखती है। 6. इंदीबर = कमल। पवन-पेलल = पवन द्वारा प्रेरित। अलि भरें = भौंरे के भार से। उलटाए = उलट रहा हो। 7. उनत = उन्नत, उभड़े हुए। उरोज = कुच। चीरे = चीर से, साड़ी से। 8. जइओ = यद्यपि। जतने = यत्न से। गोअए = गोपन करना, छिपाना। हिम = बर्फ, साड़ी। गिरि = पहाड़ (कुच)। अथवा हिमगिरि = हिमालय पहाड़ (कुच)। नुकाए = छिपता। 9. एहनि = ऐसी। पुनें = पुण्य से ही। पुनमत = पुण्यवंत। 10. बिंदक = ज्ञाता।

(22)

सहज प्रसन मुख दरस हृदय सुख, लोचन तरल तरङ्ग।
अकास पताल बस सेओ कइसे भेल अस, चाँद सरोरुह संग॥
बिहि निरमलि रामा दोसरि लछमि समा, भल तुलाएल निरमान॥ 3॥
कुच-मंडल सिरि हेरि कनक-गिरि, लाजे दिगंतर गेल।
केओ अइसन कह सेहो न जुगुति सह, अचल सचल कइसे भेल॥ 5॥
माझ-खीनि तनु भरे भाँगि जाए जनु, बिधि अनुसए भेल साजि।
नील पटोर आनि अतिसे सुदृढ़ जानि, जतने सिरिजु रोमराजि॥ 7॥
भन कबि विद्यापति काम-रमनि रति, कउतुक बुझ रसमंत।
सिरि सिवसिंह राउ पुरुब सुकृतें पाउ, लखिमा देवि रानि कंत॥ 9॥

शब्दार्थ—3. लछमि = लक्ष्मी। तुलाएल = तुल्य हुआ, समान हुआ। 4. सिरि = श्री, शोभा। 6. माझ-खीनि = बीच में पतली (कटि)। भरे = बोझ से। भाँगि जाए = टूट जाए। अनुसए = चिंता। 7. पटोर = रेशम। अतिसे = अतिशय, परम। सिरिजु = बनाया। रोमराजि = केश-समूह।

सद्यःस्नाता

(23)

कामिनि करए सनाने, हेरितहि हृदय हनए पँचबाने॥ 2॥
चिकुर गरए जलधारा, जनि मुख-ससि डरें रोअए अँधारा॥ 4॥
कुच-जुग चारु चकेवा, निअ कुल मिलत आनि कोने देवा॥ 6॥
ते संकाएँ भुज पासे, बाँधि धएल उड़ि जाएत अकासे॥ 8॥

तितल बसन तनु लागू, मुनिहुक मानस मनमथ जागू॥ 10॥
सुकवि विद्यापति गावे, गुनमति धनि पुनमत जन पावे॥ 12॥

शब्दार्थ—2. हेरितहि = देखते ही। हनए = मारता। पँचबाने = कामदेव। 3-4. चिकुर = केश। गरए = गिरती है। जनि = मानो। रोअए = रोता है। अँधारा = अंधकार। केशों से जल की धारा गिर रही है, मानो (मुखरूपी) चंद्रमा के डर से (केश रूपी) अंधकार रो रहा है। 6. निअ = निज। मिलत = मिलेगा। आनि कोने देवा = कौन ला देगा। 7-8. कहीं ये कुच रूपी चकेवा आकाश में न उड़ जाएँ, इसी शंका से अपनी भुजाओं से उन्हें बाँध रखा है। 9. तितल = भीगा हुआ। 10. मानस = मन। मनमथ = कामदेव। धनि = रमणी। 12. जन = पुरुष।

(24)

आजु मझु सुभ दिन भेला, कामिनि पेखल सिनानक बेला॥ 2॥
चिकुर गरए जलधारा, मेह बरिस जनु मोतिम हारा॥ 4॥
बदन पोंछल परचूरे, माजि धएल जनि कनक-मुकूरे॥ 6॥
तइ उधसल कुच-जोरा, पलटि बैसाओल कनक-कटोरा॥ 8॥
निबि-बंध कएल उदेस, विद्यापति कह मनोरथ सेस॥ 10॥

शब्दार्थ—1. मोर = मेरा। भेला = हुआ। पेखल = देखा। बेला = समय। 3-4. चिकुर = केश। गरए = गिरती है। (काले) केशों से (उज्ज्वल) जल की धारा गिर रही है, मानो बादल (केश) मोती की माला (जलधारा) की वर्षा कर रहे हों। 5. बदन = मुख। पोंछल = पोंछा, परिमार्जित किया। परचूरे = प्रचुर रूप से, अच्छी तरह। 6. माजि धएल = माँजकर रख दिया, साफ कर रख दिया। कनक मुकूरे = सोने का दर्पण। 7. तइ = उससे (मुख धोते समय) उधसल = उकस गया, प्रकट हुआ। जोरा = जोड़ा, युगल। 8. पलटि = उलटकर। बैसाओल = बिठला दिया, रख दिया। 9. निबि = कोंचा, फुफनी। कएल = किया। उदेश = इंगित। 10. सेस = चरम सीमा पर पहुँचा।

(25)

जाइत पेखलि नहाएलि गोरी, कत सएँ रूप धनि आनल चोरी॥ 2॥
केस निगारइत बह जल-धारा, चमर गरए जनि मोतिम-हारा॥ 4॥
तीतल अलक बदन अति सोभा, अलिकुल कमल बेढ़ल मधुलोभा॥ 6॥
नीर निरंजन लोचन राता, सिंदुर मंडित जनि पंकज-पाता॥ 8॥
सजल चीर रह पयोधर-सीमा, कनक-बेल जनि पड़ि गेल हीमा॥ 10॥
तूल कि करइते चाहे के देहा, अबहि छोड़ब मोहि तेजब नेहा॥ 12॥
ऐसन रस नहि पाओब आरा, इथे लागि रोइ गरए जल धारा॥ 14॥
विद्यापति कह सुनह मुरारि, बसन लागल भाव रूप निहारि॥ 16॥

शब्दार्थ—2. कतसएँ = कहाँ से। आनल चोरी = चुरा लाई। 3. निगारइत = गारते समय, पानी निचोड़ते समय। 4. चमर = चँवर से। 5. अलक = केश। तीतल = भीगा हुआ। 6. अलिकुल = भ्रमरगण। बेढ़ल = घेर लिया। 7. पानी में स्नान करने के कारण आँखें अंजनहीन और लाल हो गई हैं। 8. पंकज-पाता = कमल का पत्ता। 9. पयोधर-सीमा = कुचों पर। 10. कनक-बेल = सोने का बिल्व फल। पड़ि गेल = पड़ गया। हीमा = बर्फ। 11. किए = क्यों। 13. ऐसन = ऐसा। आरा = अन्यत्र। 14. इथे लागि = इसलिए।

(26)

नहाए उठलि तीरे राइ कमलमुखि, समुख हेरल वर कान।
गुरुजन संग लाज धनि नत-मुखी, कइसन हेरब बयान॥ 2॥
सखि हे, अपरुब चातुरि गोरि।
सब जन तेजि कए अगुसरि संचरु, आड़ वदन तँह मोड़ि॥ 4॥
तहाँ पुन मोति-हार तोरि फेंकल, कहइत हार टुटि गेल।
सब जन एक-एक चुनि संचरु, स्याम-दरस धनि लेल॥ 6॥
नयन-चकोर कान्ह मुख ससि-वर, कएल अमिय-रस-पान।
दुहु दुहु दरसन रसहु पसारब, कवि विद्यापति भान॥ 8॥

शब्दार्थ—1. राइ = राधा। हेरल = देखा। कान = कृष्ण। 2. नत = नीचे। बयान = बदन, मुख। 4. अगुसरि संचरु = अग्रसर हो चलने लगी। आड़ = ओट। 5. तोरि फेंकल = तोड़कर फेंक दिया। टुटि गेल = टूट गया। 6. लेल = लिया। 7. कएल = किया। अमिय = अमृत।

प्रेम-प्रसंग

श्रीकृष्ण का प्रेम

(27)

पथ-गति नयन मिलल राधा कान। दुहु मन मनसिज पुरल संधान॥ 2॥
दुहु मुख हेरइत दुहु भेल भोर। समय न बूझए अचतुर चोर॥ 4॥
बिटगधि संगिनी सब रस जान। कुटिल नयान कएल समधान॥ 6॥
चलल राज-पथ दुहु उरझाई। कह कबि-सेखर दुहु चतुराई॥ 8॥

शब्दार्थ—1-2. पथगति = राह में जाते हुए। कान = कृष्ण। मनसिज = कामदेव। पुरल = पूरा किया। संधान = वाण का संचालन। पथ में जाते हुए राधा-कृष्ण दोनों आँखों से मिले—एक-दूसरे को देखा। दोनों के मन में कामदेव ने अपने बाणों का संचालन किया—दोनों के हृदय में काम का संचार हुआ। 3. हेरइत = देखते ही। भेल भोर = बेसुध हुए। 4. समय न बूझए = अवसर नहीं समझता। 5. बिटगधि = विदग्ध,

सुरसिका। 6. कुटिल नयान = टेढ़ी चितवन से—इशारे से। कएल = कर दिया। समधान = सावधान। 7. उरझाई = उलझकर।

•

"चरन धरत चिन्ता करत, चहत न नेकहु सोर।
ढूँढ़त हैं सुबरन सदा, कवि व्यभिचारी चोर॥"

(28)

सजनी, भल कए पेखल न भेल।
मेघ-माल सँग तड़ित-लता जनि, हिरदय सेल दए गेल॥ 2॥
आध आँचर खस आध बदन हँस, आधिहि नयन तरङ्ग।
आध उरज हेरि आध आँचर तरे, तबधरि दगधे अनङ्ग॥ 4॥
एके तनु गोरा कनक कटोरा, अतनु कोंचला उपाम (?)
हार हारल मन जनि बूझि ऐसन, फाँस पसारल काम॥ 6॥
दसन मुकुता पाँति अधर मिलाएल, मृदु मृदु कहितहि भासा।
विद्यापति कह अतए से दुख रह, हेरि हेरि न पुरल आसा॥ 8॥

शब्दार्थ—1. भल कए = अच्छी तरह। पेखल न भेल = देख न सका। 2. सँग = संग में, साथ में। तड़ित लता = बिजली। जनि = मानो। 3. नयन तरङ्ग = कटाक्ष। 4. उरज = कुच। तबधरि = तब से। दगधे = जलता है। अनंग = काम। 5. कनक कटोरा = सोने का कटोरा (कुच)। अतनु = कामदेव। एक तो शरीर गौरवर्ण है और उस पर से (कुच) मानो मदन (अतनु) सोने के कटोरे में कोंच (बलपूर्वक भर) दिया गया है, ऐसा प्रतीत होता है। 6. जनि बूझि ऐसन = ऐसा समझ पड़ता है मानो। 7. दसन = दाँत। अधर = ओंठ। भासा = भाषा, वचन। 8. अतए = इसीलिए।

(29)

ससन-परस खसु अंबर रे, देखल धनि देह।
नव जलधर-तर चमकए रे, जनि बिजुरी-रेह॥ 2॥
आज देखलि धनि जाइत रे, मोहि उपजल रंग।
कनक-लता जनि संचर रे, महि निर अवलंब॥ 4॥
ता पुन अपरुब देखल रे, कुच-जुग अरबिंद।
बिसगति नहि किछु कारन रे, सोझाँ मुख-चंद॥ 6॥
विद्यापति कवि गाओल रे, रस बुझ रसमंत।
देवसिंह नृप नागर रे, हासिनि देइ कंत॥ 8॥

शब्दार्थ—1. ससन = श्वसन, पवन। परस = स्पर्श से। खसु = गिर पड़ा। अंबर = कपड़ा, अंचल। देखल = देखा। धनि = बाला। 2. जलधर = बादल। तर = तले, नीचे। जनि = मानो। रेह = रेखा। 3. जाइते = जाती हुई। उपजल रंग = प्रतीत हुआ। 4.

संचर = चल रही है। निर अवलंब = बिना अवलंब का। 5. ता = उस पर भी। पुन = पुनः। जुग = दो। अरबिंद = कमल। 6. बिगसित = खिला हुआ। सोझाँ = सम्मुख।

(30)

अलखिते हमे हेरि बिहुँसलि थोर। जनि रयनी भेल चाँद इँजोर॥ 2॥
कुटिल कटाख लाट पड़ि गेल। मधुकर-डंबर अंबर भेल॥ 4॥
काहिक सुंदरि के ताहि जान। आकुल कए गेल हमर परान॥ 6॥
लीला कमल भमर धरु बारि। चमकि चललि गोरि चकित निहारि॥ 8॥
तें भेल बेकत पयोधर सोभ। कनक कमल हेरि काहि न लोभ॥ 10॥
आध नुकाएल आध उगास। कुच कुंभे कहि गेलि अप्पन आस॥ 12॥
से अब अमिल निधि दए गेल सँदेस। किछु नहि रखलन्हि रस परिसेस॥ 14॥
भनइ विद्यापति दुहु मन जागु। बिसम कुसुम-सर काहु जनु लागु॥ 16॥

शब्दार्थ—1. अलखिते = अलक्ष्य रूप से = बिना दूसरे के देखे। हेरि = देखकर। बिहुँसलि = मुस्कुराई। 2. रयनी = रजनी, रात। इँजोर = उजाला। 5. काहिक = किसकी। के = कौन। 7. धरु बारि = निवारण कर—कौतुक के भ्रमर को कमल से निवारण कर। 9. तें = इससे। बेकत = व्यक्त, प्रकट। 11-12. नुकाएल = छिपा हुआ। उगास = प्रकट। कुंभ = घड़ा। आधा छिपा हुआ और आधा प्रकट कुच-कुंभ (दिखाकर) वह अपनी आशा कह गई (कि मिलूँगी)। 13. अमिल = अप्राप्य। निधि = खजाना। 14. परिसेस = परिशेष, बाकी। 16. बिसम = विषम, कठोर। कुसुमसर = कामदेव का शर।

(31)

अंबर बिघटु अकामिक कामिनि, कर कुच झाँपु सुछंदा।
कनक-संभु जनि अनुपम सुंदर, दुह पंकज दस-चंदा॥ 2॥
कत रूप कहब बुझाई।
मन मोर चंचल लोचन विकल भेल, ओतहि अनाइत आई॥ 4॥
आड़ बदन कए मधुर हास दए, सुंदरि रहु सिर नाई।
अओंधा कमल कांति नहि पूरए, हेरइत जुग बहि जाई॥ 6॥
भनइ विद्यापति सुनु वर जौबति, पुहबी नव पँचबाने।
राजा सिवसिंह रूपनराएन, लखिमा देइ रमाने॥ 8॥

शब्दार्थ—1. अंबर = वस्त्र, अंचल। बिघटु = हट गया। अकामिक = अकस्मात्। कर = हाथ। झाँपु = ढँक लिया। सुछंदा = सुंदर। अकस्मात् अंचल हट गया, (तब) कामिनी ने अपने दोनों हाथों से सुंदर कुचों को ढक लिया। 2. कनक-संभु = सोने के महादेव (कुच)। दुइ पंकज = दो कमल (दोनों हाथ)। दस चंदा = चंद्रमा (दस नख)। 3. कत = कितना। 4. अनाइत = अनायत्त, विवश हो वहीं दौड़ता है। 5.

आड़ = ओट। 6. अओंधा = उलटकर रखा हुआ। जुग बहि जाई = युग बीत जाते हैं। 7. पुहबी = पृथ्वी। नव = नवीन। पँचबाने = कामदेव। 8. रमाने = रमण, पति।

(32)

गेलि कामिनि गजहु गामिनि, बिहसि पलटि निहारि।
इंद्रजालक कुसुम-सायक, कुहकि भेलि बर नारि॥ 2॥
जोरि भुज जुग मोरि बेढ़ल, ततहि बदन सुछंद।
दाम-चंपक काम पूजल, जइसे सारद चंद॥ 4॥
उरहि अंचल झाँपि चंचल, आध पयोधर हेरु।
पवन पेलल सरद-घन जनि, बेकत कएल सुमेरु॥ 6॥
पुनहि दरसन जिब जुड़ाएब, टुटब बिरहक ओर।
चरन जाबक हृदय पाबक, दहए सब अँग मोर॥ 8॥
भनये विद्यापति सुनह जदुपति, चित्त थिर नहि होय।
से जे रमनि परम गुनमनि, पुनु किए मिलब मोय॥ 10॥

शब्दार्थ—1. गेलि = गई। गजहु गामिनि = हाथी के समान मस्तानी चालवाली। बिहसि = मुस्कुराकर। निहारि = देखकर। 2. इंद्रजालक = ऐंद्रजालिक, जादूगर। कुसुम-सायक = कामदेव। कुहुकि = मायाविनी नटी। भेलि = हुई। मानो वह श्रेष्ठ नारी काम ऐंद्रजालिक की मायाविनी नटी हो। अर्थात् उसकी हँसी ने अद्‌भुत चमत्कार का अनुभव कराया। 3-4. मोरि = मोड़कर। बेढ़ल = घेरा। ततहि = वहीं। बदन = मुख। दाम = रस्सी (माला)। चंपक = चंपे की। जइसे = जैसे। सुछंद = सुंदर। दोनों हाथों को जोड़कर उनसे अपना सुंदर मुख लपेट लिया, मानो कामदेव ने चंपे की माला (हाथ) में (शरद-चंद्रमुख) की पूजा की हो। 5-6. उरहि = वक्षःस्थल को। झाँपि = ढँककर। पयोधर = स्तन, कुच। हेरु = देखती है। पवन पेलल = हवा से प्रेरित हुए। जनि = मानो। बेकत = व्यक्त, प्रकट। कएल = किया। सुमेरु = पर्वत। वक्षःस्थल को चंचल अंचल से ढाँककर आधे कुच को देखती हैं, मानो पवन द्वारा हटाए शरद के मेघ (अंचल) ने सुमेरु (कुच) को प्रकट किया हो—जिस प्रकार पवन के झोंके से मेघ हट जाने पर सुमेरु दीख पड़ता है। उसी प्रकार..... । 7. जिब = प्राण। जुड़ाएब = शीतल होंगे। ओर = सीमा। 8. जाबक = महावर। पावक = आग। दहए = जलाती है। उसके पैर का महावर (मेरे) हृदय में आग (लगा रहा) है जैसे मेरे सब अंग जल रहे हैं। 10. से = वह। पुनु = फिर। मिलब = मिलेगी। मोय = मुझे।

(33)

सहजहि आनन सुंदर रे, भउँह सुरेखलि आँखि।
पंकज मधु पिबि मधुकर रे, उड़ए पसारल पाँखि॥ 2॥
ततहि धाओल दुहु लोचन रे, जेहि पथें गेलि बर नारि।
आसा लुबुधल न तेजए रे, कृपनक पाछु भिखारि॥ 4॥

इंगित नयन तरंगित रे, बाम भउँह भेल भंग।
तखन न जानल तेसर रे, गुपुत मनोभव रंग॥ 6 ॥
चंदन चरचु पयोधर रे, ग्रिम गज मुकुताहार।
भसम भरल जनि संकर रे, सिर सुरसरि जलधार॥ 8 ॥
बाम चरन अगुसारल रे, दाहिन तेजइत लाज।
तखन मदन सर पूरल रे, गति गंजए गजराज॥ 10 ॥
आज देखलि धनि जाइत रे, रूप रहल मन लागि।
तेहि खन सब गुन गौरब रे, सब धैरज गेल भागि॥ 12 ॥
रूप लागि मन धाओल रे, कुच-कंचन-गिरि साँधि।
तें अपराधें मनोभव रे, ततहि धएल जनि बाँधि॥ 14 ॥
विद्यापति कवि गाबिह रे, गुण बुझ रसिक सुजान।
राजाहुँ रूपनराएन रे, लखिमा देवि रमान॥ 16 ॥

शब्दार्थ—1. आनन = मुख। भउँह सुरेखलि = भौंहों द्वारा अच्छी तरह चित्रित की गई, सुंदर बनाई गई। 2. पंकज = कमल (मुख)। मधु = पुष्परस। पिबि = पीकर। मधुकर = भौंरा (नयन)। उड़ए = उड़ने को। पसारल = पसार दिया, फैला दिया। पाँखि = पंख पर (भौंह)। 3. ततहि = वहीं। धाओल = दौड़ गया। जेहि पथे = जिस रास्ते से। गेलि = गई। 4. आसा लुबुधल = आशा में लुब्ध हुआ, चूर हुआ। आशा में चूर भिखारी जिस प्रकार कृपण (सूम) का पीछा भी नहीं छोड़ता। 5. इंगित = इशारे से। तरंगित = चंचल। बाम = बाईं। भउँह भेल भंग = भौंहें भंग हुईं, भवें टेढ़ी कीं। 6. तखन = उस समय। तेसर = तीसरा व्यक्ति। मनोभव = कामदेव। 7. चरचु = चर्चित किया। पयोधर = कुच, स्तन। ग्रिम = गले में। भरल = भरा हुआ। सुरसरि = गंगा। कुच चंदन से चर्चित हैं, जिन पर गजमुक्ताओं की माला (झूल रही है) है, मानो भस्म का लेप किए हुए महादेव के सिर पर गंगा की धारा (बह रही) हो। 9. अगुसारल = अग्रसर किया, आगे किया। दाहिन तेजइत लाज = दाहिने पैर को आगे रखते लज्जा होती है। 10. तखन = उस समय। मदन = कामदेव। गति = चाल। गंजए = पराजित करती है। गजराज = हाथी। 11. रूप रहल मन लागि = रूप मन से लग रहा है = सौंदर्य हृदय में बैठ गया। 12. खन = क्षण। गेल = गए। 13-14. लागि = लिए। कुच-कंचन-गिरि साँधि = स्तन रूपी दो सोने के पहाड़ों के संधि-स्थान में—बीच में। तें = उस। बाँधि धएल = बाँध रखा। रूप के लिए—सौंदर्य के लोभ में मेरा मन उसके कुच-रूपी दो पहाड़ों के बीच में जा दौड़ा, मानो इसी अपराध से कामदेव ने उसे वहीं बाँध रखा। 15. बूझ = जानते हैं। रसिक सुजान = रसिक।

●

"हे सज्जनाः शृणुत मद्वचनं समस्ता,
स्वर्गे सुधाऽस्ति सुलभा न तु सा भवद्भिः।

कुर्मस्तदत्र भवतामुपकारकारी
काव्यामृतं पिबत तत् परमादरेण॥"

(34)

पथ-गति पेखलि मएँ राधा।
तखनुक भाव परान पए पीड़ए, रहल कुमुद-निधि साधा॥ 2॥
ननुआ नयन नलिन जनि अनुपम, बंक निहारए थोरा।
जनि सृंखल में खगबर बाँधल, दीठि नुकाएल मोरा॥ 4॥
आध बदन ससि बिहसि देखाओल, आध पिहल निअ बाहू।
किछु एक भाग बलाहक झाँपल, किछुक गरासल राहू॥ 6॥
कर जुग पिहित पयोधर-अंचल, चंचल देखि चित भेला।
हेम कमल जनि अरुनित चंचल, मिहिर-तरे निंद गेला॥ 8॥
भनइ विद्यापति सुनह मधुरपति, इह रस की पए बाधा।
हास दरस रस सबहु बुझाएल, नाल कमल दुइ आधा॥ 10॥

शब्दार्थ—1-2. पथ-गति = पथ में जाती हुई। पेखलि = देखा। मएँ = मैं। तखनुक = उस समय का। परान पए = प्राण भी। पीड़ए = पीड़ित कर रहा है। रहल = रह गया। कुमुद-निधि = कुमुद का सर्वस्व (चंद्र)। साधा = साध, इच्छा। मैंने राह में जाती हुई राधा को देखा। उस समय की उसकी भावभंगी ने प्राणों तक को पीड़ित किया, उस चंद्र (मुख) को देखने की साध बनी ही रह गई। 3. ननुआ = सुंदर। नलिन = कमल। जनि = जैसे। बंक = टेढ़ा। निहारए = देखती है। 4. सृंखल = शृंखला, जंजीर। खगबर = पक्षिश्रेष्ठ, खंजन। बाँधल = बाँधा। नुकाएल = छिप गया। 5. बदन ससि = मुखरूपी चंद्रमा। देखाओल = दिखलाई। पिहल = ढाँप दिया। निअ = निज। बाहू = बाँह से, भुजा से। 6. झाँपल = ढाँप दिया। बलाहक = मेघ। गरासल = ग्रस लिया। 7-8. पिहित = आवृत, ढँका। पयोधर = स्तन। अंचल = विभाग, तट। हेम = सोना। जनि = मानो। अरुनित = लालिमा-युक्त। तरे = नीचे। मिहिर = सूर्य। निंद गेला = सो रहा। दोनों हाथों से ढँके हुए स्तनों के तट-भाग देखकर चित्त चंचल हो गया, मानो सोने के कमल (दोनों कुच) लालिमा-युक्त चंचल सूर्य (लाल हथेली) के नीचे सो रहे हों। 9-10. सुनह = सुनो। मधुर-पति = मधुरापति। इह = यह। की = कौन। हास = हँसी। दरस = दर्शन। बुझाएल = बूझ पड़ा, मालूम हुआ। नाल = (कमल की) डंडी। हे मथुरापति श्रीकृष्ण (तुम्हारे) इस रस में कौन बाधा होगी? तुम्हारी पारस्परिक हँसी और दर्शन के रस से ही सबको मालूम हो गया कि मृणाल और कमल (तुम्हारे हाथ रूपी मृणाल और उसके कुच रूपी कमल) ये दोनों (एक ही पदार्थ) के दो भाग हैं—अर्थात् उसके कुच के लिए तुम्हारे हाथ ही उपयुक्त हैं।

(35)

जहाँ-जहाँ पद-जुग धरई। तहिं-तहिं सरोरुह झरई॥ 2॥
जहाँ-जहाँ झलकए अंग। तहिं-तहिं बिजुरि-तरंग॥ 4॥
कि हेरलि अपरुब गोरि। पइठलि हिअ मधि मोरि॥ 6॥
जहाँ-जहाँ नयन विकास। ततहिं कमल परकास॥ 8॥
जहाँ लहु हास संचार। तहिं-तहिं अमिअ-बिथार॥ 10॥
जहाँ-जहाँ कुटिल कटाख। ततहिं मदन-सर लाख॥ 12॥
हेरइत से धनि थोर। अब तिन भुवन अगोर॥ 14॥
पुनु किए दरसन पाब। अब मोर ई दुख जाब॥ 16॥
विद्यापति कह जानि। तुअ गुन देहब आनि॥ 18॥

शब्दार्थ—1-2. पद-जुग = दोनों पैर। धरई = धरती है, रखती है। तहिं = वहीं। सरोरुह = कमल। झरई = झड़ते हैं। 3, 4. झलकए = झलकते हैं, चमकते हैं। अंग = शरीर। बिजुरि-तरंग = बिजली का चंचल प्रकाश। 5, 6. कि = क्या। हेरलि = देखा। गोरि = गौर-वंदना, सुंदरी। पइठलि = पैठ गई, घुस गई। हिअ-मधि = हृदय में। मोरि = मेरे। 9-10. लघु = मंद। हास = हँसी। अमिअ = अमृत। 11-12. कुटिल = टेढ़े। कटाख = कटाक्ष। ततहिं = वहाँ ही। मदन = कामदेव। सर = बाण। 13-14. हेरइत = देखते ही। से = वह। धनि = बाला, सुंदरी। अगोर = प्रतीक्षा करना। 15-16. पुनु = पुनः। किए = क्या। 11. क्या अब मेरा यह दुख जाएगा? 18. तुअ = तुम्हारे। देहब आनि = ला दूँगा।

राधा का प्रेम

(36)

ए सखि पेखलि एक अपरूप। सुनइत मानब सपन-सरूप॥ 2॥
कमल जुगल पर चाँदक माला। तापर उपजल तरुन तमाला॥ 4॥
तापर बेढ़लि बीजुरि-लता। कालिंदी तट धिरें-धिरें जाता॥ 6॥
साखा-सिखर सुधाकर पाँति। ताहि नब पल्लब अरुनिम काँति॥ 8॥
बिमल बिंबफल जुगल विकास। तापर कीर थीर करु बास॥ 10॥
तापर चंचल खंजन-मोर। तापर साँपिनि झाँपल मोर॥ 12॥
ए सखि रंगिनि कहल निसान। हेरइत पुनि मोर हरल गेआन॥ 14॥
कवि विद्यापति एह रस भान। सुपुरुख मरम तोहें भल जान॥ 16॥

शब्दार्थ—3. कमल-जुगल = दो पैर। चाँदक माला = नखों की पंक्ति। 4. तरुन तमाला = काला शरीर। 5. बेढ़लि = लिपटी हुई। बीजुरिलता = पीतांबर। 7. साखा-सिखर = तमालरूपी शरीर की शाखा रूपी बाहुओं के अग्र भाग में। सुधाकर-पाँति =

नखों की पंक्ति। 8. नब पल्लब = हथेली। अरुनिम काँति = लाल। 9. बिंबफल = ओष्ठ। 10. कीर = नाक। 11. खंजन जोर = आँखों का जोड़ा। साँपिनि = केश। मोर-मयूर = मुकुट।

(37)

की लागि कौतुक देखलहुँ सखि, निमिष लोचन आध।
मोर मन-मृग मरम बेधल, बिषम-बान बेआध॥ 2॥
गोरस बिरस बासी बिसेखल, छिकहि छाड़ल गेह।
मुरलि निसान मो मन मोहल, बिकहु भेल संदेह॥ 4॥
तीर तरंगिनि कदंब-कानन, निकट जमुना घाट।
उलटि हेरइत बिपथ जाइत, चरन चीरग काँट॥ 6॥
सुकृत सुफल सुनह सुंदरि, विद्यापति भन सार।
कंसदलन गोपाल सुंदर, मिलल नंद कुमार॥ 8॥

शब्दार्थ—1. की लागि = किसलिए। निमिष = एक क्षण। लोचन आध = आधी आँखों से, कनखियों से। 2. मरम = हृदय का भीतरी भाग। 3. बिरस = रसहीन। बिषम बान बेआध = कामदेव रूपी व्याध। छिकहि = छींकने पर। 5. तरंगिनि = नदी।

(38)

अवनत आनन कए हमे रहलिहु, बारल लोचन-चोर।
पिआ मुख-रुचि पिबए धाओल, जइसे चाँद चकोर॥ 2॥
ततहु सयँ हठे हटि मोञे आनल, धएल चरन राखि।
मधुप मातल उड़ए न पार, तैओ पसारए पाँखि॥ 4॥
माधवे बोललि मधुर बानी, से सुनि मुँदु मोञे कान।
ताहि अवसर बिहि बाम भेल, धरु धनु पँचबान॥ 6॥
तनु पसेब पसाहनि भासलि, पुलक तइसन जागु।
चूनि चूनि भए काँचुअ फाटलि, बाहु बलआ भाँगु॥ 8॥
भन विद्यापति कंपित कर हो, बोल न बोलल जाए।
राजा सिवसिंघ रूपनराएन, साम सुंदर काए॥ 10॥

शब्दार्थ—1-2. अवनत = नीचे। बारल = निवारण किया, रोक रखा। मुख-रुचि = मुख की शोभा। पिबए = पीने के लिए। धाओल = दौड़ पड़ा। मैंने अपने मुख को नीचे कर लिया और नयन रूपी चोरों को (उनकी ओर जाने से) रोक दिया; किन्तु प्रीतम के मुख की शोभा का पान करने के लिए वे दौड़ पड़े, जिस प्रकार चाँद की ओर चकोर दौड़ते हैं। 3-4. ततहु = वहाँ। सयँ = से। हटि = हटाकर। मोञे = मैं। आनल = लाया। धएल राखि = धर रखा। मधुप = भौंरा। मातल = मत्त बना, पागल। उड़ए न

पार = नहीं उड़ सकता। तैओ = तो भी। पसारए = पसारता है। वहाँ से = मुख की ओर से—मैं (आँखों को) हठपूर्वक रोककर हटा लाई और अपने चरणों पर धर रखा—नीचे की ओर देखने लगी। (किन्तु जिस प्रकार) मधु पीकर मस्त बना भौंरा नहीं उड़ सकता तो भी पंख पसारता है उसी तरह मेरी आँखें बराबर उसी ओर जाने लगीं। 5. मुँदु = मूँद लिया। बिहि = ब्रह्मा। बाम भेल = विरुद्ध हुआ, बैरी हुआ। पँचबान = कामदेव। 6. उसी समय विधाता बाम हो गए और कामदेव ने धनुष धारण किया—मुझ पर बाणों की बौछार करने लगा। 7. पसेब = पसीना। पसाहनि = प्रसाधनी, ललाट पर की सजावट, अंगराग। भासलि = बह गया, धो गया। पुलक = रोमांच। तइसन = उसी प्रकार। 8. चूनि-चूनि भए = खंड-खंड होकर, चिथड़े-चिथड़े होकर। काँचुअ = कंचुकी, चोली। बलआ = चूड़ी। भाँगु = फूट गई। [प्रेमातिरेक से शरीर फूल उठा, जिस कारण चोली फट गई और चूड़ियाँ फूट गईं।] 9. कंपित कर हो = हाथ काँप रहा है। बोल न बोलल जाए = बात कही नहीं जाती।

(39)

सामर सुंदर ए बाटें आएल, तें मोरि लागलि आँखि।
आरति आँचर साजि न भेल, सब सखीजन साखि॥ 2॥
आध पयोधर तें मोर देखल, नगर-जन समाजे।
कठिन हिरदय भेदि न भेले, जाओं रसातल लाजे।
कि मोरा जीवन कि मोरा जौवन, कि मोरा चतुरपने।
मदन-बान मुरुछलि अछओं, सहओं जीब अपने॥ 6॥
कहहि मो सखि कहहि मो सखि, कथाँ ताहेरि बासा।
दूरहु दुगुन, एड़ि मएँ धाबओं, पुनु दरसन आसा॥ 8॥
सुरपति-पाए लोचन माँगओं, गरुड़ माँगओं पाँखि।
नंदक नंदन मएँ देखि आबओं, मन मनोरथ राखि॥ 10॥

शब्दार्थ—1. ए बाटें = इस रास्ते। तें = इसी कारण। 2. आरति = आर्त्तावस्था से, व्याकुलता से। साखी = साक्षी, गवाह। व्याकुलता से—प्रेमावेश से—मैं आँचल को सँभाल भी न सकी—अपने कुचों को भली-भाँति ढँक भी न सकी, इस बात की गवाह सभी सखियाँ हैं। 3-4. नागर-जन = चतुर लोग। भेदि = विदीर्ण होना। पर मेरा कठिन हृदय फट नहीं गया, इच्छा हुई कि मैं लज्जावश पाताल में धँस जाऊँ। 5-6. मुरुछलि = मूर्च्छित। अछओं = हूँ। मेरी जिंदगी क्या, जवानी क्या और चतुराई क्या—ये सब मिथ्या हैं, काम के बाणों से मैं मूर्च्छित हूँ और (उसकी मार्मिक पीड़ा) अपने प्राणों में सह रही हूँ। 7-8. मो = मुझसे। कथाँ = कहाँ। ताहेरि = उसका। बासा = निवास-स्थान। दूरहु दुगुन = दुगुनी दूरी। एड़ि = अतिक्रमण कर। धाबओं = दौड़ चलूँ। पुनु = पुनः। कहो, ऐ मेरी सखी, कहो, उसका निवास-स्थान कहाँ है? दुगुनी दूरी (होने पर भी उसे) अतिक्रम कर मैं पुनः दर्शन पाने की आशा में दौड़ चलूँ। 9. सुरपति = इंद्र।

पाए = चरण में। पाँखि = पंख। इंद्र के चरणों में मैं उनसे सहस लोचन माँगती हूँ, गरुड़ से पंख माँगती हूँ। 10. देखि आबओं = देख़ आऊँ।

•

Poetry is that which lifts the veil from the hidden beauty of the world.

—Shelly

(40)

कानु हेरब छल मन बड़ साध। कानु हेरइत भेल एत परमाद॥ 2॥
तबधरि अबधि मुगुधि हमे नारि। कि कहि कि सुनि किछु बुझए न पारि॥ 4॥
साओन घन सम झर दु नयान। अबिरत धक धक करए परान॥ 6॥
की लागि सजनी दरसन भेल। रभसें अपन जिब परहाथ देल॥ 8॥
न जानिअ किए करु मोहन चोर। हेरइत जिब हरि लए गेल मोर॥ 10॥
एत सब आदर गेली दरसाए। जत बिसरिअ तत बिसरि न जाए॥ 12॥

शब्दार्थ—1. कानु = कृष्ण। हेरब = देखूँगी। छल = था। साध = इच्छा। 2. एत = इतना। परमाद = प्रमाद, आपत्ति। 3. तबधरि = तबसे। मुगुधि = मुग्धा। 4. कि = क्या। बुझए न पारि = नहीं समझ सकती। 5. साओन घन = श्रावण का मेघ। नयान = नयन, आँख। 6. अविरत = हरदम। 8. रभसें = कौतुक में ही। परहाथ = दूसरे के हाथ में। 9. किए = क्या। 10. गेल दरसाए = दिखला गया, बतला गया। 11. जत = जितना। बिसरिअ = भुलाती हूँ। बिसरि न जाए = भूला नहीं जाता।

(41)

कि कहब हे सखि इह दुख ओर। बाँसि-निसास-गरल तनु भोर॥ 2॥
हठ सएँ पइसए स्रवनक माझ। तहि खन बिगलित तनमन लाज॥ 4॥
बिपुल पुलक परिपूरए देह। नयन न हेरि हेरए जनु केह॥ 6॥
गुरु-जन समुखहि भाव-तरंग। जतनहि बसन झाँपिअ अब अंग॥ 8॥
लहु-लहु चरण चलिअ गृह माझ। आजु दइबें मोहि राखल लाज॥ 10॥
तन मन बिबस खसए निबि बंध। कि कहब विद्यापति रहु धंद॥ 12॥

शब्दार्थ—1. कि = क्या। 2. बाँसि-निसास-गरल = वंशी के निःश्वास के विष से—वंशी की आवाज की मादकता से। तनु भोर = शरीर बेसुध है। 3. हठ सयँ हठपूर्वक। पइसए = पैठता है। स्रवनक = कानों के। माझ = मध्य में। 4. तहि खन = उसी समय। बिगलित = दूर गई, जाती रही। 5. विपुल = अधिक, असंख्य। पुलक = रोमांच। 6. आँखों से (कृष्ण की ओर) नहीं देखती हूँ कि कहीं कोई ऐसा करते देख न ले। 7. गुरुजन = अपने से श्रेष्ठ व्यक्ति। भाव-तरंग = भावना की लहर। 9. लहु-लहु = धीरे-धीरे। दइब = दैव, ब्रह्मा। 11. खसए = गिर पड़ता है। 12. धंद = फिक्र।

(42)

कतन बेदन मोहि देसि मदना। हर नहि बाला मएँ जुबति जना॥ 2॥
बिभूति-भूषन नहि चाननक रेनू। बघछाल नहि सिर नेतक बसनू॥ 4॥

नहि मोरा जटाभार चिकुरक बेनी। सुरसरि नहि सिर कुसुमक स्त्रेनी॥ 6॥
चाननक बिंदु मोरा नहि इंदु छोटा। ललाट पाबक नहि सिंदुरक फोटा॥ 8॥
नहि मोरा कालकूट मृगमद चारु। फनिपति नहि मोरा मुकुता-हारु॥ 10॥
भनइ विद्यापति सुन देब कामा। एक पए दूखन नाम मोर बामा॥ 12॥

शब्दार्थ—अरे कामदेव! मुझे कितनी वेदना देते हो, मैं महादेव नहीं वरन् नवयुवती हूँ। (शरीर में लगे) ये विभूति के भूषण (लेप) नहीं, वरन् चंदन के रेणु हैं, यह बाघछाला नहीं, वरन् नेतक (एक उत्तम कोटि का वस्त्र-विशेष का नाम) है। (सिर पर) यह जटा का भार नहीं, वरन् केशों की गुँथी हुई वेणी है। गंगा नहीं, वरन् वेणी में गूँथे गए (उजले) फूलों की कतार है। (कपाल पर) चंदन की बेंदी अथवा माँगटीका है, द्वितीया का छोटा चंद्रमा नहीं। ललाट में (तृतीय नेत्र की) अग्नि नहीं, सिंदूर का टीका है। यह विष नहीं, चिबुक पर सुंदर (काला) मृगमद है। (गले में) अजगर नहीं, किन्तु मेरी मुक्ताओं की माला है। विद्यापति कहते हैं, हे कामदेव, सुनो मुझमें दोष है तो केवल एक यही कि मेरा नाम 'वामा' (रमणी) है (जो महादेव के 'वामदेव' नाम से मिलता है)।

(43)

मनमथ तोहि की कहब अनेक।
दिठि अपराध परान पए पीड़सि, ते तुअ कओन बिबेक॥ 2॥
दाहिन नयन पिसुन गन बारल, परिजन बामहि आध।
आध नयन-कोने जें हरि पेखल, तें भेल एत परमाद॥ 4॥
पुर-बाहर पथ करैत गतागत, के नहि हेरए कान।
तोहर कुसुम-सर कतहु न संचर, हमरे हृदय पाँचो बान॥ 6॥

शब्दार्थ—1-2. मनमथ = कामदेव। दिठि = दृष्टि, नजर। पीड़सि = पीड़ा देते हो। 3-4. पिसुन = दुष्ट। बारल = मना किया। परिजन = घर के लोग। परमाद = प्रमाद, झंझट। दाहिने नेत्र को दुष्टों के कारण मना करना पड़ा—दाहिने नेत्र से दुष्टों के डर से नहीं देखती—परिवारवालों के कारण बाएँ नेत्र के आधे को निवारण किया। रह गया बाएँ नेत्र का आधा भाग—सो आधे नेत्र से ही बाएँ नेत्र के कटाक्ष से ही—जब कृष्ण को देखा तो इतना पागलपन मुझमें आ गया। 5. पथ = राह। करैत गतागत = आते-जाते। कान = कृष्ण। 6. कुसुम-सर = फूलों के बाण।

(44)

एक दिन हरि हेरि हँसि हँसि जाए। अओ दिन नाम धए मुरलि बजाए॥ 2॥
आजु अति नियर कएल परिहास। न जानिअ गोकुल ककर बिलास॥ 4॥
साजनि ओ नागर-सामराज। मूल बिनु परधन माँग बेआज॥ 6॥
परिचय नहि देखि आनक काज (?) न करए संभ्रम न करए लाज॥ 8॥

अपन निहारि निहार तनु मोर। देअ आलिंगन भाव बिभोर॥ 10॥
खन-खन बेदगधि कला अनुपाम। अधिक उदार देखिअ परिनाम॥ 12॥
विद्यापति कह आरति ओर। बुझिओ न बूझए एह रस भोर॥ 14॥

शब्दार्थ—2. अओ = और, अन्य। 3. नियर = निकट। परिहास = हँसी, मजाक। ककर = किसका। 5-6. नागर-सामराज = चतुरों का सम्राट्। मूल = मूलधन। सखि, वह चतुरों का बादशाह है, देखो तो, दूसरे की संपत्ति पर बिना मूलधन के सूद माँगता है। (एक तो धन दूसरे का; उसमें भी मूलधन गायब, फिर सूद कैसा!) 7. दूसरे का काम देखकर भी नहीं परिचय करता—नहीं समझता। 8. संभ्रम = डर। 11. प्रतिक्षण अनुपम विदग्धतापूर्ण कला दिखाता है। 14. यह रस में बेसुध (कृष्ण) समझकर भी नहीं समझता।

दूती

कृष्ण की दूती

(45)

धनि-धनि रमनि जनम धनि तोर।
सब जन कान्ह-कान्ह करि झूरए से तुअ भाव बिभोर॥ 2॥
चातक चाह पिआसल अंबुद, चकोर चाहि रहु चंदा।
तरु लतिका अबलंबन कारी मोर मन लागल धंदा॥ 4॥
केस पसारि जखन तोहें राखल, उर पर अंबर आधा।
से सब सुमिरि कान्ह भेल आकुल, कह धनि इथे कि समाधा॥ 6॥
हँसइत कब तोहें दसन देखाओल, करे कर जोरहि मोर।
लखित दिठि कब हृदय पसारलि, पुनु हेरि सखि करु कोर॥ 8॥
एतहु निदेस कहल तोहि सुंदरि, जानि तोहें करह बिधान।
हृदय-पुतलि तुहु से सून कलेबर, कवि विद्यापति भान॥ 10॥

शब्दार्थ—1. धनि = धन्य। रमनि = रमणी, स्त्री। तोर = तुम्हारा। 2. जन = आदमी। कान्ह = कृष्ण। झूरए = जलते, व्याकुल होते। से = वह। तुअ = तुम्हारे। बिभोर = बेसुध। 3-4. चातक = पपीहा। चाह = देखना। पिआसल = तृषित, प्यासा। अंबुद = बादल। तरु = वृक्ष। लतिका = लता। लागल = लगा। धंदा = संदेह। (कैसी विचित्रता है!) तृषित मेघ आज पपीहे की ओर देख रहा है, चंद्रमा चकोर को देखता है और वृक्ष लतिका का अवलंबन कर रहा है; इन विरोधी बातों को देख मेरे मन में संशय हो रहा है। (कवि का तात्पर्य यह है कि जैसी व्याकुलता आज तुममें होनी चाहिए थी, वह श्रीकृष्ण में है।) 5. पसारि = पसारकर, खोलकर। राखल = रखा। उर = छाती, वक्षस्थल। अंबर = वस्त्र, अंचल। 6. से = वह। भेल = हुआ। इथे = यहाँ। धनि = बाले। समाधा = उपाय। 7-8. दसन = दाँत। करे कर जोरहि = हाथ से

हाथ जोड़ लिये। अलखिते = अलक्ष्य रूप से, बिना देखे। पुन = पुनः। हेरि = देखकर। करु कोर = कोड़ में करना-रखना, आलिंगन करना। (हाथ से जोड़कर अँगड़ाइयाँ लेती हुई) कब तुमने हँसती हुई, अपने दाँतों की छटा दिखाई, मेरे हाथ से हाथ जोड़ने लगी एवं अलक्ष्य दृष्टि कब उनके हृदय में प्रसारित की, पुनः उनकी ओर देखकर, सखी का आलिंगन किया। 9. एतहु = इतना। निदेश = इशारा। कहल = (मैंने) कहा। तोहि = तुम्हें। जानि = जानकर। करह = करो। विधान = निर्णय। 10. हृदय पुतलि = हृदय की पुतली, प्राण। से = वह (कृष्ण)। सून = शून्य। कलेबर = शरीर। भान = कहता है।

(46)

सुन सुन ए सखि कहए न होए। राहि राहि कए तन मन खोए॥ 2॥
कहइत नाम पेम होअ भोर। पुलक कंप तनु ढारहि नोर॥ 4॥
गद-गद भाखि कहए बर-कान। राहि दरस बिनु निकस परान॥ 6॥
जब नाहि हेरब तकर से मुख। तब जिउ-भार धरब कोन सुख॥ 8॥
तुहु बिनु आन इथे नहि कोइ। बिसरए चाह बिसरि नहि होइ॥ 10॥
भनइ विद्यापति नाहि बिखाद। पूरब तोहर सबहि मन साध॥ 12॥

शब्दार्थ—1. कहए न होए = कहा नहीं जाता। 2. राहि = राधा। कए = करके, कहकर। खोए = खोना, भुला देना। 3. पेम = प्रेम। भोर = बेसुध। 4. पुलक = रोमांच। ढारहि = बहाता है। नोर = आँसू। शरीर रोमांच होकर काँपने लगता है, और आँसू प्रवाहित होने लगते हैं। 5. गदगद = रुँधे हुए कंठ से। भाखि = कहना। कान = कृष्ण। 6. निकस = निकलता है। 7. तकर = उसका। से = वह। 8. धरब = धरूँगा। 9. इथे = यहाँ, तुम्हारे सिवा यहाँ दूसरा कोई नहीं—तुम्हें छोड़कर कृष्ण अन्य किसी को प्यार नहीं करते। 10. बिसरए = विस्मरण होना, भूल जाना। 12. पूरब = पूरी होगी। मन साध = मनकामना।

(47)

कंटक माझ कुसुम परगास। भमर बिकल नहि पाबए पास॥ 2॥
भमरा भेल घुरए सबे ठाम। तोहि बिनु मालति नहि बिसराम॥ 4॥
रसमति मालति पुनु पुनु देखि। पिबए चाह मधु जीब उपेखि॥ 6॥
ओ मधुजीवी तोहें मधुरासि। साँचि धरसि मधु मने न लजासि॥ 8॥
अपनेहु मने धनि बुझ अबगाहि। तोहर दुषन बध लागत काहि॥ 10॥
भनहि विद्यापति तओं पए जीब। अधर सुधारस जओ पए पीब॥ 12॥

शब्दार्थ—1. परगास = प्रकाश। 2. पाबए = पाता है, जा सकता है। 3. भमरा (माधव)। 4. मालति (राधा)। 6. जीव उपेखि = जीवन की उपेक्षा करके अर्थात् मरेंगे या जिएँगे इसका कुछ भी खयाल न करके। 8. साँचि धरसि = संचित करके रखा

है। 9. अबगाहि = डूबकर अर्थात् इस बात को अपने मन में भी भली-भाँति सोचो, समझो। 11. तओं पए जीब = तब ही जी सकता है। 12. जओं पए पीब = जभी वह पी सकेगा।

(48)

आजु हमे पेखल कालिंदी कूले। तुअ बिनु माधव बिलुठए धूले॥ 2॥
कत सत रमनि मनहि नहि आने। किए बिष दाह समय जल-दाने॥ 4॥
मदन-भुजंगम दंसल कान। बिनहि अमिअ-रस कि करब आन॥ 6॥
कुलबति धरम काँच समतूल। मदन दलाल भेल अनुकूल॥ 8॥
आनल बेचि नीलमनि हार। से तोहें पहिरब करि अभिसार॥ 10॥
नील निचोल झाँपबि निज देह। जनि घन भीतर दामिनि-रेह॥ 12॥
चौदिसि चतुर सखी चलु संग। आज निकुंज करह रस-रंग॥ 14॥

शब्दार्थ—1. पेखल = देखा। कालिंदी = यमुना। कूल = किनारे में। 2. बिलुठए = लोट रहे हैं। 3. कत = कितने। सत = सौ। आने = लाता है। 4. विष की ज्वाला के समय जल देने से क्या—विष की ज्वाला कहीं पानी से शांत होती है? 5. भुजंगम = सर्प। दंसल = काँटा। कान = कृष्ण। 6. अमिअ = अमृत। कि करब = क्या करेगा। आन = अन्य। 6. समतूल = समान। 10. से = वह। अभिसार = प्रियतम के पास गमन। 11. निचोल = चोली। 12. घन = मेघ। दामिनि = बिजली। रेह = रेखा। चौदिसि = चारों ओर।

(49)

आज पेखल नंद-किशोर।
केलि-बिलास सबहु अब तेजल, अह निसि रहए बिभोर॥ 2॥
जब धरि चकित बिलोकि बिपिन-तट, पलटि आओल मुख मोरि।
तबधरि मदनमोहन तरु कानन, लोटल धैरज छोरि॥ 4॥
पुनु फिरि सोइ नयन जदि हेरब, पाओब चेतन नाह।
भुजंगिनि दंसि पुनहि जदि दंसए, तबहि समए बिष-धाह॥ 6॥
अब सुभ खन धनि मनिमय भूषण, भूषित तनु अनुपाम।
अभिसरु बल्लभ हृदय बिराजह, जनि मनि कांचन-दाम॥ 8॥

शब्दार्थ—2. अहनिसि = दिन-रात। बिभोर = बेसुध। 3. जब धरि = जब से। 4. तब धरि = तब से। लोटए = लोटते हैं। 4. पाओब चेतन = चेतना पाएँगे, सुध में आएँगे। नाह = नाथ (कृष्ण)। 6. भुजंगिनि = साँपिनि। दंसि = काटकर। तबहि = उसी समय—उसी हालत में। समए = शांत होता है। धाह = ज्वाला। 8. अभिसरु = अभिसार करो—गुप्त मिलन-स्थान में जा मिलो। बल्लभ = प्यारा। जनि मनि कांचन-दाम = जैसे सोने के धागे में मणियों की माला पिरोई गई हो।

(50)

प्रथम सिरीफल गरबें गमओलह, जे गुनें गाहक आबे।
गेल जौबन पुनु पलटि न आबए केवल रह पछताबे॥ 2॥
सुंदरि, बचन करह समधाने।
तोहि सनि नारि दिबस दस अछलिहुँ, ऐसन उपजु मोहि भाने॥ 4॥
जौबन रूप ताबे धरि छाजए, जाबे मदन अधिकारी।
दिन दस गेले सखि सेहओ पराएत, सकल जगत परचारी॥ 6॥
विद्यापति कह जुवति लाख लह, पड़ल पयोधर तूले (?)
दिन-दिन आहे सखि ऐसनि होएबह, घोसिनि घोरक मूले॥ 8॥

शब्दार्थ—1. सिरीफल = श्रीफल, बेल (कुच)। गमओलह = गँवा दिया, खो दिया। जे गुनें = जिसके लोभ से। 2. करह समधाने = समाधान करो, विचार करो। 4. सनि = समान। अछलिहुँ = मैं थी। भाने = अनुमान। 5. छाजए = शोभता है। 6. गेले = जाने पर। सेहओ = वह भी। पराएत = भागेगा। 8. पयोधर-तूले = स्तन रुई के समान शिथिल। 8. आहे सखि = अरी सखि! होएबह = हो जाओगी। घोसिनि = ग्वालिन। घोरक = मट्ठा के। मूले = मूल्य की।

(51)

ए धनि कामिनि सुनु हितबानि। पेम करब जब सपुरुष जानि॥ 2॥
सुजनक पेम हेम समतूल। दहइत कनक दुगुन होअ मूल॥ 4॥
टुटइत नहिं टुट पेम अदभूत। जइसन बढ़ए मृनालक सूत॥ 6॥
सबहु मतंग मोति नहि मानि। सकल कंठ नहि कोइल-बानि॥ 8॥
सकल समय नहि रीतु बसंत। सकल पुरुषनहि होअ गुनबंत॥ 10॥
भनइ विद्यापति सुन बर नारि। पेमक रीति अब बुझह बिचारि॥ 12॥

शब्दार्थ—1. धनि = बाला। बानि = वाणी, बात। 2. जब प्रेम करो तो सुपात्र ही जानकर। 3. सुजनक = सज्जन का। हेम = सोना। समतूल = समान। 4. दहइत = जलने पर। कनक = सोना। दुगुन = दो गुणा। मूल = मूल्य। 6. जइसन = जिस प्रकार। बढ़ए = बढ़ता है। मृनालक = मृणाल का, कमल की डंडी का। सूत = सूत्र, धागा, भीतर का रेशा। 8. मतंग = हाथी। मोती = मुक्ता। 9. कोइल-बानि = कोयल की काकली। 10. सभी पुरुष गुणवंत ही नहीं होते।

राधा की दूती

(52)

सुनु मनमोहन कि कहब तोए। मुगुधिनि रमनी तुअ लागि रोए॥ 2॥
निसि-दिन लागि जपए तुअ नाम। थर-थर काँपि पड़ए सोइ ठाम॥ 4॥

जामिनि आध अधिक जब होइ। बिगलित लाज उठए तब रोइ॥ 6॥
सखिगन जत परबोधए जाए। तापिनि ताप ततहिं अधिकाए॥ 8॥
कह कविसेखर ताक उपाए। रचइत तबहि रयनि बहि जाए॥ 10॥

शब्दार्थ—1. कि = क्या। कबहु = कहूँ। तोए = तुझे। 2. मुगुधिनि = मुग्धा, प्रेमासक्ता। रमनी = रमणी, स्त्री। तुअ लागि = तेरे लिए। रोए = रोती है। 4. पड़ए = (गिर) पड़ती है। ठाम = जगह। 5. जब रात आधी से अधिक बीत जाती है। 6. बिगलित लाज = लाज से रहित होकर। उठए तब रोइ = तब रो उठती है। 7. जत = जितना। परबोधए = प्रबोध करती है, समझाती है। 8. तापिनि = ज्वाला से जली हुई। ताप = ज्वाला। ततहिं = उतना ही। अधिकाए = बढ़ता है। (वह विरह-ज्वाला से) जली हुई बाला ज्वाला से और भी अधिकाधिक जलती है। 9. ताक = उसका। 10. बहि जाए = बह जाती है, बीत जाती है।

(53)

माधव! कि कहब से बिपरीते।
तनु भेल जरजर भरमए अंतर, चित्त रहल तछु भीते (?)॥ 2॥
निरस कमल-मुख कर अबलंबए, सखि माझे बइसए राई।
नयनक नीर थीर नहि बाँधए, पंक कएल महि रोई॥ 4॥
मरमक बोल, बयने नहि बोलए, तनु भेल कुहु-ससि-खीना।
अबनि उपर धनि उठइ न पारइ, धएलि ध्वजा करि दीना॥ 6॥
तपत कनया जनु काजर भेल तनु, अतिसए बिरह हुतासे।
कवि विद्यापति मने अभिलाखंए, कान्ह चलह तसु पासे॥ 8॥

शब्दार्थ—2. जरजर = जर्जर, अत्यंत क्षीण। भरमए = भटकता है। अंतर = हृदय। बाढ़ल = बढ़ गया। तछु = उसका। 3. निरस = रसहीन, उदास। कर = हाथ। अबलंबए = अवलंबन करती है। माझे = मध्य। बइसए = बैठती है। राई = राधा। 4. नयनक नीर = आँसू। थीर = स्थिरता। 5. मरमक बोल = मर्म कथा, हृदय के भाव। कुहु-ससि = अमावस्या का चंद्र। 6. उठइ न पारइ = उठ नहीं सकती। पृथ्वी पर वह बाला स्वयं उठ नहीं सकती, (सखियाँ) उस दीना की भुजा पकड़कर (धरती पर से) उठाती है। 7. तपत = तप्त, तपे हुए। कनक = सोना। जनु = जलकर। हुतासे = अग्नि। 8. तसु = उसके।

(54)

लोटए धरनि, उठए धरि सोई। खने खन साँस खने खन रोई॥ 2॥
खने खन मुरछइ कंठ परान। इथि पर की गति दैव से जान॥ 4॥
हे हरि पेखलिहुँ से बर नारि। न जिउति बिनु कर-परसें तोहारि॥ 6॥
केओ केओ जपए बेद दिठि जानि। केओ नब ग्रह पुज जोतिअ आनि॥ 8॥
केओ केओ कर धरि धातु बिचार। बिरह-बिखिन कोइ लखए न पार॥ 10॥

शब्दार्थ—1. लोटए = लोटती है। धरनि = पृथ्वी। सोई = वह। 2. खने-खन = क्षण-क्षण में। साँस = उसाँसें लेती है। रोई = रोती है। 3. क्षण-क्षण में वह मूर्च्छित हो जाती है, और प्राण कंठ तक चले आते हैं। (मृतप्राय हो जाती है)। 4. इथि = इसके। पर = बाद। की = क्या। से = वह। 5. पेखलिहुँ = (मैंने) देखा। 6. जिउति = जिएगी। कर-परसें = हाथ का स्पर्श। 7. केओ = कोई। दिठि = नजर लगना। 8. पुज = पूजता है। जोतिअ = ज्योतिषी। आनि = ले आकर, बुलाकर। 9. धातु = नाड़ी। 10. बिरह-बिखिन = विरह-विखिन्न, बिरह से क्षीण हुई। लखए न पार = लख नहीं सकती।

(55)

अविरल नयन गरए जल-धार। नव-जल बिंदु सहए के पार॥ 2 ॥
कि कहब माधव ताहेरि कहिनी। कहए न पारिअ देखलि जहिनी॥ 4 ॥
कुच-जुग ऊपर आनन हेरु। चाँद राहु डर चढ़ल सुमेरु॥ 6 ॥
अनिल अनल बम मलयज बीख। जेहो छल सीतल सेहो भेल तीख॥ 8 ॥
चाँद सताबए सबिताहु जीनि। नहि जीवन एकमत भेल तीनि॥ 10 ॥
किछु उपचार मात्र नहि आन। ताहि बेआधि भेषज पँचबान॥ 12 ॥
तुम दरसन बिनु तिलाओ न जीब। जइओ कलामति पीउख पीब॥ 14 ॥

शब्दार्थ—1. अविरल = लगातार। गरए = गिरता है। 2. नब-जल बिंदु = नवीन जल के कण, आँसू। 3. ताहेरि = उसकी। कहिनी = कहानी। 4. जहिनी = जैसी। 5. आनन = मुख। 7. अनिल = वायु। अनल = आग। बम = वमन करता है, उगलता है। मलयज = चंदन। बीख = विष। 8. छल = था। तीख = तीक्ष्ण। 9. सबिताहु = सूर्य को भी। जीनि = जीतकर, सूर्य से बढ़कर। 10. एकमत भेल तीनि = (वायु, चंदन, चंद्र) एकमत हुए। 11. उपचार = औषधादि। 12. भेषज = दवा। पँचबान = कामदेव। 13. तिलाओ = तिलमात्र भी, एक क्षण भी। जीब = जिएगी। 14. पीउख = पीयूष, अमृत।

(56)

लाखे तरुअर कोटिहि लता, जुवति कत न लेख।
सब फुल मधु मधुकर नहि फुलहु फुल बिसेख॥ 2 ॥
जे फुल भभर निंदहु सुमर, बासि न बिसरि पार।
जाहि मधुकर उड़ि-उड़ि पड़, सेहे संसारक सार॥ 4 ॥
सुंदरि, अबहु बचन सून।
सबे परिहरि, तोहि इछ हरि, आपु सराहहि पून॥ 6 ॥
तोहरे चिंता तोहरे कथा, सेजहु तोहरे ठाम।
सपनहु हरि पुनु पुनु लए, उठए तोहरे नाम॥ 8 ॥

आलिंगन दए पाछु निहारए, तोहि बिनु सुन कोर।
पाछिल कथा अकथ कथा लाजें न तेजए नोर॥ 10॥
राहि राहि नाम जाहि मुँह सुन, ततहि आपए कान।
सिरि सिवसिंह ई रस जानए, कवि विद्यापति[1] भान॥ 12॥

शब्दार्थ—1-2. तरुअर = तरुवर, वृक्ष-श्रेष्ठ। कत = कितना। न लेख = संख्या नहीं असंख्य। मधु = पुष्परस। लाखों पेड़ हैं, करोड़ों लताएँ हैं, (यों ही) कितनी युवतियाँ हैं (जिनकी) गिनती नहीं। किंतु सभी फूलों पर भौंरा नहीं जाता—फूलों में भी कोई विशेष फूल होते हैं। 3. जे = जिस। भमर = भौंरा। निंदहु = नींद में भी। सुमर = स्मरण करता है। बासि = बसिया। न बिसरि पार = नहीं विस्मरण कर सकता, नहीं भूल सकता। 4. मधुकर = भौंरा। पड़ = पड़ता, बैठता। सेहे = वही। जिस पर भौंरा उड़-उड़कर बैठे वही (फूल) संसार का सार है—संसार में उसी का खिलना सार्थक है। 5. सून = सुनो। 6. सबे = सबको। परिहरि = छोड़कर। इछ = इच्छा करता है। आपु = अपनी। सराहहि = सराहना करो। पून = पुण्य। 7. तोहरे = तुम्हारा ही। सेजंहु तोहरे ठाम = शय्या पर भी तुम्हारे लिए स्थान रखता है। 8. सपनहु = सपने में भी। पुनु पुनु = बारंबार। लए उठए = ले उठते हैं। 9. पाछु = पीछे। निहारए = देखते हैं। सुन = शून्य, खाली। कोर = गोद। 10. अकथ = न कहने योग्य। नोर = आँसू। 11. राहि = राधा। आपए = अर्पण करते हैं। 12. भान = कहते हैं।

(57)

आसाएँ मंदिर बैसि निसि गमाबए, सुखे न सत सयान।
जखन जतए जाहि निहारए, ताहि ताहि तोहि भान॥ 2॥
मालति! सफल जीबन तोर।
तोर बिरहे भुअन भमए, भेल मधुकर भोर॥ 4॥
जातकि केतकि कत न अछए सबहि रस समान।
सपनहु नहि काहु निहारए, मधु कि करत पान॥ 6॥
बन उपबन कुंज कुटीरहि सबहि तोहि निरूप।
तोहि बिनु पुनु-पुनु मुरुछए, अइसन पेम सरूप॥ 8॥
साहर निबह सउरभ न सह, गुजरि गीत न गाब।
चेतन पापु चिंताएँ आकुल, हरख सबे सोहाब॥ 10॥
जकर हिरदय जातहि रतल, से धसि ततहि जाए।
जइओ जतने बाँधि निरोधिअ, निमन नीर थिराए॥ 12॥

---

1. रागतरंगिणी में इस प्रकार लिखा है—

सरस कवि विद्यापति गाओल निअ मने अवधारि।
जकर पेमे पराधीन बालँमु सेहे कलामति नारि॥

ई रस राय सिवसिंह जानए, कवि विद्यापति भान।
रानि लखिमा देइ बल्लभ, सकल गुननिधान॥ 14॥

शब्दार्थ—1. आसाएँ = आशा में। गमाबए = बिताता है। सूत = सोता है। सयान = शयन पर, बिछावन। जखन = जब। जतए = जहाँ। जाहि = जिसे। निहारए = देखता है। जब जहाँ जिसे देखता है, उसे-उसे ही तुम्हें भान करता है—भ्रमवश सभी को तुम्हें ही समझता है। भुअन = भुवन, संसार। भमए = भ्रमण करता है। मधुकर = भौंरा। भोर = विभोर, व्याकुल। 5. जातकि = चमेली। कत = कितना। अछए = है। 6. स्वप्न में भी किसी को देखता तक नहीं फिर उसका मधु क्यों पान करने चला। 7. सबहि = सभी स्थानों में। निरूप = निरूपण करता है, देखता है। 7. पुनु-पुनु = पुनः पुनः, बारंबार। मुरुछए = मूर्च्छित होता है। अइसन = इस प्रकार का। 9. साहर = सहकार , आम। निबह = समूह। सउरभ = सौरभ, सुगंध। गुजरि = गुंजार करके। गाब = गाता है। 10. चेतन = चैतन्य, जीव। पापु = पापी। चिंताएँ = चिंता से। हरख सबे सोहाब = आनंद में ही सबकुछ सुहाता है। 11. जकर = जिसका। जतहि = जहाँ। रतल = अनुरक्त हुआ। से = वह। धसि = घुसकर। ततहि = वहाँ ही। 12. जइओ = यद्यपि। निरोधिअ = रोक रखिए। निमन = नीची जगह। नीर = पानी। थिराए = स्थिर होता है।

नोक-झोंक

(58)

कर धए करु मोहि पारे। देब मएँ अपरुब हारे, कन्हैआ॥ 2॥
सखि सबे तेजि चलि गेलि। न जानु कओन पथ भेली, कन्हैआ॥ 4॥
हमे न जाएब तुअ पासे। जाएब औघट घाटे, कन्हैआ॥ 6॥
विद्यापति एहो भाने। गूजरि भजनु भगवाने, कन्हैआ॥ 8॥

शब्दार्थ—1. कर = हाथ। धरि = धरकर। करु = करो। पारे = उस पार। 2. देब = दूँगी। हारे = माला। 3. तेजि = छोड़कर। चलि गेली = चली गई। 4. न जानु = न मालूम। कओन पथ भेली = किस रास्ते गई? जाएब = जाऊँगी। तुम = तेरे। पासे = निकट। 6. औघट घाटे = जिस घाट से कोई आता-जाता न हो। 7. एही = यह। भाने = कहते। 8. गूजरि = बाला, गोपी।

इस पद में प्रेमिका के हृदय का खासा चित्र विद्यमान है। जहाँ एक ओर कहती है—'हम न जाएब तुअ पासे', तो दूसरी ओर मुँह से निकलता है—'जाएब औघट घाटे' यानी जा रही हूँ निश्चित स्थान में ही, अर्थात् चलो, इस एकांत स्थान में केलि-क्रीड़ा करें। यों ही इसके अन्य पदों में भी अपूर्व बारीक भाव विद्यमान है। रसिक पाठक गौर करें।

•

Poetry has some thing divine in it. —Bacon

(59)

कुंज-भवन सएँ निकसलि रे, रोकल गिरधारी।
एकहि नगर बसु माधब हे, जनि करु बटमारी॥ 2॥
छाड़ कान्ह मोर आँचर रे, फाटत नव-सारी।
अपजस होएत जगत भरि हे, जनि करिअ उघारी॥ 4॥
संगक सखि अगुआइलि रे, हम एकसरि नारी।
दामिनी आए तुलाएलि हे, एक राति अँधारी॥ 6॥
भनहि विद्यापति गाओल रे, सुनु गुनमति नारी।
हरिक संग किछु डर नाहि हे, तोंहे परम गमारी॥ 8॥

शब्दार्थ—1. सएँ = से। निकसलि = निकली। रोकल = रोक लिया। 2. बसु = रहते हो। जनि = मत। बटमारी = डकैती, राहजनी। 3. नव-सारी = नवीन साड़ी। 4. उघारी = नग्न। संगक = साथ की। अगुआइलि = आगे गई। एकसरि = अकेली। 6. दामिनि आए तुलाएलि = बिजली भी चमकने लगी = मेघ छा गए। अँधारी = अँधेरी, कृष्णपक्ष की। 8. हरिक = श्रीकृष्ण के। गमारी = गँवारी, बेवकूफ।

(60)

कुल गुन गौरब सील-सोभाओ। सबे लए चढ़लिहु तोहरि नाओ॥ 2॥
हठ तेजि माधव कर मोहि पार। सब तहँ बड़ थिक पर-उपकार॥ 4॥
आइलि सखि सब साथ हमार। से सबे भेलि निकहि बिधि पार॥ 6॥
हमरा भेल कान्ह तोहरहि आस। से न करिअ जे होअ उपहास॥ 8॥
भल मंद जानि करिअ परिनाम। जस अपजस पए रहत गए ठाम॥ 10॥
हमे अबला कत कहब अनेक। आइति पड़लें बुझिअ बिबेक॥ 12॥
तोहें पर नागर हमे पर नारि। काँप हृदय तुअ रीति बिचारि॥ 14॥
भनइ विद्यापति तोहें गुनमान। हाथिमहते नब के नहि जान॥ 16॥

शब्दार्थ—2. लए = लेकर। 4. सब तहँ = सबसे। थिक = है। 6. भेलि = हुई। निकहि बिधि = अच्छी तरह से। 11. कत = कितना। 12. आइति पड़ले = वश में पड़ने पर ही, विवशता का अवसर आने पर ही। बुझिअ बिबेक = विवेक की परख होती है। 13. पर नागर = अन्य पुरुष। 14. रीति = स्वभाव। 16. नब = झुकता है।

(61)

नाब डोलाब अहीरे, जिबइत न पाओब तीरे, खर नीरे लो।
खेबा न लेअए मोले, हँसि हँसि की दहु बोले, जिब डोले लो॥ 2॥
किए बिके अएलिहु आपे, बेढ़ल मोहि बड़ सापे, मोरे पापे लो।
करितहुँ पर उपहासे, परलिहुँ तहिं बिधि-फाँसे, नहिं आसे लो॥ 4॥

न बुझसि अबुझ गोआरी, भजि रहु देब मुरारी, नहि गारी लो।
कबि विद्यापति भाने, नृप सिवसिंह रस जाने, नव कान्हे लो ॥ 6 ॥

शब्दार्थ—1. जिबइत = जीती हुई। खर नीरे = तीक्ष्ण धारा। 2. मोले = मूल्य में, रुपये-पैसे में। कीदहु = न जाने क्या। 3. किए = क्यों। अएलिहुँ = मैं आई। बेढ़ल = आ घेरा। 4. तहिं = उसी से। 5. गोआरी = ग्वालिन। गारी = गाली। 6. नव = नवीन, युवक।

सखी-शिक्षा

राधा को शिक्षा

(62)

प्रथमहि अलक तिलक लेब साजि। चंचल लोचन काजरें आँजि ॥ 2 ॥
जाएब बसन आँग सब गोए। दूरहि रहब तें अरथित होए ॥ 4 ॥
मोड़ि बदन सखि रहब लजाए। कुटिल नयन देब मदन जगाए ॥ 6 ॥
झाँपब कुच दरसाओब आध। खन खन सुदिढ़ करब निबि-बाँध ॥ 8 ॥
मान करब, दरसाओब भाब। रस राखब तें पुनु-पुनु आब ॥ 10 ॥
हमे कि सिखउबि आओर रंग। अपनहि गुरु भए कहत अनंग ॥ 12 ॥
सुकवि विद्यापति ई रस गाब। नागरि कामिनि भाव बुझाब ॥ 14 ॥

शब्दार्थ—1. अलक = केश। तिलक = टीका, बेदी। लेब = लेना। 2. आँजि = लगा देना। 3. बसन = कपड़ा। आँग = अंग। गोए = छिपाकर। 4. तें = इससे। अरथित = अर्थित, चाहक। 5. मुख मोड़कर लाज करना। 6. कुटिल = टेढ़े। झाँपब = ढकना। निबि बाँध = नींवी का बंधन। 9. मान करने के बाद ही भाव प्रकट करना। 12. अनंग = कामदेव। 14. नागरि कामिनि = सुचतुरा स्त्री।

(63)

प्रथमहि सुंदरि कुटिल कटाख। जिबि जोखि नागर देअ दस लाख ॥ 2 ॥
केओ देअ हास सुधा सम नीक। जइसन परहोंक तइसन बीक ॥ 4 ॥
सुनु सुंदरि नव मदन-पसार। जनि गोपह आओब बनिजार ॥ 6 ॥
रोस दरसि रस राखब गोए। धएलें रतन अधिक मूल होए ॥ 8 ॥
भलहि न हृदय बुझाओब नाह। आरति गाहक महँग बेसाह ॥ 10 ॥
भनइ विद्यापति सुनह सयानि। सुहित बचन राखब हिय आनि ॥ 12 ॥

शब्दार्थ—1-2. जोखि = तोलकर। पहले, हे सुंदरि, कुटिल कटाक्ष करना जिससे (मूल रूप में) नागर दस लाख प्राण तौलकर देगा। 3. केओ = कोई। हास = हँसी। नीक = अच्छा। 4. परहोंक = बोहनी। बीक = बिक्री होती है। 5. मदन-पसार = कामदेव की दूकान। 6. गोपह = छिपाओ। बनिजार = व्यापारी। 7, 8. रोष प्रकट

कर प्रेम छिपाए रखना, क्योंकि सँजोए हुए रत्न की कीमत अधिक होती है। 9. भलहि = अच्छी तरह। हृदय = अभिप्राय। 10. आरति = आर्त्त, आग्रहपूर्ण। महँग = महँगा। बेसाह = खरीद करता है। 12. सुहित बचन = भलाई की बातें। हिय = हृदय।

(64)

सुनु सुनु ए सखि बचन बिसेस। आजु देब हमें ताहि उपदेस॥ 2॥
पहिलहि बैठबि सयनक सीम। हेरइत पिया मुख मोड़बि गीम॥ 4॥
परसइत दुहु करें बारबि पानि। मौन रहबि पहु करइत बानि॥ 6॥
जब हमें सोंपब करें कर आपि। साधस धरबि उलटि मोहि काँपि॥ 8॥
विद्यापति कह एह रस ठाठ। भए गुरु काम सिखाओब पाठ॥ 10॥

शब्दार्थ—3. सयनक-सीम = शय्या की एक ओर। 4. गीम = ग्रीवा, गरदन। जब प्रीतम मुख देखने लगे तब अपनी गरदन (दूसरी ओर) मोड़ लेना। 5. परसइत = स्पर्श करते। करें = हाथ से। बारबि = वारण करना, मना करना। पानि = हाथ। जब वे अंग स्पर्श करने लगें तब दोनों हाथों से उनके हाथ को रोकना। 6. पहु = प्रभु, प्रीतम। करइत बानि = बातचीत करते समय। 7-8. करे = हाथ में। हाथ = हाथ। आपि = अर्पण कर। साधस = भय। जब मैं उनके हाथ में तुम्हारा हाथ अर्पण कर तुम्हें सौपूँगी, तो तुम संभ्रम से उलटकर काँपते हुए मुझे पकड़ना। 9. रस-ठाठ = रस की रीति। 10. भए = होकर।

"वाक्यं रसात्मकं काव्यम्"—साहित्यदर्पण:

(65)

परिहर, ए सखि, तोहि परनाम। हमे नहि जाएब से पिया-ठाम॥ 2॥
बचन-चातुरि हमे किछु नहि जान। इंगित न बूझिअ न जानिअ मान॥ 4॥
सहचरि मीलि बनाएब भेस। बाँधए न जानिअ अपनुक केस॥ 6॥
कहिओ सुनिअ नहि सुरतक बात। कइसे मिलब हमे माधब साथ॥ 8॥
से बर नागर रसिक सुजान। हमे अबला अति अलप गेआन॥ 10॥
विद्यापति कह कि बोलब तोए। आजुक मीलब समुचित होए॥ 12॥

शब्दार्थ—1. ए सखि (मुझे) छोड़ो, मैं तुम्हें प्रणाम करती हूँ। 2. ठाम = स्थान। 4. इंगित = इशारा। न मैं इशारा समझती हूँ और न मान करना जानती हूँ। 5. सहचरि = सखियाँ। बनाएब भेस = भेस बनाती हैं—मेरा शृंगार कर देती हैं। 6. अपनुक = अपना। 7. सुरतक बात = कामक्रीड़ा की बातें। 8. कइसे = किस प्रकार। 9. नागर = चतुर। 10. अलप = अल्प, थोड़ा। 11. तोए = तुम्हें। 12. आजुक = आज का। मीलब = मिलना।

•

शेर दर अस्ल है वही 'हसरत'
सुनते ही दिल में जो उतर जाए।

(66)

काहे डरसि सखि चलु हमे संग। माधब नहि परसब तुअ अंग॥ 2॥
एह रजनी फुल-कानन माझ। केओ एक भमए साजि बहु साज॥ 4॥
कुसुमक घोर धनुष धरि पानि। मारए सर बाला जन-जानि॥ 6॥
अतए चलह सखि भीतर कुंज। ज़हाँ रहए हरि महाबल पुंज॥ 8॥
एत कहि आनलि धनि हरि पास। पूरल बल्लभ सुख-अभिलास॥ 10॥

शब्दार्थ—1. काहे = किसलिए, डरसि = डरती हो। 2. परसब = स्पर्श करेंगे। 3-6. रजनी = रात। फुल-कानन = पुष्प-वन। माझ = में। एक = अकेले। कुसुमक = फूलों का। पानि = हाथ। इस रात में, पुष्प-वन में, यों नाना प्रकार शृङ्गार करके कोई एक व्यक्ति घूमता है और फूलों का कठोर धनुष हाथ में धरकर बाला स्त्रियों को खोज-खोजकर बाण मारता है। 7. अतए = अतएव, इसलिए। 8. हरि = श्रीकृष्ण। महाबलपुंज = बड़े बलशाली। 'महाबलपुंज' कहकर सखी धैर्य देती है कि श्रीकृष्ण तुम्हें काम के बाण की चोट से बचाएँगे। 9. एत = इतना। आनलि = लाई। धनि = बाला। पास = निकट। 10. पूरल = पूरा हुआ।

(67)

परिहर संका न कर तरास। साधस नहि कर, चल पिय पास॥ 2॥
दुर कर दुरमति कहल मो तोए। बिनु दुख सुख कहिओ नहि होए॥ 4॥
तिल आध दूख जनम भरि सुख। इथे लागि धनि किए ओअह बिमुख॥ 6॥
तिला एक मूँदि रहहु दु नयान। रोगि करए जइसे औषध पान॥ 8॥
चल चल सुंदरि करह सिंगार। विद्यापति कह एहे सुबिचार॥ 10॥

शब्दार्थ—1. परिहर = छोड़ो। तरास = त्रास, डर। 2. साधस = भय। 3. दुर कर = दूर करो। दुरमति = दुर्बुद्धि। मो = मैं। तोए = तुझे। तिल आध = (मैथिली मुहावरा) एक क्षण के लिए। 6. इथे = इसलिए। क़िए = क्यों। होअह = होती हो। बिमुख = विमुख, विपक्ष। 7. मूँदि रहहु = मूँद रखो। दु = दो। नयान = आँखें। 8. जइसे = जिस प्रकार। 9. करह = करो। 10. एहे = यही।

•

A Poet is not only a dreamer of dreams, his heart is the mirror of the world's emotion, his songs of gladness are the echoes of the world's laugh, his songs of sorrow reflect the tears of humanity. —Sarojini

श्रीकृष्ण को शिक्षा

(68)

हमे दरसबइत कतन बेस करु, हमे हेरइत तनु झाँप।
सुरते सिंगारि आज धनि आइलि, परसइत थर थर काँप॥ 2॥

सुनु हे कान्हु कहिअ अवधारि।
सकल काज हम बुझल बुझओलें, न बुझल अंतर नारि॥ 4॥
अभिनव काम नाम पुनु सुनइत, रोखए गुन दरसाइ।
अरि सम गंजए मन पुनु रंजए, अपन मनोरथ साइ॥ 6॥
अंतर जीउ अधिक करि मानए बाहर न गन तरासे।
कह कबि सेखर सहज विषय-रत विदगधि केलि बिलासे॥ 8॥

शब्दार्थ—1. दरसइत = दिखा करती हुई। कतन = कितना ही। बेस करु = शृंगार करना। हेरइत = देखते। झाँप = ढाँप लेना। 2. सुरते = काम-क्रीड़ा। 3. अवधारि = निश्चय करके। 4. बुझल-बुझओलें = समझाने से समझ लिया है। अंतर = हृदय। 5. अभिनब = नवीन। रोखए = रोष प्रकट करती है। गुन दरसाइ = गुण दिखाकर, कला प्रकट करके, चूँकि बिलकुल ही नवीना है, अत: काम का नाम सुनते ही कला प्रकट करती हुई क्रोधित हो उठती है। 6. गंजए = गंजना करती है। रंजए = प्रसन्न करती है। साइ = वह। 7. हृदय से तो (तुम्हें) प्राणों से अधिक चाहती है, किंतु बाहर डर से प्रकट नहीं करती।

(69)

सुन-सुन सुंदर कन्हाई। तोहि सोंपलि धनि राई॥ 2॥
कमलिनि कोमल कलेबर। तुहु से भूखल मधुकर॥ 4॥
सहज करबि मधु पान। भूलह जनि पँचबान॥ 6॥
परबोधि पयोधर परसह। मधुकर जइसे सरोरुह॥ 8॥
गनइत मोतिम हारा। छलें परसब कुच भारा॥ 10॥
न बुझए रति-रस-रंग। खन अनुमति खन भंग॥ 12॥
सिरिस-कुसुम सम तनु। थोरि सहब फुल-धनु॥ 14॥
विद्यापति कवि गाब। दूतिक मिनति तुअ पाब॥ 16॥

शब्दार्थ—2. धनि = बाला। राई = राधा। 3. कलेबर = शरीर। 4. भूखल = भूखा हुआ। मधुकर = भौंरा। 5. सहज = स्वाभाविक ढंग से, धीरे-धीरे। करब = करना। जनि = नहीं। पँचबान = कामदेव। 7. परबोधि = प्रबोधकर, समझा-बुझाकर। पयोधर = कुच, स्तन। परसह = स्पर्श करना। 8. कुंजर = हाथी। सरोरुह = कमल। जिस प्रकार भौंरा कमल को छूता है उस प्रकार। 9. गनइत = गिनते हुए। 10. छलें = छल से। 12. अनुमति = राजी होना। 13. सिरिस कुसुम = एक कोमल फूल। 14. फुलधनु = काम का धनुष। 16. मिनति = विनती। पाब = पैर।

(70)

प्रथम समागम भूखल अनंग। धनि बल जानि करब रतिरंग॥ 2॥
हठ नहि करबे आइति पाए। बड़हु भुखल नहि दुहु करें खाए॥ 4॥

चेतन कान्ह तोंहहि जदि आथि। के नहि जान महते नब हाथि॥ 6॥
तुअ गुन-गन कहि कत अनुबोधि। पहिलहि सबहि हललि परबोधि। 8॥
हठे नहि करब रति-परिपाटि। कोमल कामिनि बिघटित साटि॥ 10॥
जाबे रभस सह ताबे बिलास। बिमति बुझिअ जओं न जाएब पास॥ 12॥
परिहरि कबहु धरबि नहि बाहु। उगिलल चाँद गिलए जनि राहु॥ 14॥
भनइ विद्यापति कोमल काँति। कौसल सिरिस-सुमन अलि भाँति॥ 16॥

शब्दार्थ—1. अनंग = कामदेव। 3. आइति पाए = वश में पाकर। 4. करें = हाथ से। 5. चेतन = चतुरा। आथि = अस्ति, हो। 6. महते = महाउत। नब = नवता है, नम्र होता है। 7. अनुबोधि = समझा-बुझाकर। 9. रति-परिपाटि = रति क्रीड़ा की परिपाटी। 10. बिघटित साटि = सट्टी-पट्टी में विघटन होगा, मेल में अंतर पड़ेगा। 11. रभस = कामक्रीड़ा। सह = सहन करे। 12. बिमति = राजी नहीं। जओं = यदि। 13. एक बार छोड़कर पुनः धँसकर दोबारा आगे बढ़कर उसकी बाँह मत पकड़ना। 14. गिरय = निगल जाना। 16. जिस प्रकार भौंरा बड़े कौशल से सिरिस के फूल का रस चूसता है, उसी प्रकार।

(71)

बुझब छएलपन आज।
राहि मनि रतने आनलि अति जतने, बंचि सब रमनि-समाज॥ 2॥
सिरिस कुसुम जनि अति सुकुमारि धनि, आलिंगब दिढ़ अनुरागे।
[1]निर्भय करब केलि नहि बुझए एह, भौंरा भरें माजरि न भाँगे॥ 4॥
पिरितिक बोल बोलि नियरे बइसाओब, नख हनि आनब कोल।
नहि-नहि कर धनि कपट भुलब जनि, यदि कह कातर बोल॥ 6॥

शब्दार्थ—1. छएलपन = रसिकता। 2. राहि = राधा। मनि रतने = रत्नों में मणि। आनलि = लाई। बंचि = छल करके। जनि = ऐसा। आलिंगब = आलिंगन करना; छाती लगाना। 4. निर्भय होकर केलि करना, यह किसे नहीं मालूम है कि भौंरे के शरीर के भार से कोमल मंजरी नहीं टूटती। 5. नियरे = निकट। नख हनि आनब कोल = नख से हनन कर, नख से कुचों को क्षत-विक्षत कर उसे गोदी बैठा लेना। 6. नहि-नहि कर धनि = वह बाला यदि नहीं-नहीं करे। कातर बोल = दीन वचन।

मिलन

(72)

सुंदरि चललिह पहु-घर ना। चहुदिस सखि सब कर धर ना॥ 2॥
जइतहु लागु परम डर ना। जइसे ससि काँप राहु डर ना॥ 4॥
जाइतहि हार टुटिए गेल ना। भूखन बसन मलिन भेल ना॥ 6॥

---

1. **पहले ऐसा पाठ था—'निर्भय करब केलि केह नहि बूझे गेलि।'**

रोए-रोए काजर दहाए देल ना। अदँकहि सिंदुर मेटाए गेल ना॥ 8॥
विद्यापति कवि गाओल ना। दुख सहि सहि सुख पाओल ना॥ 10॥

शब्दार्थ—1. चललिह = चली। पहु = स्वामी। 2. चहुदिस = चारों ओर। कर = हाथ। जइतहु = जाने दो। 4. ससि = चंद्रमा। 7. रोए = रोकर। दहाए देल = दहा दिया। 8. अदँकहि = आतंक से ही, डर से।

स कविः कथ्यते स्रष्टा रमते यत्र भारती।
रस भावजुषैर्भूतैरलंकारैर्गुणोदयैः॥ —वेंकटाचार्य

(73)

कौतुक चललि भवन कए सजनि गे, सँग दस चौदिस नारि।
बिच-बिच सोभित सुंदरि सजनि गे, जाहि घर मिलत मुरारि॥ 2॥
लय अभरन कए षोड़स सजनि गे, पहिरि उतिम रँग चीर।
देखि सकल मन मोहित सजनि गे, मुनिहुक चित नहि थीर॥ 4॥
नील बसन तन घेरल सजनि गे, सिर लेल घोघट सारि।
लहु-लहु पहु घर चलइत सजनि गे, सँकुचलि अंकम नारि॥ 6॥
सखि सभ देल भवन कए सजनि गे घुरि आइलि सभ नारि।
कर धए लेल पहु लग कए सजनि गे हेरए बसन उघारि॥ 8॥
भए बर सनमुख बोलए सजनि गे लागल करए बिलास।
नब रस रीति पिरित भेल सजनि गे दुहु मन परम हुलास॥ 10॥
विद्यापति कवि गाओल सजनि गे ई थिक नब रस रीति।
बएस जुगल समुचित थिक सजनि गे दुहु मन परम पिरीति॥ 12॥

शब्दार्थ—1. कौतुक = कुतूहलपूर्वक। चौदिस = चारों ओर। 2. बिच-बिच = मध्य भाग में। 3. अभरन = आभरण, गहने। कए षोड़स = सोलह श्रृंगार करके। उतिम रँग = अच्छे रंग की। चीर = साड़ी। 4. मुनिहुक = ऋषियों का भी। थीर = स्थिर। नील बसन = नीले रंग का कपड़ा। तन घेरलि = शरीर को लपेटे हुई। घोघट = घूँघट। सारि लेल = सँभाल लिया। 6. लहु-लहु = धीरे-धीरे। पहु = प्रीतम। सँकुचलि = सकुचा गई। अंकम = गोदी। प्रीतम के निकट जाने में बाला का हृदय सकुच गया। 7. देल भवन कए = भवन कए देल = घर में ला रखा। घुरि आइलि = लौट आई। 8. कर धए = हाथ धरकर। पहु लग गये लेल = प्रीतम निकट ले आए। हेरए = देखता है। बसन = वस्त्र (आँचल), उघारि = उघारकर, आँचल हटाकर। 9. भए = होकर। बर = प्रीतम। लागल करए = करने लगा। बिलास = काम-क्रीड़ा। 10. नब = नवीन। हुलास = आनंद। 11. ई = यह। थिक = है। 12. बरस = अवस्था। जुगल = दोनों को। समुचित = योग्य।

•

Poetry is spontaneous over flow of powerfull feelings.

(74)

आहे सखि आहे सखि लए लनि जाह। हम अति बालिका निरदए नाह॥ 2॥
बोल भरोसे दस सखि गेली लेआए। पहुक पलंग पर देलन्हि बैसाए॥ 4॥
गोट-गोट सखि सब गेलि बहराए। ब्रजर केबाड़ हुनि देलन्हि लगाए॥ 6॥
ताहि अबसर सखि जागल कंत। चीर सँभारइत जिब भेल अंत॥ 8॥
नहि नहि करिअ नयन ढर नोर। काँच कमल भमरा झिकझोर॥ 10॥
जइसे डगमग नलिनिक नीर। तइसे डगमग धनिक सरीर॥ 12॥
भन विद्यापति सुनु कविराज। आगि जारि पुनि आगिक काज॥ 14॥

शब्दार्थ—लए जाह = ले जाओ। जनि = मत, नहीं। 2. नाह = नाथ, प्रीतम। 3. लेआए = लिवा ले गई। 5. गोट-गोट = एक-एक कर (मैथिली मुहावरा)। गेलि = गई। बहराए = बाहर हो गई। 6. बजर = बज्रतुल्य। पहु = प्रभु, प्रीतम। देलन्हि = दिया। 8. वस्त्र हटाने का उपक्रम करते ही मालूम हुआ, मेरे प्राण निकल गये। 9. नोर = आँसू। 10. काँच कमल = अधखिला कमल। भमरा = भौंरा। 11. डगमग = हिलता-डुलता। नलिनिक नीर = कमल (के पत्ते पर) का पानी। 12. धनिक = धनि के, बाला के। 14. आग जला देती है तो फिर आग की आवश्यकता होती ही है। भनिता कहीं-कहीं यों है—"भनहि विद्यापति तखनुक रीति। जुग-जुग बाढ़ओ पहुक पिरीति"।

(75)

कत अनुनय अनुगत अनुरोधि। पति-घर सखि पहुँचाओलि बोधि॥ 2॥
बिमुखि सुतलि धनि समुखि न होए। भागल दल बहुराबए कोए॥ 4॥
बालँमु बेसनि बिलासिनि छोटि। मेल न मिलए देलहु हेम कोटि॥ 6॥
बसन झपाए बदन धर गोए। बादर तर ससि बेकत न होए॥ 8॥
भुज-जुग चापि जीब जओं साँच। कुच कञ्चन कोरी फल काँच॥ 10॥
लग नहि सरए, करए कसि कोर। करे कर बारि करए कर-जोर॥ 12॥
एत दिन सैसब लाओल साठ। अब गए मदन पढ़ाओब पाठ॥ 14॥
गुरुजन परिजन दुअओ निबार। मोहर मुदल अछि मदन-भंडार॥ 16॥
भनइ विद्यापति इहो रस भान। सिवसिंह लखिमा देइ रमान॥ 18॥

शब्दार्थ—1. कत = कितना। अनुनय = विनती। अनुगत = खुशामद। अनुरोधि = अनुरोध करके। 3. विमुखि = दूसरी तरफ मुँह करके। 4. बहुराबए = फेरना। कोए = कौन। 5. बेसनि = व्यसनी, कामुक। बिलासिनि = नायिका। 6. सोने का सिक्का। 7. गोए = छिपाकर। 8. बेकत = व्यक्त, प्रकट। 9-10. चापि = दबाकर। साँच = संचय करना। कोरो = कोरा, अछूता। सोने के समान कुचों को कच्चे और अछूते फल समझकर दोनों हाथों से दबाकर प्राणों के समान जुगाती है। 11. लग = निकट। सरए = आती है।

कोर = कोड़, गोदी। 12. करे कर बारि = अपने हाथ से (नायक) के हाथ रोककर। करए करजोर = हाथ जोड़ती है, प्रार्थना करती है। सैसव = बचपन। साठ लाओल = संगत निभाई। निबार = निवारण किया हुआ। मोहर = मुहर देकर।

(76)

सखि परबोधि सयन-तल आनि। पिय हिय हरषि धयल निज पानि॥ 2॥
छुबइत बालि मलिन भए गेलि। बिधु-कर मलिन कमलिनि भेलि॥ 4॥
नहि नहि कहए नयन झर नोर। सूति रहलि राहि सयनक ओर॥ 6॥
आलिंगए नीवि-बँध-बिनु खोरि। कर कुच परस सेह भेल थोरि॥ 8॥
आँचर लेइ बदन उर झाँप। थिर नहि होअए थर-थर काँप॥ 10॥
भनइ विद्यापति धैरज सार। दिन दिन मदनक होए अधिकार॥ 12॥

शब्दार्थ—1. आनि = लाई। 2. धएल = पकड़ा। पानि = हाथ। 3. बालि = बाला। 4. बिधुकर = चंद्रमा की किरणों से। 5. नोर = आँसू। 6. सूति रहलि = सो रही। राहि = राधा। ओर = छोर पर (एक ओर) खोरि = खोलना। 8. सेह = वही।

(77)

प्रथमहि गेलि घनि प्रीतम पास। हृदय अधिक भेल लाज तरास॥ 2॥
ठाढ़ि भेलि धनि अंगो न डोले। हेम-मुरति सनि मुखहु न बोले॥ 4॥
कर धए लेल पहु पास बइसाए। रहलि अचलि धनि बदन झुकाए॥ 6॥
मुख हेरि ताकए भमर झाँपि लेल।
अंकम भरिकँ कमल मुखि लेले (?)॥ 8॥
भनइ विद्यापति देह इ सुमति मति।
रस बूझ हिंदूपति हिंदूपति (?)॥ 10॥

शब्दार्थ—1. धनि = नायिका। 3. भेलि = हुई। 4. हेम = सोना। सनि = समान। 5. पहु = प्रभु, प्रीतम। बइसाए = बैठा लिया। 6. रहलि अचलि = निश्चल रही। 7-8. अंकम = गोद। भरिकँ = भरकर, भौंरा (कृष्ण) उसका मुख देखता था; अतः नायिका ने उसे ढाँप लिया। किंतु ज्यों ही उसने अपना मुँह ढाँपा कि मौका पाकर, नायक ने उसे गोद में ले लिया। 9. देह = दो। विद्यापति कहते हैं कि हे सुमति, अब यह (मति) अनुमति दो—कृष्ण की प्रार्थना स्वीकार करो। हिंदूपति = राजा शिवसिंह (?)।

(78)

जतने आएलि धनि सयनक सीम। पाँगुर लिखि खिति रहु नतगीम॥ 2॥
सखि हे, पिया पास बैठलि राहि। कुटिल भौंह करि हेरए काहि॥ 4॥
नबि बर नारि पहिल पिया मेलि। अनुनय करइत राति आध गेलि॥ 6॥

कर धरि बालमु बइसाओल कोर।
एक पए कह धनि नहि नहि बोल॥ 8॥
कोर करइत मोड़ए सब अंग। प्रबोध न मानु, जनि बाल भुजंग॥ 10॥
भनइ विद्यापति नागरि रामा। अंतर दाहिन बाहर बामा॥ 12॥

शब्दार्थ—1. सयनक सीम = शय्या की सीमा में, शय्या के निकट। 2. पाँगुर = पदांगुलि, पैर की अंगुलि। खिति = पृथ्वी। नतगीम = गरदन नीची किए। 3. राहि = राधा। 4. हेरए = देखती है। 5. नबि = नवीना। नवीना सुंदरी नायिका को प्रथम-प्रथम प्रीतम से भेंट हुई। 6. अनुनय = विनय। 7. कर धरि = हाथ धरकर। बइसाओल कोर = गोदी में बिठलाया। 8. नहि नहि बोल = बस, 'नहीं-नहीं' का वचन करती है—सदा 'नहीं-नहीं' बोलती है। 9. गोदी में बिठलाते ही अपने अंगों को ऐंठती है—भावभंगी दिखलाती है। 10. जनि = मानो। बालभुजंग = बच्चा साँप। 12. अंतर = हृदय से। दाहिन = अनुकूल। बाहर = बाहर से, ऊपर से। बामा = प्रतिकूल।

(79)

अधर मँगइते अओंध कर माथ। सहए न पार पयोधर हाथ॥ 2॥
बिघटलि नीबी करें धर जाँति। अँकुरल मदन, धरए कत भाँति॥ 4॥
कोमल कामिनि नागर नाह। कओन परि होएत केलि निरबाह॥ 6॥
कुच कोरक तब कर गहि लेल। काँच बदरि अरुनिम रुचि भेल॥ 8॥
लाबए चाहए नखर बिसेख। भउँह न आँटए (?) चाँदक रेख॥ 10॥
तसु मुख सोभा लोभे रहु हेरि। चाँद झपाब बसन कत बेरि॥ 12॥

शब्दार्थ—1. अओंध कर = नीचे करता है। 2. सहए न पार = सह नहीं सकती। पयोधर = कुच। 3. विघटित = खुली हुई। नीबी = कोंचा, फुफनी। कर धर जाँति = हाथ से दबाकर रखती है। 4. अँकुरल = अंकुरित हुआ, पैदा हुआ। भाँति = रूप, आकार। 5. नागर = चतुर। नाह = नाथ, प्रीतम। 6. कओने परि = किस प्रकार। 7. कुच-कोरक = स्तन रूपी कली। 8. बदरि = बैर (छोटे-छोटे कुचों की उपमा)। अरुनिम रुच = लाल रंग की छटा। 9-10. नखर = नख की रेखा। बिसेख = उत्तम, सुंदर। आँटए = बराबरी करती। (जब प्रीतम) कुच पर नख-रेखा देना चाहता है, तब भौंह की (वक्रता) की बराबरी चंद्र-लेखा नहीं कर पाती (?)। 11. तसु = उसका। 12. चाँद = चंद्रमा (मुख)। बसन = कपड़ा (आँचल)।

(80)

जखन लेल हरि कँचुअ अछोड़ि। कत परि जुगुति कएलि अँग मोरि॥ 2॥
तखनुक कहिनी कहल न जाए। लाजे सुमुखि धनि रहलि लजाए॥ 4॥
कर न मिझाए दूर जर दीब। लाजे न मरए नारि कठजीब॥ 6॥
अंकम कठिन सहए के पार। कोमल हृदय उखड़ि गेल हार॥ 8॥
भनइ विद्यापति तखनुक भान। कओन कहए सखि होएत बिहान॥ 10॥

शब्दार्थ—जखन = जिस समय। कँचुअ = कंचुकी, चोली। अछोड़ि लेल = उतार लिया। कत परि = कितना। जुगुति = युक्ति, उपाय। 3. कहिनी = कहानी, कथा। 4. लाजे = लाज से। 5. कर = हाथ। मिझाए = बुझता है। जर = जलता है। दीब = दीपक। दीपक (शय्या से) दूर पर जल रहा है, अतः वह नायिका के हाथ से नहीं बुझता। कवि-कुलगुरु कालिदास के मेघदूत में एक ऐसा ही पद्य है, जिसका अनुवाद यों है—"नीवी ग्रंथी शिथिल करके वस्त्र प्रेमी छुटावे। मुग्धा प्यारी अरुण-अधरा काम क्रीड़ा दिखावे। भोली लज्जाविवश तब हो चूर्ण मुष्ठी चलावे। पै होती है विफल मणि का दीप कैसे बुझावे।" 6. लाजे = लाज से। कठजीब (मैथिली मुहावरा) = कठोर-प्राण। 7-8. अंकम = आलिंगन। सहए के पार = कौन सह सकता है? उखड़ि गेल = उखड़ गया, निशान पड़ गया। 9. तखनुक = उस समय का । 10. बिहान = प्रातः काल।

(81)

ए हरि बलें यदि परसब मोहि। तिरि-बध पातक लागत तोहि॥ 2॥
तोहें रस आगर नागर ढीठ। हमें न बुझिअ रस तीत कि मीठ॥ 4॥
रस परसंग उठए मोहि काँप। बान हरिनि जनि करए निझाँप॥ 6॥
असमय आस न पूरए काम। भल जन न कर बिरस परिनाम॥ 8॥
विद्यापति कह बुझलहुँ साँच। फल पए मीठ होअए नहि काँच॥ 10॥

शब्दार्थ—1. बलें = बलपूर्वक। परसय = स्पर्श करना। मोहि = मुझे। 2. तिरिबध-पातक = स्त्री के बध का पाप। तोहि = तुझे। 3. आगर = आग्रणी, श्रेष्ठ। नागर = चतुर। 4. तीत = तिक्त, कड़वा। कि = या। 5. परसंग = चर्चा। 6. मानो बाण से बेधी जाकर हरिणी उछल उठती हो। 7. कुसमय में कामदेव आशा पूरी नहीं करते हैं। 8. भलजन = भला आदमी। न कर = नहीं करते। बिरस = रसहीन, बुरा। परिनाम = अंतिम फल। अच्छे आदमी (ऐसा काम) नहीं करते जिसका परिणाम बुरा हो। 9. बुझलहुँ = मैं समझी। 10. कच्चा फल भी मीठा नहीं होता।

(82)

रति-सुबिसारद तुहु राख मान। बाढ़लें जौवन तोहि देब दान॥ 2॥
आबे से अलप रस न पुरब आस। थोर सलिल तुअ न जाब पियास॥ 4॥
अलप अलप रति एह चाह नीति। प्रतिपद चाँद-कला सम रीति॥ 6॥
थोर पयोधर न पुरब पानि। नहि देह नख-रेख हरि रस जानि॥ 8॥
भनइ विद्यापति कइसनि रीति। काँच दाड़िम फल ऐसनि पिरीति॥ 10॥

शब्दार्थ—1. रति-सुबिसारद = कामक्रीड़ा में परम चतुर। तुहु = तुम। मान = मर्यादा। 3-4. आबे = इस समय। से = वह। अलप = थोड़ा। पुरब = पूरेगा। सलिल =

पानी। तुअ = तेरी। न जाब = नहीं जाएगी। 5-6. जिस प्रकार प्रतिपदा से चंद्रमा थोड़ा-थोड़ा बढ़ता है, उसी प्रकार रति भी थोड़ी-थोड़ी करके बढ़नी चाहिए, यही नीति है। 7. थोर = छोटा। पयोधर = कुच। पानि = हाथ। अभी कुच छोटे हैं, उनसे तुम्हारे हाथ भी नहीं भरेंगे। 8. हे हरि, उन पर नख की रेखा मत दो—उन्हें नखों से मत बकोटो, तुम तो स्वयं रस की बात जानते हो। 9. कइसनि = किस प्रकार की। 10. दाड़िम = अनार (कुचों की उपमा)। ऐसनि = इस प्रकार।

"जहाँ न जाय रवि, तहाँ जाय कवि।"

(83)

निबि-बंधन हरि किए कर दूर। एहो पए तोहर मनोरथ पूर॥ 2॥
हेरने कओन सुख न बुझ बिचारि। बड़ तुहु ढीठ बुझल बनमारि॥ 4॥
हमर सपथ जओं हेरह मुरारि। लहु-लहु तब हमे पारब गारि॥ 6॥
बिहर से रहसि हेरह जनु कान। से नहि सहबे हमर परान॥ 8॥
कतहु न सुनिअ एहन परकार। करए बिलास दीप लए जार॥ 10॥
परिजन सुनि सुनि तेजब निसास। लहु-लहु रमह, सखीजन पास॥ 12॥
भनइ विद्यापति एहो रस जान। सिवसिंह लखिमा-देबि रमान॥ 14॥

शब्दार्थ—1. निबि-बंधन = कोंचे का बंधन। किए = क्यों? 2. एहो पए = इससे भी। 4. बुझल = मैं समझ गई। 5. हेरह = देखो। 6. लहु-लहु = धीरे-धीरे। पारब गारि = गाली दूँगी। 7. बिहर से रहसि = एकांत में (चुपचाप) बिहार करो, देखो नहीं। 9. एहन परकार = ऐसा ढंग। 10. क्या जार (परपुरुष) दिया जलाकर काम-क्रीड़ा करता है? 11. परिजन = पड़ोसी। तेजब निसास = निःश्वास लेना। पड़ोसी निंदा करेंगे। 12. रमह = संभोग करो। पास = निकट।

(84)

सुन-सुन नागर निबि-बंध छोर। गाँठिते नाहि सुरत धन मोर॥ 2॥
सुरतक नाम सुनल हमे आज। न जानिअ सुरत करए कोन काज॥ 4॥
सुरतक खोज करब जहाँ पाब। घर कि अछए नहि सखि रे सुधाब॥ 6॥
बेरि एक माधब सुन मोर बारि। सखि सयँ खोजि माँगि देब आनि॥ 8॥
बिनति करए धनि माँगे परिहार। नागरि-चातुरि भन कवि-कंठहार॥ 10॥

अर्थ—इस पद्य में राधा का विचित्र परिहास, बड़ी सफाई से वर्णित है। कृष्ण राधा से 'सुरत' माँग रहे हैं।—राधा से काम-क्रीड़ा करने को कह रहे हैं—इस पर राधा कहती हैं—"अरे चतुर, सुनो, मेरी नीवी का बंधन छोड़ो। इसकी गाँठ में 'सुरत' रूपी धन नहीं छिपा पड़ा है। मैंने 'सुरत' का नाम तो आज ही सुना है, न जाने 'सुरत' (कौन है और) क्या काम करता है? हाँ, आज से मैं, जहाँ पाऊँगी, सुरत की खोज करूँगी। सखियों से पूछूँगी (सखि रे सुधाब) कि मेरे घर में है कि नहीं। माधव, एक बार मेरी

बात सुन लो, सखियों से यदि प्राप्त कर सकूँगी तो खोज-ढूँढ़कर तुम्हें ला दूँगी।'' यों (नायिका) विनती करती और मना कर रही है, कवि कंठहार विद्यापति नागरी नायिका की इस चातुरी का (चतुरतापूर्ण) वर्णन करते हैं।

(85)

हरि-कर हरिनि-नयनि धनि सोंपलि, सखिगन गेलि आन ठाम।
अबसर पाइ धनि-कर धरि नागर, विनति करए अनुपाम॥ 2॥
हरिनि-नयनि धनि रामा।
कानुक सरस परस संभाषन, मेटल लाजक नामा॥ 4॥
सुखद सेज पर नागरि, नागर बइसल नबरति-साधे।
प्रति अंग चुंबन रस अनुमोदन, थर-थर काँपए राधे॥ 6॥
मदन-सिंहासन कएल अरोहन, मोहन रसिक सुजान।
भय-गढ़ तोड़ल अलप समाधल, राखल सकल समान॥ 8॥
कह कवि-सेखर गरुअ भूख पर, करु जत थोर अहार।
अइसन दुहु तन तलफइ पुन पुन, उपजल अधिक बिकार॥ 10॥

शब्दार्थ—4. सरस-परस = रसमय स्पर्श, आलिंगन। 5. कएल अरोहन = आरोहण किया चढ़े। 8. अलप समाधल = थोड़े से संतुष्ट किया। समान = मानसहिंत। 9. गरुअ = अधिक।

(86)

[1]सुरत समापि सुतल बर नागर, पानि पयोधर आपी।
कनक संभु जनि पूजि पुजारी; धएल सरोरुह झाँपी॥ 2॥
सखि हे माधव केलि बिलासे।
मालति रमि अलि ताहि अगोरए, पुनु रति-रंगक आसे॥ 4॥
बदन मेराए धएल मुख-मंडल, कमल मिलल जनि चंदा।
भमर चकोर दुअओ अलसाएल, पीबि अमिअ-मकरंदा॥ 6॥
भनइ अभिअँकर सुनह मधुरपति, राधा-चरित अपारे।
राजा सिवसिंह रूपनरायन, लखिमा देह कंठहारे॥ 8॥

शब्दार्थ—1. सुरत = काम-क्रीड़ा। समापि = समाप्त कर। सुतल = सो गया। पानि = हाथ। पयोधर = कुच। आपी = अर्पित कर, रख। 2. कनक-संभु = सोने का महादेव। सरोरुह = कमल। 4. अलि = भौंरा। अगोरए = अगोरे रहता है। 5. मेराए = मिलाकर। धएल = रखा। बदन-मंडल = कृष्ण ने अपना मुख राधा के मुख से सटाकर रखा। 6. दुअओ = दोनों। अलसाएल = अलसा गए। 7. अभिअँकर = शिवसिंह के मंत्री।

---

1. रागतरङ्गिनी के अनुसार इस पद के रचयिता अमृतकर हैं, न कि विद्यापति।

(87)

हे हरि हे हरि सुनिअ स्त्रवन भरि, अब न बिलासक बेरा।
गगन नखत छल से अबेकत भेल, कोकिल कुल कर फेरा ॥ 2 ॥
चकबा मोर सोर कए चुप भेल, उठिअ मलिन भेल चंदा।
नगरक धेनु डगर कए संचर, कुमुदनि बस मकरंदा ॥ 4 ॥
मुख केर पान सेहो रे मलिन भेल, अबसर भल नहि मंदा।
विद्यापति भन एहो न उचित थिक, जग भरि होएत निंदा ॥ 6 ॥

शब्दार्थ—1. स्त्रवन भरि = कान भरकर अच्छी तरह। बिलासक बेरा = केलि का समय। 2. गगन = आकाश। नखत = नक्षत्र, तारे। छल = थे। से = वह। अबेकत भेल = अव्यक्त हुए, छिप गये। फेरा = फेरा कर रही है, इधर-उधर घूम रही है। 3. सोर कए = शोरगुल करके। चुप भेल = चुप हो गए। 4. धेनु = गौ। डगर = राह। संचर = जा रही है। कुमुदिनि बस मकरंदा = कुमुदिनियों के वश में मकरंद हो गया अर्थात् ये मुँद गईं। 5. मुख केर = मुख का। सेहो = वह भी। भल = भला, अच्छा। मंदा = बुरा। थिक = है।

(88)

रयनि समापलि फूलल सरोज। भमि भमि भमरी भमरा खोज ॥ 2 ॥
दीप मंद रुचि अंबर रात। जुगुतहि जानल भेल परात ॥ 4 ॥
अबहु तेजह पहु मोहि न सोहाए। पुनु दरसन होत मदन दोहाए ॥ 6 ॥
नागर राख नारि मन-रंग। हठ कएलें पहु हो रस-भंग ॥ 8 ॥
ततबे करिअ जत फाबए चोरि। पर धन लए नहि रहिअ अगोरि ॥ 10 ॥

शब्दार्थ—1. रयनि = रात। समापलि = बीत गई। सरोज = कमल। 2. भ्रमरी घूम-घूमकर भ्रमर की खोज कर रही है—क्योंकि भ्रमरी को छोड़कर भ्रमर पराग के लोभ से रात भर कमलिनि-कोष में कैद था और अब उसके निकलने का समय आ गया है। 3. दीप = दीपक। मंद रुचि = क्षीण कांति, मलिन। अंबर = आकाश। रात = लाल हुआ। 4. जुगुतहि = युक्ति से ही। जानल = जान गई। 5. तेजह = छोड़ो। पहु = प्रभु, प्रीतम। 6. मदन दोहाए = कामदेव की दुहाई। 7. नागर = चतुर। मनरंग = मन की रुचि। 9. फाबए = लहे।

●

सखी-संभाषण

(89)

आजु बिपरित धनि देखिअ तोहि। बुझए न पारिअ, संसय मोहि॥ 2॥
तुअ मुख-मंडल पुनिमक चाँद। का लागि भए गेल ऐसन छाँद॥ 4॥
नयन-जुगल भेल काजर बिथार। अधर निरस करु कओन गमार॥ 6॥
पीनपयोधर नखरेख देल। सोनक कुंभ भगन जनि भेल॥ 8॥
अंग बिलेपन कुंकुम भार। पीतांबर धरु इथे कि बिचार॥ 10॥
सुजन रमनि तुहु कुलबति बाद। का सयँ भूँजलि मरमक साध॥ 12॥
कामिनि कहिनी कह संबाद। कह कवि-सेखर नहि परमाद॥ 14॥

शब्दार्थ—1. बिपरित = बदली हुई। 3. पुनिमक = पूर्णिमा का। 4. का लागि = किस लिए। ऐसन छाँद = ऐसी छवि अर्थात् ऐसा मलिन रूप। 5. बिथार = विस्तार, फैल जाना। 6. अधर = ओष्ठ। 7. पीन-पयोधर = पुष्ट कुच। 8. सोनक कुंभ = सोने के घड़े (कुच)। भगन = टूटा हुआ। कुंकुम भार = केशर से भरा हुआ अर्थात् पीतवर्ण। 10. पीतांबर धारण किए हुए हो = शरीर पीला पड़ गया है। इथे = इसका। कि = क्या। 12. का सयँ = किसके संग। भूँजलि = भोग किया। मरमक साध = हृदय की इच्छा। 14. परमाद = शिकायत।

(90)

आज देखलिसि कालि देखलिसि सखि, आज कालि कत भेद।
सैसबे बापुर सीमा छाड़ल, जउबन बाँधल फेद॥ 2॥
सुंदरि कनकके आमुति गोरी।
दिन-दिन चाँद कला सम बाढ़लि, जउबन सोभा तोरी॥ 4॥
बाल पयोधर वदर सहोदर, अनुमानिअ अनुरागे।
कओन पुरुष करें परसए पाओल, जे तनु जिनल परागे॥ 6॥
मंद हास बंकिम कए दरसए, चंगिम भौंह विभंगे।
लाजे बेआकुलि सँमुख न हेरए, आउल नयन-तरंगे॥ 8॥
विद्यापति कविवर एहु गाबए, नब जौबन नब कंता।
सिवसिंह राजा ए रस जानए, मधुमति देबि सुकंता॥ 10॥

शब्दार्थ—2. बापुर = बेचारा। फेद (अस्पष्ट)। 3. कनकके आमुति = स्वर्णवर्ण का एक प्रकार का फूल। 5-6. बाल पयोधर = छोटे-छोटे कुच। बदर सहोदर = बेर के सदृश लाल। तुमने ऐसे किस पुरुष के हाथ का स्पर्श पाया है जिसने अपने पराग (सौरभ) से तुम्हारे शरीर को जीत लिया है। अनुमानिअ = अनुमान करते हैं। जिनल परागे = पराग को जीत लिया = पीला पड़ गया। 7. चंगिम = सुंदर। 8. सँमुख = सामने।

(91)

सामरि हे झामरि तोर देह। कह-कंह का सए लाओल नेह॥ 2॥
नींद भरल छलि लोचन तोर। अमिञ भरमे जनि लुबुध चकोर॥ 4॥
निरस धुसर करु अधर पँवार। कओने कुबुधि लुटु मदन-भंडार॥ 6॥
कोन कुमति कुच नख-खत देल। हा-हा संभु भगन भए गेल॥ 8॥
दमन-लता सम तनु सुकुमार। फूटल बलय टुटल गृम हार॥ 10॥
केस कुसुम झड़ु सिरक सिंदूर। अलक तिलक हे सेहओ गेल दूर॥ 12॥
भनइ विद्यापति रति अबसान। राजा सिवसिंह ई रस जान॥ 14॥

शब्दार्थ—1. सामरि = श्यामा, सुंदरी। झामरि = मलिन। 2. का सयँ = किससे। लाओल = लगाया। 3. अछि = है। 5. धुसर = धूसर, भूरा। पँवार = प्रवाल, मूँगा। 7. खत = क्षत, घाव। 9. दमन-लता = द्रोण पुष्प की लता। 10. वलय = हाथ की चूड़ी। गृम = ग्रीवा, गला। 11. कुसुम = फूल। 12. अलक = आलता, महावर। 13. अवसान = समाप्ति।

(92)

ए धनि ऐसन कहब मोहि। आजु जे कैसन देखिय तोहि॥ 2॥
नयन बयन आनहि भाँति। कहइत कहिनि भूलसि पाँति॥ 4॥
सुरँग अधर बिरँग भेलि। का सयँ कामिनि कएलि केलि॥ 6॥
बेकत भए गेल गुपुत काज। अतए ककर करह लाज॥ 8॥
सघन जघन काँपए तोर। मदन मथन कएल जोर॥ 10॥
गोर पयोधर रातुल गात। नखर आँचर झापसि हाथ॥ 12॥
अमिअ-सागर तुहु से राहि। मुकुंद मातंग बिहर ताहि॥ 14॥
कह कबि-सेखर कि कर लाज। कह न कहिनी सखि समाज॥ 16॥

शब्दार्थ—1. आनहि = अन्य की। 5. सुरंग = लाल। बिरंग = मलिन। 7. बेकत = व्यक्त, प्रकट। अतए = अतएव। ककर = किसकी। 9. सघन = पुष्ट। जघन = जाँघ। 11.12 रातुल = लाल। गोर कुचों का रंग लाल हो गया है। नखर = नखों की रेखा। 13. अमिअ = अमृत। राहि = राधा। 14. मुकुंद-मातंग = कृष्ण रूपी मत्त हाथी।

(93)

आजु देखिअ सखि बड़ि अनमनि सनि, बदन मलिन सन तरा।
मंद बचन तोहि कओने कहल अछि, से न कहिअ किअ मोरा॥ 2॥
आजुक रयनि सखि कठिन बितलि अछि, काम रभस कर मंदा।
गुन-अवगुन पहु एकओ न बुझलन्हि, राहु गरासल चंदा॥ 4॥
अधर सुधाएल केस अरुझाएल, घामे तिलक बहि गेला।
बारि बिलासिनि केलि न जानथि, भाल अरुन उड़ि गेला॥ 6॥

भनइ विद्यापति सुन बर जौबति, ताहि कहबें किअ बाधे।
जो किछु पहु देल आँचल बाँधि लेल, सखि सभ कर उपहासे॥ 8॥

शब्दार्थ—1. अनमनि = अनमनी, उदासीन। सनि = समान। बदन = मुख। 3. मंद = बुरा। अछि = है। रयनि = रात। रभस = कामक्रीड़ा। मंदा = बुरी तरह से। 4. पहु = प्रीतम। 5. अधर = ओष्ठ। घामे = पसीने से। तिलक = टीका। 6. बारि = बालिका। भाल अरुन उड़ि गेला = मस्तक का सिंदूर-बिंदु नष्ट हो गया। 7. किअ = क्यों। बाधे = बाधा देना, रोकना। 8. उपहासे = निंदा।

(94)

न कर न कर सखि मोहि परिबोध। जिब किअ देब तन्हिक अनुरोध॥ 2॥
अलप बयस हम कान्ह से तरुना। अतिहि लाज डर अतिसे करुना॥ 4॥
लोभे निठुर हरि कएलन्हि केलि। कि कहब जामिनि जत दुख देलि॥ 6॥
हठ भेल रस-रंग हरल गेआन। निबि-बँध तोड़ल कखन के जान॥ 8॥
देल आलिंगन भुज-जुग चापि। तखन हृदय मोर ऊठल काँपि॥ 10॥
नयन बारि दरसाओलि रोइ। तबहु कान्ह उपसम नहि होइ॥ 12॥
अधर सुरस मोर कएलन्हि मंद। राहु गरसि निसि तेजल चंद॥ 14॥
कुच-जुग देलन्हि नख-परहार। केहरि जनि गज-कुंभ बिदार॥ 16॥
भनइ विद्यापति रसवति नारि। तुहु से चेतन लुबुध मुरारि॥ 18॥

शब्दार्थ—6. जामिनि = रात। जत = जितना। 7. कखन = कब। भुज-जुग = दोनों हाथ। चापि = दबाकर। 10. तखन = उस समय। 11. उपसम = शांत, ठंडा। 13. अधर = ओष्ठ। 14. तेजल = छोड़ दिया। 15. नख-परहार = नखों का प्रहार। 16. केहरि = सिंह। गज कुंभ = हाथी का मस्तक। बिदार = फाड़ना। 18. चेतन = चतुरा। लुबुध = लुब्ध, लुभाया।

(95)

कि कहब हे सखि आजुक बिचार, से सुपुरुष मोहि कएल सिंगार (?)॥ 2॥
हँसि-हँसि पहु आलिंगन देल, मनमथ अंकुर कुसुमित भेल॥ 4॥
आँचर परसि पयोधर हेरु, जनम पंगु जनि भेटल सुमेरु॥ 6॥
जब निबि-बंध खसाओल कान, तोहर सपथ हम किछु जदि जान॥ 8॥
रति-चिन्हे जानल कठिन मुरारि, तोहर पुने जीअलि हमे नारि॥ 10॥
कह कवि-रंजन सहज मधु राई, न कह सुधामुखि गेल चतुराई॥ 12॥

शब्दार्थ—2. कएल = किया। 3. पहु = प्रीतम। 4. मनमथ = कामदेव। कुसुमित = फूला हुआ। कामदेव रूपी अंकुर फूल उठा—काम का पूर्ण विकास हुआ। 5. आँचर = अंचल। पयोधर = कुच। हेरु = देखना। 6. पंगु = पगहीन। जनि = मानो।

7. खसाओल = (खोलकर) गिरा दिया। कान = कृष्ण। 9. रति के चिह्न से जाना कि कृष्ण बड़े कठोर-हृदय हैं। 10. पुने = पुण्य से। जीअलि = जीति बची। 11. सहज मधु राई = राई (राधा) स्वभावतः ही मधु (सदृश) है। 12. गेल चतुराई = चतुरता गई।

(96)

दिढ़ परिरंभन पीड़लि मदने। उबरि अइलिहुँ सखि पुरबक पुने॥ 2 ॥
टुटि छिड़ियाएल मोतिम हार। वसन लोटाएल सुरंग पँवार॥ 4 ॥
सुन्दर कुच-जुग नख-खत भरी। जनि गज कुंभ बिदारल हरी॥ 6 ॥
अधर दसन देखि जिब मोरा काँपे। चाँद-मंडल जनि राहुक झाँपे॥ 8 ॥
समुद ऐसन मिसि न पारिए ऊर। कखन उगत मोर हित भए सूर॥ 10 ॥
हमे न जाएब सखि तन्हि पिया-ठाम। वरु जिब मारि नड़ाबथि काम॥ 12 ॥
भनइ विद्यापति तेज भय लाज। आगि जारए पुनु आगिक काज॥ 14 ॥

शब्दार्थ—1. दिढ़ परिरंभन = गाढ़ आलिंगन। पीड़लि = पीड़ित हुई। मदने = काम द्वारा। 2. उबरि अइलिहुँ = मैं बच गई। पुने = पुण्य से। 3. छिड़ियाएल = बिखर पड़ा। 4. सुरंग = लाल। पँवार = प्रवाल मूँगा। 5. कुच = स्तन। युग = दो। नख-खत = नखों द्वारा किए गए घाव। 6. गजकुंभ = हाथी का मस्तक। बिदारल = विदीर्ण किया, चीर-फाड़ डाला। हरी = सिंह। ओष्ठ पर दाँतों के आक्रमण करना देख मेरे प्राण काँप उठे। राहुक झाँपे = राहु का आक्रमण। 9. समुद = समुद्र, सागर। ऐसन = समान। ऊर = ओर, सीमा। 10. उगत = उगेगा। सूर = सूर्य। 11. हमें = मैं। तन्हि = उस। 12. बरु = भले ही। नड़ाबथि = छोड़ दे। आग जलाती है, किंतु पुनः आग ही की जरूरत होती है।

(97)

कि कहब हे सखि रातुक बात। मानिक पड़ल कुबानिक हाथ॥ 2 ॥
काच कंचन नहि जानए मूल। गुंजा रतन करए समतूल॥ 4 ॥
जे किछु कमु नहि कला रस जान। नीर खीर दुहु करए समान॥ 6 ॥
तन्हि सएँ केसन पिरिति रसाल। बानर - कंठ कि मोतिम माल॥ 8 ॥
भनइ विद्यापति एह रस जान। बानर-मुँह की सोभए पान॥ 10 ॥

शब्दार्थ—कि कहब = क्या कहूँ। रातुक = रात की। 2. मानिक = माणिक्य, मणि। पड़ल = पड़ गया। कुबानिक = अपटु व्यापारी। 3.कंचन = सोना। मूल = मूल्य की। 4. गुंजा = एक प्रकार का लाल फल जो जंगल में विशेष होता है, वनवासी इसकी माला बनाते हैं, घूँघची। रतन = रत्न, मणि। समतूल रसाल = समान। 6. नीर = पानी। खीर = क्षीर, दूध। 7. तन्हि सय = उनसे। रसाल = रसमय। 8. बानर = बंदर। कि = क्या। 9. एह = यह। 10. की = क्या। सोभए = शोभता है।

(98)

पहिलुक परिचय पेमक संसय, रजनी आध समाजे।
सकल कला-रस सँभरि न भेले; बैरिन भेलि मोरि लाजे॥ 2॥
साए-साए, अनुसए रहलि बहुते।
तन्हिहि सुबंधु पुनि कहिअ पठाइअ, जओं भमरा होअ दूते॥ 4॥
खनहि चीर धर खनहि चिकुर गह, करए चाह कुच भंगे।
एकलि नारि हमें कत अनुरंजब, एकहि बेरि सब रंगे॥ 6॥
तखन बिनय जत से सब कहब कत, कहए चाहल कर जोली।
नब रस-रंग भंग भए गेल सखि, ओर धरि भेल नहि बोली॥ 8॥
भनइ विद्यापति सुनु बरजौबति, पहु अभिमत अभिमाने।
राजा सिवसिंह रूपनराएन, लखिमा देह रमाने॥ 10॥

शब्दार्थ—1. पहिलुक = प्रथम बार का। परिचय = जान-पहचान। पेमक = प्रेम का। रजनी = रात। पहली बार का परिचय था, आधी रात को भेंट हुई थी। 2. सँभरि न भेले = मैं संभल न सकी। भेलि = हुई। 3. साए = सखि। अनुसाए = अनुताप, पछतावा। रहलि = रह गया। 4. तन्हिहि = उनके। कहिअ पठाइअ = बोल पठाना, बुला भेजना। जओं = यदि। भमरा = भ्रमर, भौंरा। 5. खनहि = कभी। चीर = साड़ी। चिकुर = केश। गह = पकड़ता। कुच-भंगे = कुच को विदीर्ण करना। 6. एकलि = अकेली। कत = कितना। अनुरंजब = अनुरंजन करूँगी, पेम निबाहूँगी। बेरि = बार। 7. तखन = उस समय। जत = जितना। से = वह। कहब = कहूँगी। कत = कितना। कहए चाहल = कहना चाहा। कर-जोली = हाथ जोड़कर। 8. नव = नवीन, नया। भंग भए गेल = भंग हो गया। ओर = अंत। ओर धरि भेल न बोली = अंत तक कह भी न सके—साफ-साफ बात भी नहीं कह सके। 7-8. इस पद का तात्पर्य यह है कि समागम के समय श्रीकृष्ण यह देखकर कि राधा उनकी प्रत्येक चेष्टा का यथोचित समाधान नहीं करती, दोनों हाथ जोड़कर उस समय उनकी प्रार्थना करने लगे। यों, ऐन मौके पर दोनों हाथ प्रार्थना के लिए जोड़े जाने के कारण रति-रंग में भंग हो गया। फिर तो कृष्ण के मुख से बोली तक न निकली। इस पद का यथार्थ मर्म विदग्ध पाठक ही समझ सकेंगे। 9. पहु = प्रभु, प्रीतम। अभिमत = युक्ति-युक्त।

कौतुक

(99)

उठ उठ माधव कि सुतसि मंद। गहन लाग देखु पुनिमक चंद॥ 2॥
हार-रोमाबलि यमुना-गंग। त्रिबलि त्रिबेनी बिप्र अनंग॥ 4॥
सिंदुर-तिलक तरनि सम भास। धूसर मुख-ससि नहि परगास॥ 6॥
एहन समय पूजह पँचबान। होअ उगरास देह रतिदान॥ 8॥

पिक मधुकर पुर कहइत बोल। अलपओ अबसर दान अतोल॥ 10॥
विद्यापति कवि एहो रस भान। राए सिवसिंघ सब रसक निधान॥ 12॥

शब्दार्थ—1. मंद = असमय। 2. गहन = ग्रहण। 3-4. रोमाबलि = कमर के निकट केशों की पंक्ति। त्रिबलि = पेट में पड़ी तीन रेखाएँ। अनंग = कामदेव। हार और रोमावली क्रमशः गंगा और यमुना हैं, त्रिवली ही त्रिवेणी है और कामदेव ही विप्र है। 5.सिंदुर-तिलक = सिंदूर का टीका। तरनि = सूर्य। भास = प्रकाशित। 6. धूसर = धूमिल, प्रभाहीन। परगास = प्रकाश। 7.एहन = ऐसा। पँचबान = कामदेव। 8. होअ उगरास = उगरह होगा, ग्रहण छूटेगा। देह रतिदान = रति का दान दो। 9. पिक = कोयल। मधुकर = भौंरा। पुर कहइत बोल = गाँव में कहता फिरता है। 10. अलपओ = थोड़ा भी । अतोल = अनंत।

(100)

त्रिबलि तरंगिनि पुर दुगगम जानि, मनमथे पत्र पठाउ।
जौबन-दलपति तोहि समर लागि, ऋतुपति दूत पठाउ॥ 2॥
माधव, आब साजिए दह बाला।
तसु सैसबे तोहें जे संतापल, से सरिआउति बाला॥ 4॥
कुंडल चक्क तिलक अंकुस कए, चंदन कबच अभिरामा।
नयन कटाख बान गुन धनु दए, साजि रहल अछि बामा॥ 6॥
सुंदरि साजि खेत चलि आइलि, विद्यापति कवि भाने।
राजा सिवसिंह रूपनराएन, लखिमा देइ बिरमाने॥ 8॥

शब्दार्थ—1. त्रिबलि = पेट में पड़ी तीन रेखाएँ। तरंगिनी = नदी। त्रिबली रूपी नदी के तट पर (बसे हुए)नगर को दुर्गम जान कामदेव रूपी राजा ने (उसे विजय करने को) पत्र भेजा। 2. दलपति = सेनापति। समर लागि = युद्ध के लिए। ऋतुपति = बसंत। 4. तसु = उसके। 6. तोहें = तुमने। संतापल = दुःख दिया। 5. कुंडल चक्क = कुंडल (कर्णफूल) चक्र है। तिलक अंकुस = टीका ही अंकुश है। चंदन कबच = चंदन लेप ही शरीर प्राण है। 6. कमान = धनुष। 7. खेत = युद्धभूमि।

(101)

अंबरे बदन झँपाबह गोरि। राज सुनइ छिअ चाँदक चोरि॥ 2॥
घरें घरें पहरि गेल अछि जोहि। अबही दूखन लागत तोहि॥ 4॥
कतए नुकाएत चाँदक चोरि। ज़तहि नुकाएत ततहि उजोरि॥ 6॥
सुन-सुन सुंदरि हित उपदेस। सपनहु जनु हो विपद कलेस॥ 8॥
हास-सुधारस न कर उजोर। बनिक धनिक धन बोलब मोर॥ 10॥
अधर समीप दसन कर जोति। सिंदुरक सीम बैसाउलि मोति॥ 12॥
भनइ विद्यापति होहु निरसंक। चाँदहु काँ थिक भेद कलंक॥ 14॥

शब्दार्थ—अंबरे = वस्त्र में। बदन = मुख। झंपाबह = ढाँप लो। 2. चाँदक = चंद्रमा की। 3. पहरि = पहरी, पहरुआ। गेल अछि जोहि = ढूँढ़ गया है। 4. दूषन = दोष, कलंक। 5. कतए = कहाँ। नुकाएत = छिपेगा। 6. उजोरि = प्रकाश। 9-10. हास = हँसी। सुधारस = अमृत का रस। दसन = दाँत। बैसाउलि = बैठाया। हँसकर प्रकाश मत करो, धनी व्यापारी कहेंगे कि ये मेरे ही धन हैं(क्योंकि) ओष्ठ के निकट दाँत प्रकाश फैला रहे हैं (जो मुक्ता के समान हैं) सिंदूर-बिंदु मोती-से चमक रहे हैं। 13. होहु = होओ। 14.थिक = है। चाँद (और तुम्हारे मुख) में भेद है, क्योंकि उसमें कुछ कलंक लगा हुआ है।

(102)

नोनुअ बदन-सिरी अछि धनि तोरि। जनु लागहि तोहि चाँदक चोरि॥ 2॥
दरसि हलह (?) जनु हेरह काह। चाँद भरम मुख गरसत राहु॥ 4॥
धवन नयन तोर काजरें कार। तीख तरल तेहि कटाखक धार॥ 6॥
निरड़ि निहारि फाँस गुन जोलि। बाँधि हलत तोहि खंजन बोलि॥ 8॥
सागर-सार चोराओल चंद। ता लागि राहु करए बड़ दंद॥ 10॥
भनइ विद्यापति होउ निरसंक। चाँदहु काँ किछु लागु कलंक॥ 12॥

शब्दार्थ—1. नोनुअ = सुंदर। बदन-सिरी = वदनश्री, मुख की शोभा। अछि = अस्ति, है। धनि = स्त्री। 2. जनु = नहीं। 3-4. दरसि हलह = देखकर (झटपट) हट जाओ (?) 'श्रृंगार तिलक' में यों लिखा है—''झटिति प्रविश गेहे मा बहिस्तिष्ठ कांते, ग्रहण-समय-वेला वर्त्तते शीतरश्मेः। तव मुखमकलंक वीक्ष्य नूनं स राहुः, ग्रसति तव मुखेंदुं पूर्णचंद्रं विहाय।'' 5. धवल = उजला। काजरें = काजल से। कार = काला। 6. तीख = तीक्ष्ण। कटाखक = कटाक्ष की। 7-8 निरड़ि = बहेलिया। फाँस गुन = गुण रूपी फाँस में। जोलि = जोड़कर, बाँधकर। बाँधि हलब = बाँध लेगा। बोलि = समझकर। 9. सागरसार = अमृत। 10. दंद = द्वंद्व।

(103)

साँझक बेरि उगल नब ससधर। भरम बिदित सबताहु।
कुंडल-चक्र तरास नुकाएल। दूर भेल हेरथि राहु॥ 2॥
जनु बइससि रे बदना हाथ चढ़ाई।
तुअ मुख चंगिम अधिक चपल भेल, कति खन धरब लुकाई॥ 4॥
रातोपल जनि कमल बइसाओल, नील नलिनि दल तहु।
तिलक कुसुम माझ देखि कहु, भमर आबथि लहु लहु॥ 6॥
पानि पलब-गत अधर बिंब-रत, दसन दाड़िम बिज तोरे।
कोर दूर भेल पास न आबए, भौंह धनुहि के भोरे॥ 8॥

शब्दार्थ—सबताहु = सर्वत्र ही। सर्वत्र ही यह भ्रम फैल गया कि संध्या के समय नवीन चंद्र का उदय हुआ। 2. कुंडल-चक्र = कुंडल (कर्णफूल) रूपी चक्र। नुकाएल = छिपा हुआ। 3. बदना हाथ चढ़ाई = मुख हाथ पर रखकर। 4. चंगिम = सुन्दरता। कति खन = कब तक। 5. रातोपल = लाल कमल (हाथ)। कमल = (मुख)। नील नलिनी = नील कमल (आँखें)। तहु = वहाँ भी। लहु-लहु = धीरे-धीरे। 7. पानि-पलब-गत = हाथ पल्लव के समान है। अधर = ओष्ठ। बिंब-रत = बिंब फल के समान लाल। दाड़िम बिज = अनार के दाने। 8. कीर = सुग्गा। भोर = भ्रम में।

(104)

बड़ कौसल तुअ राधे! किनल कन्हाई लोचन आधे॥ 2॥
ऋतुपति हटबए नहि परमादी। मनमथ मधथ उचित मूलबादी॥ 4॥
द्विज पिक लेखक मसि मकरंदा। काँप भमर-पद साखी चंदा॥ 6॥
बहि रति-रंग लिखापन माने। श्री सिवसिंह सरस कवि भाने॥ 8॥

शब्दार्थ—1. कौसल = चतुरता। किनल = क्रय किया, खरीदा। 3. लोचन आधे = आधी आँख से; एक कटाक्ष से। ऋतुपति = बसंत। हटबए = हाट का मालिक (मैथिली प्रयोग) = तौलने वाला। नहि परमादी = प्रमादी नहीं, बुद्धिमान। 4. मनमथ = कामदेव। मधथ = मध्यस्थ, दलाल। मूल = मूल्य। बादी = कहने वाला। द्विज पिक लेखक = कोयल-रूपी ब्राह्मण लेखक है। मसि = रोशनाई। मकरंदा = पराग। 6. काँप = काँड़े की कलम। भमर-पद = भौंरे का पैर। साखी = साक्षी, गवाह। बहि = दस्तावेज। रति-रंग = काल-विलास। लिखापन माने = मान ही लिखाने का शुल्क है। इस पद्य का संस्कृतानुवाद स्वयं विद्यापति ने (?) यों किया है—"रत्नाकरसुता भार्या यस्य कृष्णस्य राधिके। लोचनार्द्धेन स क्रीतस्त्वया से कौशलम्महत् हट्टाधिपो बसंतर्तुप्रमादी विचक्षणः। योग्यमूल्यार्थवादी च मध्यस्थो मन्मथोऽभवत्। भ्रमरस्य पदं कर्पो लेखकः कोकिलो द्विजः। अभूत् कृष्ण-क्रये राधे शशी पात्रं मसी मधु। वहिर्नतिरतिक्रीड़ा मानो वेदन-लेखकः। कृष्णस्य शिवसिंहेन वाणी विद्यापतेः कवेः॥"

(105)

कंचन गढ़ल हृदय हथिसार। तें थिर थंभ पयोधर भार॥ 2॥
लाज-सिकर धर दृढ़ कए गोए। आनक बचन फोलह जनु कोए॥ 4॥
दूर कर आगे सखि चिंता आन। जउबन-हाथि करिअ अबधान॥ 6॥
मनसिज-मदजल जओं उमताए। धरिहसि, पियतम आँकुस लाए॥ 8॥
जावे सुमत नहि ताबे अगोर। मुसइते निबारिहसि मानस चोर॥ 10॥
भन विद्यापति सुनु मतिमान। हाथि महते नव के नहि जान॥ 12॥

शब्दार्थ—1. कंचन = सोना। हथिसार = हस्तीशाला। 2. थिर = स्थिर। थंभ = स्तंभ, खंभा। पयोधर = कुच। 3. सिकर = शृंखला, जंजीर। गोए = छिपाकर।

4. आनक = दूसरे के। फोलह जनु कोए = कोई मत खोलो। 6. जवानी रूपी हाथी के विषय में सावधानता रखो। 7. मनसिज =. कामदेव। मदजल = हाथी के मस्तक से चूनेवाला पानी। उमताए = पागल हो। पिअतम-आँकुस = प्रीतम रूपी अंकुश। 9. सुमत = मत में आ जाए। मुसइते = (मुच् धातु) खोलने से। मनिहसि = मना करना। 12. महते = महावत से।

(106)

कउड़ि पठाओलें पाव नहि घोर। घीव उधार माँग मतिभोर॥ 2॥
बास न पाबए माँग उपाति। लोभक रासि पुरुष थिक जाति॥ 4॥
कि कहब आज की कौतुक भेल। अपदहि कान्हक गौरब गेल॥ 6॥
आएल बइसक पाब पोआर। सेजक कहिनी पूछए बिचार॥ 8॥
ओछाओन खँड़तरि पलिया चाह। आओर कहब कत अहिरिनि नाह॥ 10॥
भनइ विद्यापति एहु गुनमंत। सिरि सिवसिंघ लखिमा देइ कंत॥ 12॥

शब्दार्थ—कउड़ि = कौड़ी। पठाओलें = भेजने पर। घोर = मट्ठा। घीव = घी। मतिभोर = मूर्ख। 3. बास = रहने की जगह। उपाति = खाद्यसामग्री, जो आदरणीय अतिथि को भोजनार्थ समर्पित की जाती है। लोभक रासि = लोभ का खजाना। थिक = है। 6. अपदहि = कुस्थान पर, बुरी जगह। 7. पोआर = पयाल, पुआल। 8. ओछाओन-ओछावन = बिछावन। खँड़तरि = (मैथिली प्रयोग) जीर्ण-शीर्ण चटाई। पलिया = पलंग।

अभिसार

(107)

धनि धनि चलु अभिसार।
सुभ दिन आजु राजपथ मनमथ, अपन किरीति बिथार॥ 2॥
गुरुजन नयन अंध करि आओल, बांधब तिमिर बिसेख।
तुअ उर फुरत बान कुच लोचन, महुमंगल करि लेख (?)॥ 4॥
कुलबति धरम करम भय अब सब, गुरु-मंदिर चलु राखि।
प्रियतम संग रंग करु चिर दिन, फलत मनोरथ साखि॥ 6॥
नीरद बिजुरि बिजुरि सँग नीरद, किंकिनि गरजन जान।
हरखए बरखए फुल सब साखी, सिखि-कुल दुहु गुन गान॥ 8॥

शब्दार्थ—1. अभिसार = गुप्त मिलन। 2. मनमथ = काम। बिथार = विस्तार। 3. गुरुजन = बड़े लोग। बांधव, मित्र। तिमिर = अंधकार। 4. फुरत = फड़कना। उर = हृदय। लेख = समझो। 6. साखि = शाखी, वृक्ष। 7. नीरद = मेघ। संग = साथ। मेघ बिजली के साथ रहता है और बिजली मेघ के साथ। यों ही राधा कृष्ण के साथ और कृष्ण राधा के साथ)। 8. साखी = वृक्ष। सिखिकुल = मोर।

(108)

कह-कह सुंदरि न कर बेआज। देखिअ आज तुअ अपरुब साज॥ 2॥
मृगमद पंक करसि अंगराग। कोन नागर परिनत होअ भाग॥ 4॥
पुन-पुन उठसि पछिम दिसि हेरि। कखन जाएत दिन कत अछ बेरि॥ 6॥
नूपुर उपर करसि कसि थीर। दृढ़ कए पहिरसि तम सम चीर॥ 8॥
उठसि बिहँसि हँसि तेजिअ सार। तोर मन भाव सघन अँधियार॥ 10॥
भनइ विद्यापति सुनु बर नारि। धैरज धरु मन मिलत मुरारि॥ 12॥

शब्दार्थ—1. बेआज = बहाना। 3. मृगमद पंक = कस्तूरी का लेप (जो काला होता है)। 4. किस नायक का भाग्य परिणत हुआ = किसका भाग्योदय हुआ है। 5. हेरि = देख। 6. कखन = कब। कत = कितना। अछि-अस्ति = है। बेरि = समय। 7. नूपुर को पैर के ऊपरी भाग में कसकर स्थिर करती हो जिसमें चलने पर शब्द न हो। 8. तम-सम = अंधकार के समान काला। 9. तेजिए सार = गंभीरता त्यागकर। 10. तोर = तुम्हारे। भाव = अच्छा लगता है। अँधियार = अंधकार।

(109)

माधव, धनि आएल कत भाँति।

प्रेम-हेम परखाओल कसौटी, भादब कुहु-तिथि राति॥ 2॥
गगन गरज घन ताहि न गन मन, कुलिस न कर मुख बंका।
तिमिर-अंजन जलधार घोए जनि, ते उपजाबति संका॥ 4॥
भाँग भुजग सिर, करि अभिनय करें, झाँपए फनिमनि दीप।
जानि सजल घन से देअ चुंबन, तें तुअ मिलन समीप॥ 6॥
नारि-रतन धनि नागर ब्रजमनि, रचि गुन पहिरल हार।
गोविंद चरन मन कह कविरंजन, सफल भेल अभिसार* ॥ 8॥

शब्दार्थ—1. हेम = सोना। कसौटी भादब कुहु-तिथि राति = भादों की अमावस्या की रात-रूपी कसौटी पर। 3. गगन = आकाश। कुलिस = बज्र, ठनका। मुख बंका = मुख टेढ़ा करना, विमुख करना। 4. तिमिर-अंजन = अंधकार-रूपी अंजन का। जनि = मानो। सर्प को मणि को हाथ से ढाँप लेती है। 6. इस भाव का पद गीतगोविंद में यों है—शिलष्यति चुंबति जलधर-कल्पम्। हरिरूपगत इति तिमिरमनल्पम्॥ 7. धनि = बाला (राधे)। नागर = नायक (कृष्ण)।

(110)

चंदा जनि उग आजुक राती। पिया के लिखिए पठाउबि पाँती॥ 2॥
साओन सएँ हम करब पिरीती। जल अभिमत अभिसारक रीती॥ 4॥

---

* भनिता से प्रतीत होता है, यह पद विद्यपति रचित नहीं है।

अथवा राहु बुझाएब हँसी। पिबि उगिलह सीतल ससी॥ 6॥
कोटि रतन जलधर तोहें लेह। आजुक रयनि घन तम कए देह॥ 8॥
भनइ विद्यापति सुभ अभिसार। भल जन करथि परक उपकार॥ 10॥

शब्दार्थ—1. जनि = मत। उर = उदित होओ। 2. पठाउबि = पठाऊँगी, भेजूँगी। पाँती = पत्र। 3. साओन सएँ = श्रावन मास से। 4. अभिमत = मनोऽनुकूल। जो अभिसार करने की निश्चित रीति है—निश्चित काल है। 6. पिबि = पीकर। उगिलह = उगल दो। ससी = चंद्रमा। 7. जलधर = मेघ। लेह = लो। 8. रयनि = रजनी, रात। घन = घना, निबिड़। तम = अंधकार। देह = दो। 10. करथि = करते हैं। परक = दूसरे का।

•

Poetry is an emotion realized in tranquility. —Wordsworth

(111)

आज मएँ हरि-समागम जाएब, कत मनोरथ भेल।
घर गुरुजन निंद निरूपइते, चंदाएँ उदय देल॥ 2॥
चंदा भलि नहि तुअ रीति
एहि मति तोहि कलंक लागल, तैओ न गुनह भीति॥ 4॥
जगत नागरि मुह जिनइते, गेलाह गगन हारि।
ततहु राहु गरास पड़ला, देब तोहि कि गारि॥ 6॥
एक मास बिहि तोहि सिरिजए, कतन जतन बले।
दोसर दिन पुर न रहसि, एही पापक फले॥ 8॥
भन विद्यापति सुन तोञे जुबति, चाँदक न कर साति।
दिना सोरह चाँदक आइति, ताहि पर भलि राति॥ 10॥

शब्दार्थ—2. निंद निरूपइते = नींद की प्रतीक्षा करते। 4. भीति-डर। 5. संसार की नागरियों के मुख को जीतने के प्रयास में हारकर आकाश में भाग गए। 7. पुर = पूर्ण। 9. साति = शास्ति, निंदा। 10. आइति = आयत्त, वश। ताहि पर = उसके बाद।

(112)

गगन अब घन मेह दारुन, सघन दामिनि झलकई।
कुलिस पातन सबद झनझन, पवन खरतर बलगई॥ 2॥
सजनी, आजु दुरदिन भेल।
कंत हमर नितांत अगुसरि, संकेत-कुंजहि गेल॥ 4॥
तरल जलधर बरिख झरझर, गरज घन घनघोर।
साम नागर कइसे एकसर पंथ हेरए मोर॥ 6॥

सुमरि मोर तनु अबस भेल जनि अतिसे थर-थर काँप।
इ मोर गुरुजन नयन दारुन, घोर तिमिरहि झाँप॥ 8॥
तुरित चल अब किए बिचारसि, जिबन हरि अनुसार।
कबीसेखर बचन अभिसर, किए से बिघिन-बिथार॥ 10॥

शब्दार्थ—1. गगन = आकाश। घन = निबिड़। दामिनि = बिजली। 2. कुलिस-पातन = बज्र का गिरना, ठनके की ठनक। खरतर बलगई = अत्यंत तेजी से सनसनाती हुई बहती है। 4. अगुसरि = अग्रसर होकर, आगे लाकर। संकेत = गुप्त मिलन-स्थान। 5. तरल = अस्थिर, चलायमान। जलधर = मेघ। बरिख = बरस रहा है। 6. साम = श्याम, श्रीकृष्ण। 7. मोर = मेरा। अतिसे = अतिशय। 8. ई = यह। गुरुजन = बड़े, श्रेष्ठ पुरुष। तिमिरहि = अंधकार। 9. तुरित = तुरत। किए = क्या। बिचारसि = बिचारती हो। जिबन हरि अनुसार = जीवन में हरि का अनुसरण करो। 10. अभिसार = अभिसार करो। बिथार = बिस्तार।

•

नोट—जीवन में हरि का स्मरण और अनुसरण एक ही चीज है।

(113)

रयनि काजर बम भीम भुअंगम, कुलिस पड़ए दुरबार।
गरज तरज मन, रोसे बरिस घन, संसअ पड़ अभिसार॥ 2॥
सजनी, बचन छाड़इते मोहि लाज।
जे होए से होअ बरु सब हमे अंगिकरु, साहस मन देल आज॥ 4॥
अपन अहित चित परतेख देखइत, पेमक न पारिअ ओर।
चाँद हरिन बह राहु कबल सह, प्रेम पराभव थोर॥ 6॥
चरन बेढ़ल फनि हित मानलि धनि, नेपुर न करत रोर।
सुमुखि पुछओं तोहि सरूप कहसि मोहि, सिनेहक कत दुर ओर॥ 8॥
ठामहि रहिअ घुमि परस चिन्हिअ, भूमि, दिग मग उपजु संदेह।
हरि-हरि सिव-सिव ताबे जा इह जिव, जाबे न उपजु सिनेह॥ 10॥
भनइ विद्यापति सुनहु सुचेतनि, गमने न करह बिलंब।
राजा सिवसिंह रूपनराएन, सकल कला अवलंब॥ 12॥

शब्दार्थ—1. रयनि = रात। बम = वमन करती है। रयनि काजर बम = रात अंधकारपूर्ण है। भीम = विशाल, भयानक। भुअंगम = सर्प। कुलिस = वज्र, ठनका। दुरबार = जिसे बचना मुश्किल है। 2. रोस = रोष, क्रोध। 4. जे होए से होअ बरु = जो होना होगा, वह भले ही हो जाए। अंगिकरु = अंगीकार करूँगी। 5. अहित = बुराई। परतेख = प्रत्यक्ष। ओर = सीमा, अंत। चित्त में अपना अहित प्रत्यक्ष देखती हुई भी मैं प्रेम का अंत न पा सकी, प्रेम को दबा न सकी। 6. हरिन = चंद्रमा में जो हरिण के

आकार का काला धब्बा है। बह = धारण करना। कबल = कौर, ग्रास। सह = साथ, सहता है। पराभव = हार। राहु का ग्रास हो जाने पर भी चंद्रमा हरिण को धारण किए रहता है, प्रेम के आगे पराभव (कष्ट) कुछ नहीं है। 7. बेढ़ल = लपेटा, घेरा। फनि = सर्प। रोर = शब्द, झंकार। पैर में सर्प लिपट जाने पर बाला ने उसे अपना हित समझा, क्योंकि (सर्प लिपट जाने से) नूपुर झंकार नहीं करते थे। 8. सरूप = सत्य। ओर = अंत। सुंदरी, मैं तुमसे पूछती हूँ, सच-सच बताओ, प्रेम की अंतिम सीमा कहाँ पर है? 9. दिग = दिशा। घूम-घूमकर एक ही स्थान पर चली आती हूँ। स्पर्श से ही पृथ्वी जानी जाती है। (अंधकार के कारण दीख नहीं पड़ती)। दिशा और राह के विषय में संदेह है। मालूम होता है कि दिग्भ्रम हो गया है जिससे मैं राह भूल गई हूँ। 10. ताबे = तब तक। जाबे = जब तक। 11. सुचेतनि = बुद्धिमती, सुचतुरा। गमने = जाने में।

(114)

सखि हे, आज जाएब मोहि।
घर गुरुजन डर न मानब, बचन चूकब नहि॥ 2॥
चानन आनि आनि अँग लेपब, भूषन कए गजमोति।
अंजन बिहुन लोचन-जुगुल, धरत धबल जोति॥ 4॥
धबल बसने तनु झँपाओब, गमन करब मंदा।
जइओ सगर गगन ऊगत, सहस सहस चंदा॥ 6॥
न हम काहुक डीठि निबारब, न हम करब भीति।
अधिक चोरी पर सएँ करिअ, एहे सिनेहक रीति॥ 8॥
भन विद्यापति सुनह जुबती, साहसे सफल काज।
बूझ सिबसिंह रस रसमय, सोरम देबि समाज॥ 10॥

शब्दार्थ—1. चानन = चंदन। आनि = लाकर। 4. बिहुन = रहित। धबल = उजला। 5. मंदा = धीरे-धीरे। 6. सगर = समग्र, समूचे। गगन = आकाश। 7. निबारब = बचा दूँगी। ओत = ओट। 8. सोत = स्रोत।

(115)

प्रथम जउबन नव गरुअ मनोभव, छोटि मधुमास रजनि।
जागे गुरुजन गेह राखए चाह नेह, संसअ पड़लि सजनि॥ 2॥
नलिनि दल निर चित न रहए थिर, तत घर तत हो बहार।
बिहि मोर बड़ मंदा उगि जनु जाए चंदा, सुति उठि गगन निहार॥ 4॥
पथहु पथिका संका पय पय धय पंका, कि करति ओ नब तरुनी।
चलत चाह धसि पुनु पड़ खसि-खसि, जालक छेकलि हरिनी॥ 6॥

साए-साए कओन बेदन तसु जाने।
निकुंज बनहि हरि जाइति कओन पर, अनुखन हन पँचबाने॥ 8॥
विद्यापति भन कि करत गुरुजन, नींद निरूपन लागी।
नयन नीर भरि चीर झँपाबए, रयनि गमाबए जागी॥ 10॥

शब्दार्थ—1. मधुमास = चैत्र। 3. नलिनि दल निर = कमल के पत्ते पर के पानी के समान। बहार = बाहर। 4. सुति = सोकर। 5. पय = पग। पंका = कीचड़। 6. जालक छेकलि = जाल में घिरी हुई। साए = सखी। 8. हन = मारना।

(116)

अबहु राजपथ पुरुजन जाग। चाँद-किरन नभमंडल लाग॥ 2॥
सहए न पारए नब नब नेह। हरि हरि सुंदरि पड़लि संदेह॥ 4॥
कामिनि कएल कतहु परकार। पुरुषक बेसें कयल अभिसार॥ 6॥
धम्मिल लोल झोंट कए बंध। पहिरल बसन आन करि छंद॥ 8॥
अंबर कुच नहि संबरि भेल। बाजन-जंत्र हृदय करि लेल॥ 10॥
अइसे मिललि धनि कुंजक माझ। हेरि न चीन्हए नागर राज॥ 12॥
हेरइत माधब पड़ला धंद। परसइत भाँगल हृदयक दंद॥ 14॥
भनइ विद्यापति सुन बर नारि। दूध-समुद जनि राज-मरालि* ॥ 16॥

शब्दार्थ—3. सहए न पारए = सह नहीं सकती। नब = नया। 5. परकार = प्रकार, उपाय। 7.धम्मिल = केश, वेणी। लोल = चंचल। झोंट = झोंटा, जूड़ा। चंचल वेणी को (साधुओं के ऐसा) जूड़े के समान बाँधा। 8. आन छंद करि = दूसरी तरह से। 9. अंबर = कपड़ा। संबरु = संभालना। किंतु कपड़े के कसे जाने पर भी कुछ सँभल न सके-छिप न सके। 10. बाजन जंत्र = सितार। हृदय करि लेल = हृदय पर रख लिया। 13. धंद = संदेह। 14. दंद = द्वंद्व, दुविधा। 16. समुद = समुद्र। राज-मरालि = राजहंसिनी।

(.117)

चरण नूपुर ऊपर सारि। मुखर मेखल करें निवारि॥ 2॥
अंबर सामर देह झपाई। चलहि तिमिर पथ समाई॥ 4॥
समुद कुमुद रभस रसी। अबहि उगत कुगत ससी॥ 6॥
आएल चाहिअ सुमुखि तोरा। पिसुन लोचन भम चकोरा॥ 8॥
अलक तिलक न कर राधे। आँग बिलेपन करहि बाधे॥ 10॥
कुसुम कानन कालिंदी-तीर। तहाँ चलि आओल गोकुल बीर॥ 12॥
तएँ अनुरागिनी ओ अनुरागी। भूषण लागत दूषन लागी॥ 14॥
भनहि विद्यापति सरस कवि। नृपति-कुल-सरोरुह रवि॥ 16॥

* पदकल्पतरु के अनुसार यह पद गोविंददास-रचित है।

शब्दार्थ—1-2. पैर के नूपुर को ऊपर चढ़कर और मुखरा (शब्द करने वाली) करधनी को हाथ से निवारण करके। 3. अंबर = वस्त्र। तिमिरपथ = अंधकारपूर्ण राह। समाई = घुसकर। 5. समुद = समुद्र। कुमुद = कुइँ। रभस = केलि-विलास। रसी = रसिक। 6. कुगत = जिसका आगमन अशुभ हो। ससी = चन्द्रमा। 8. पिसुन = दुष्ट। भम = भ्रमण कर रहे हैं। 9. अलक-तिलक = महावर और टीका। 10. आंग-बिलेपन = शरीर में अंगराग लगाना। करह बाधा = बाधा कर दो, मत लगाओ।

(118)

गुरुजन घरहि नींदे भेल भोर। सेज तेजल उठि नंद-किशोर॥ 2॥
सघन गगन हेरि नखतक पाँति। अबधि न पाओल छूटल राति॥ 4॥
जलधर रुचिहर सामर काँति। जुबति-मोहन बेस धरु कत भाँति॥ 6॥
धनि अनुरागिनि जानि सुजान। घोर अँधियारहि कएल पयान॥ 8॥
पर-नारी पिरितिक ऐसनि रीति। चलल निभृत पथ न मानए भीति॥ 10॥
कुसुमित कानन कालिंदी-तीर। तहँ चलि आएल गोकुल बीर॥ 12॥
कबिसेखर पथ मीलल जाई। आएल नागर भेटलि राई॥ 14॥

शब्दार्थ—1. नींदे भेल भोर = निद्रा में बेसुध हो गए। 3. नखत = नक्षत्र, तारे। 4. रात कितनी बीती, इसका अंदाज न पाया। 5. जलधर = मेघ। रुचि-हर = शोभा हरनेवाला। 6. जुबतिमोहन = युवतियों को मोहनेवाला। 10. निभृत = सुनसान, अंधकारपूर्ण। 14. राई = राधा।

(119)

तपनक ताप तपत भेल महि तल, तातल बालू दहन समान।
चढ़ल मनोरथ भामिनि चलु पथ, ताप तपत नहि जान॥ 2॥

प्रेमक गति दुरबार।

नबिन जौबनि धनि चरन कमल जनि, तइओ कएल अभिसार॥ 4॥
कुल-गुण-गौरव सति जस-अपजस, तृन करि न मानए राधे।
मन मधि मदन महोदधि उछलल, बूड़ल कुल मरजादे॥ 6॥
कत कत बिघिन जितल अनुरागिनि, साधल मनमथ तंत।
गुरुजन-नयन निबारइत सुबदनि, पाठ करए मन मंत॥ 8॥
केलि कलावति कुसुम-सरिस-अति, कौशल कएल पयान।
जत छल मनोरथ पूरल मनमथ, इह कबिसेखर मान॥ 10॥

शब्दार्थ— 1. तपनक = सूर्य की। ताप = गर्मी। तपत = तप्त, जलता हुआ। तातल = गर्म हो गया। दहन = अग्नि। 2. मनोरथ = इच्छा रूपी रथ। भामिनि = स्त्री।

3.दुरबार = अटल। 4. जनि = समान। तइओ = तो भी। 5. सति = सती स्त्रियों का। मधि = मध्य में। महोदधि = महासमुद्र। उछलल = उछलने लगा। तरंगित होने लगा। 7. मनमथ = कामदेव। तंत = तांत्रिक क्रिया। निबारइत = बचती हुई। मंत = मंत्र। 9. कुसुम = फूल। कौसल = छल से। 10. छल = था।

(120)

निअ मंदिर सएँ पद दुइ चारि। घन घन बरसि मही भर बारि॥ 2॥
पथ पीछर बड़ गरुअ नितंब। खसु कत बेरि न किछु अवलंब॥ 4॥
बिजुरि-छटा दरसाबए मेघ। उठय चाह जल धारक थेघ॥ 6॥
एक गुन तिमिर लाख गुन भेल। उतरहु दखिन भान दुर गेल॥ 8॥
ए हरि करिअ मोहि जनि रोस। आजुक बिलंब दइब दिअ दोस॥ 10॥

शब्दार्थ—1. निअ = अपना। सएँ = से। पद = डेग। 2. घन घन = घने बाल। महीभर बारि = पृथ्वी जल से भर गई। 3. पीछर = जिस पर फिसल जाएँ। गरुअ = भारी। नितंब = चूतड़। 4. खसु कत बेरि = कितनी बार गिर पड़ी। 6. जलधारक थेघ = मूसलाधार बरसना चाहता है। 7. तिमिर = अंधकार। 8. उत्तर और दक्षिण का ज्ञान दूर हो गया, दिशा-ज्ञान नहीं रहा।

(121)

माधब, करिअ सुमुखि समधाने!
तुअ अभिसारे कएल जत सुंदरि, कामिनि करु के आने॥ 2॥
बरसि पयोधर धरनि बारि भर, रयनि महाभय भीमा।
तइओ चललि धनि तुअ गुन मने गुनि, तसु साहस नहि सीमा॥ 4॥
देखि भवन-भिति लिखित भुजँग पति, जसु मने परम तरासे।
से सुबदनि करें झपइत फनिमनि, बिहुसि आइलि तुअ पासे॥ 6॥
निअ पहु परिहरि संतरि विषम नरि, आँगिरि अपन कुल गारी।
तुअ अनुराग मधुर मदे मातलि, किछु न गुनल बर नारी॥ 8॥
ई रस-रसिक बिनोदक बिंदक, कवि विद्यापति गाबे।
काम पेम दुहु एकमत भए रहु, कखने की न कराबे॥ 10॥

शब्दार्थ—2. के = कौन। 3. आने = दूसरा। 4. पयोधर = बादल। भीमा = डरावनी। 5. भिति = दीवाल। भुजँग = सूर्य। 7. कर = हाथ। फनिमनि = सर्प की मणि को। 7. पहु = प्रभु, प्रीतम। गारी = गाली, शिकायत। 10. कखने की कराबे = कब क्या नहीं कराता।

(122)

राहु मेघ भए गरसल सूर। पथ परिचय दिबसहि भेल दूर॥ 2॥
घन बरिसए अबसर नहि होए। पुर परिजन संचर नहि कोए॥ 4॥

चल चल सुंदरि कर गए साज। दिवस समागम सपरत आज॥ 6॥
गुरुजन परिजन डर करु दूर। बिन साहस अभिमत नहि पूर॥ 8॥
एहि संसार सार बथु एह। तिल एक संगम जाब जिब नेह॥ 10॥
भनइ विद्यापति कविकंठहार। कोटिहुँ न घट दिबस-अभिसार॥ 12॥

शब्दार्थ—1. मेघ ने राहु बनकर सूर्य को ग्रस लिया है—मेघ के कारण सूर्य हीनप्रभ हो गए। 2. पथ-परिचय = राह की पहचान। दिवसहि = दिन में ही। 4. गाँव में लोग नहीं आते-जाते। 5. कर गए साज = जाकर साज करो—शृंगार करो। 6. दिवस-समागम = दिन का मिलन। सपरत = संपूर्ण होगा। 8. अभिमत = मनोवांछा। 9. सार = तत्त्व । बथु = वस्तु। 10. एक क्षण के लिए रति-क्रीड़ा और जीवन-भर प्रेम करना। 11. कोटिहुँ = करोड़ों उपाय करने पर भी। न घट = न घट सकता, न हो सकता।

(123)

आज पुनिम तिथि जानि मएँ अइलिहुँ, उचित तोहर अभिसार।
देह-जोति ससि-किरन समाइति, के विभिनाबए पार॥ 2॥
सुंदरि अपनहु देखह बिचारि।
आँखि पसारि जगत हमे देखलिहुँ, के जग तुअ सम नारि॥ 4॥
तोहें जनि तिमिर हीत कए मानह, आनन तोर तिमिरारि।
सहज विरोध दूर परिहरि धनि, चल उठि जतए मुरारि॥ 6॥
दूती बचन हीत कए मानल चालक भेल पँचबान।
हरि-अभिसार चललि बर कामिनि, विद्यापति कवि भान॥ 8॥

शब्दार्थ—1. पुनिम = पूर्णिमा। अइलिहुँ = मैं आई। 2. देहजोति = शरीर की कांति। ससि-किरन = चंद्रमा की किरण (में)। समाइति = घुस जाएगी, मिल जाएगी। के = कौन। विभिनाबए पार = विभिन्न कर सकता है, अलग कर सकता है। 5. जनि = मत। तिमिर = अंधकार। हीत = मित्र। आनन = मुख। तिमिरारि = अंधकार का शत्रु, चंद्र। जतए = जहाँ। 7. चालक = प्रेरक। पँचबान = काम। हरि-अभिसार = कृष्ण से गुप्त मिलन करने को।

(124)

अरुन किरन किछु अंबर देल। दीपक सिखा मलिन भए गेल॥ 2॥
हठ तेज माधव जएबा देह। राखए चाहिअ गुपुत सनेह॥ 4॥
दुरजने जाएत परिजन कान। सगर चतुरपन होएत मलान॥ 6॥
भमर कुसुम रमि न रह अगोरि। केओ नहि बेकत करए निअ चोरि॥ 8॥
अपनहु धन हे धनिक धर गोइ। परक रतन परगट कर कोइ॥ 10॥
फाब चोरि जओं चेतन चोर। जागि जाएत पुर परिजन मोर॥ 12॥
भनइ विद्यापति सखि कह सार। से जीवन जे पर उपकार॥ 14॥

शब्दार्थ—1. अरुन = सूर्य। अंबर = आकाश। 2. सिखा = लौ, टेम। 3. तज = छोड़ो। जएबा देह = जाने दो। 4. गुपुत = गुप्त, छिपा हुआ। 6. सगर = सब। मलान = म्लान, मलिन। 7. भमर = भौंरा। रमि = रमण कर, विहार कर। अगोरि = अगोरकर रखना। 8. बेकत = व्यक्त, प्रकट। 9–10. धनी लोग अपने धन को भी छिपाकर रखते हैं। फिर दूसरे के धन को कहीं कोई प्रकट करता है? 11. फाब = फबना, शोभना। चेतन = चतुर। 13. सार = सत्य।

(125)

दुहु रूप लाबनि मनमथ मोहनि, निरखि नयन भूलि जाए।
रजनि-जनित रति विशेष अलापन, अलस रहल दुहु गाए॥ 2॥
चाँचर कुंतल ताहि कुसुम-दल, लोलए आनहि भाँति।
दुहु दुहु हेरि मुख हृदय बाढ़य सुख, बोलत भूलत पाँति॥ 4॥
निज निज मंदिर नागरि नागर, चलइत करु अनुबंध।
बिरह-बिषानल दुह तनु जारल, लोचन लाग धंद॥ 6॥
भीतक चीत पुतुलि सन दुहु जन, रहल बिदाइक बेला।
प्रेम-पयोनिधि उछलि-उछलि पड़, चेतन अचेतन भेला॥ 8॥
दुहु जन चीत-रीत हेरि सहचरि, छन छन गगनहि चाए।
रजनि पोहाएल सब जन जागल, से उर अधिक डराए॥ 10॥
सेखर बुझि तब करि कत अनुभव, दुहु संग भंग कराब।
निज निज मंदिर गमन कएल दुहु, गुरुजन भेद न पाब॥ 12॥

शब्दार्थ—2. गाए = गात्र, देह। 3. चाँचर = छितराया हुआ। लोलए = झूलता है। 5. अनुबंध = पारस्परिक प्रतिज्ञा। 7. चीत पुतुलि = चित्रलिखित मूर्ति। 9. चाए = निहारते हैं। 10. पोहाएल = बीती।

छलना

(126)

मंदिर अछिलिहुँ सहचरि मेलि। परसंगे रजनि अधिक बहि गेलि॥ 2॥
जब सखि चललिहुँ आपन गेह। तब मोहि नींदे भरल सबे देह॥ 4॥
सूति रहलिहुँ हमे करि एक चीत। दैव-बिपाके भेल बिपरीत॥ 6॥
न बोल सजनि, सुन सपन-संबाद। हँसए केओ जनि कए परिबाद॥ 8॥
विषाद पड़ल मोर हृदयक माँझ। तुरित घोंच ओलहुँ नीबिक काज॥ 10॥
एक पुरुष पुनु आओल आगे। कोप अरुन आँखि अधरक दागे॥ 12॥
से भयें चिकुर चिर आनहि गेल। कपाल-काजर मुख सिंदूर भेल॥ 14॥
कतये करब केओ अपजस गाब। विद्यापति कह के पतिआब॥ 16॥

शब्दार्थ—1. अछलिहुँ = मैं थी। सहचरि = सखी। 2. परसंगे = प्रसंग में, बातचीत में। रजनि = रात। 5. सूति रहलिहुँ = सो रही। एक करि चीत = चित्त एकाग्र करके। 6. बिपाक = फल। 7. सपन = स्वप्न। 8. परिबाद = प्रवाद, शिकायत। 10. घोंचओलहुँ = शिथिल कर दिया। नीबिक काज = नीबी का बंधन (?)। 12. अरुन = लाल। अधरक दागे = क्रोधवश स्वयं अपने अधर को दाँत से काटकर दाग बना दिया। 13. भय = उस डर से। चिकुर = केश। चीर = साड़ी। आनहि गेल = दूसरे ही ढंग का हो गया। 14. कपाल = मस्तक। 15. अंतर = हृदय की बात। 16. पतिआब = विश्वास करेगा।

(127)

कुसुम तोरए गेलिहुँ जहाँ। भमर अधर खंडल तहाँ॥ 2॥
तें चलि अएलिहुँ जमुना तीर। पवन हरल हृदय चीर॥ 4॥
ए सखि सरूप कहल तोहि। आन किछु जनि बोलसि मोहि॥ 6॥
हार मनोहर बेकत भेल। उजर उरग संसअ लेल॥ 8॥
तें धँसि मजूर जोड़ल झाँप। नखर गाड़ल हृदय काँप॥ 10॥
भन विद्यापति उचित भाग। बचन पाटवें कपट लाग॥ 12॥

शब्दार्थ—1. कुसुम = फूल। गेलहुँ = मैं गई। भमर = भौंरा। अधर = ओष्ठ। 3. तें = तहाँ से। 4. हृदय चीर = वक्षःस्थल की साड़ी, आँचल। 5. सरूप = सत्य। आन = अन्य। 7. बेकत = व्यक्त, प्रकट। उजर = उज्ज्वल। उरग = सर्प। 9. झाँप जोड़ल = झपट पड़ा। 10. नखर गाड़ल = नख गड़ा गया। 12. पाटव = पटुता, चतुरता।

(128)

सखि हे तोहि, हमर बहु सेबा।
ऐसनि बानि कबहु जनि बोलबि, जाति कुल किए मोर लेबा॥ 2॥
गोकुल नगर कान्ह रति लंपट, जौवन सहज हमारा।
तोहें सखि रभसि मोहि जनि बोलबि, लोक करब पतिआरा॥ 4॥
केसर कुसुम हेरि हमे कौतुक, भुज जुग मेरल ताहि।
दाड़िम भरम पयोधर ऊपर, दौड़ल कीर लोभाइ॥ 6॥
चकित उभय भुज इति-उति फेकल, तें बेष भए गेल आन।
इथे परिबाद कहसि मोहि बैरनि, एह कबि सेखर भान॥ 8॥

शब्दार्थ—1. हे सखि, मैं तुम्हारी बहुत सेवा करूँगी। 2. बानि = बोली। जाति कुल = मेरा जाति-कुल क्यों लोगी, क्यों नष्ट करोगी। 4. रभसि = दिल्लगी में। पतिआरा = विश्वास। 5. केशर के फूल देखकर, कौतुकवश, उसे दोनों हाथों से मसल दिया (जिस कारण मेरे अंगों में अंगराग लगे दीख पड़ते हैं)। 6. अनार समझकर सुग्गा मेरे कुचों पर लुभाकर दौड़ा। (उसकी चोंचों के आघात से कुच क्षत-विक्षत हो गए, जिसे तुम नख-रेखा समझ रही हो)। 6. उभय = दोनों। भुज = हाथ। तें = इससे। बेष = रूप। आन = दूसरा।

(129)

खरि नरि बेगे भासलि नाई। धरए न पारए बाल कन्हाई॥ 2॥
तें धसि जमुना भेलहुँ पार। फूटल बलआ टूटल हार॥ 4॥
ए सखि ए सखि न बोल मंद। बिरुह बचन बाढ़ल दंद॥ 6॥
कुंडल खसल जमुन माँझ। ताहि जोहइते पड़लि साँझ॥ 8॥
अलक तिलक तें बहि गेल। सुध सुधाकर बदन भेल॥ 10॥
तटनि तट न पाइअ बाट। तें कुच गड़त कठिन काँट॥ 12॥
भन विद्यापति नहि अवसाद। बचन-कउसले जिनिअ बाद॥ 14॥

शब्दार्थ—1. खरि = तीव्र। नरि = नदी। भासलि = भस गई, बह चली। नाई = नाव, नौका। 3. धसि = पैठकर। 4. बलआ = चूड़ी। 5. मंद = बुरी बात। 6. विरुह = विरुद्ध, विपरीत। दंद = झगड़ा। 7. खसल = गिर पड़ा। 8. जोहइते = खोजने में। 9. अलक = आलता, महावर। तिलक = टीका। 10. सुध = शुद्ध, निष्कलंक। सुधाकर = चंद्रमा। 11. तटिनि = नदी। बाट = राह। 12. गड़ल = गड़ गया। 13. अवसाद = पराजय। 14. जिनिअ = जीता जा सकता है। बाद = मुकदमा। 15. बचन-कउसले = वचन-चातुरी से। बाद = मुकदमा।

(130)

ननदी सरूपें निरूपह दोसे।
बिनु बिचार बेभिचार बुझओबह, सासु करएबह रोसे॥ 2॥
कौतुकें कमल नाल सञ तोरल, करए चाहल अबतंसे।
रोषे कोष सए मधुकर धाओल, तेहि अधर करु दंसे॥ 4॥
सरबर-घाट बाट कंटक-तरु, देखएँ न पारल आगू।
साँकर बाट उबटि कहु चललिहुँ, तें कुच कंटक लागू॥ 6॥
गरुअ कुंभ सिर थिर नहि थाकए, तें उधसल केस-पास।
सखि जन सएँ हम पाछे पड़लिहुँ, तें भेल दीघ निसास॥ 8॥
पथ अपबाद पिसुन परचारल, तथिहु उतर हम देला।
अमरख बसें धैरज नहि रहल, तें गदगद सर भेला॥ 10॥
भनइ विद्यापति सुन बर जौबति, ई सभ राखह गोई।
ननदि संग रस-रीति बढ़ाबह, गुपुत बेकत नहि होई॥ 12॥

शब्दार्थ—1. सरूपें = स्वरूप से, आकृति से। निरूपह = निरूपण करती हो। मेरी ननद, तुम आकृति देखकर मुझे दोष लगाती हो। 2. बेभिचार = व्यभिचार, पापकर्म। बुझओबह = समझाओगी। रोसे = क्रोध। 3. नाल सञ = मृणाल से। अबतंसे = सिर का आभूषण। 4. रोष = क्रोधित होकर। कोष = कमल का भीतरी भाग। मधुकर = भौंरा। तेहि = उसी ने। करु दंसे = काट लिया। (जिससे ओष्ठ मलिन हो गया)। 5.सरबर = तालाब। बाट = राह। कंटक तरु = काँटों के पेड़। देखहि न पारल = देख

न सकी। 6. साँकरि = संकीर्ण, पतली। तें = इसमें। कुच = स्तन। 7. गरुअ = भारी। कुंभ = घड़ा। सिर थिर नहि थाकए = सिर स्थिर नहीं रहता। उधसल = अस्तव्यस्त हो गया। 8. सएँ = से। पीछे पड़लिहुँ = पीछे पड़ गई। भेल दीघ = तीव्र हुआ। निसास = ऊँची साँस, उच्छ्वास। मैं सखियों से पीछे पड़ गई, अतः दौड़कर उन्हें पाने की चेष्टा करने के कारण साँस जल्दी-जल्दी आ रही है। 9. पथ = राह। अपबाद = शिकायत। पिसुन = दुष्ट। परचारल = प्रचारित किया, फैलाया। तथिहु = वहाँ। उतर देला = उत्तर दिया। 10. अमरख बसें = आमर्षवश, क्रोध के आवेग से। गदगद सर = भर्राई आवाज। 11. ई सभ = यह सब। गोई = छिपाकर। 12. ननद से प्रीति बढ़ाओ, उसे मेल में रखो तो गोपनीय (बात) प्रकट न होगी।

(131)

जाहि लागि गेलि हे ताहि कहाँ लइलि हे, ता पति बैरि पितु कहाँ।
अछलि हे दुखे सुखे कहह अपन मुखे, भूसन गमओलह जहाँ॥ 2॥
सुंदरि, कि कए बुझाओब कंते।
जन्हिका जमन होइत तोहें गेलिह, अइलिह तन्हिका अते॥ 4॥
जाहि लागि गेलहुँ से चलि आएल, तें हमे रहलि नुकाई॥
से चलि गेल ताहि लए चललिहु, तें पथ भेल अनेआई॥ 6॥
शंकर-बाहन खेड़ि खेलाइत, मेदिनि-बाहन आगे॥
जे सबे अछलिसँग से सबे चललि भँग, उबरि अइलिहुँ अति भागे॥ 8॥
जाहि दुई खोज करइ छथि सासुड़ि, से मिलु अपना संगे॥
भनइ विद्यापति सुन बर जौबति, गुपुत नेह रति-रंगे॥ 10॥

शब्दार्थ—1. जाहि लागि = जिसके लिए (जल के लिए)। गेलि = गई। ताहि = उसे। कहाँ लाइलि = कहाँ लाई (नहीं लाई)। ता पति बैरि पितु कहाँ = उसके (जल के) पति = समुद्र, समुद्र का बैरी = अगस्त्य, अगस्त्य का पिता = घट, घड़ा; कहाँ है? 2. अछलि = थी। भूसन = अंगराग, आदि। गमओलह = खो दिया। जहाँ अंगराग आदि (रतिक्रीड़ा की मस्ती में) नष्ट हो गए, वहाँ के सुख-दुख अपने ही मुख से कहो। 3. कि कए = क्योंकर। बुझाओब = समझाओगी। 4. जन्हिका जनम होइत = जिसके (दिन के) जन्म होते ही प्रातःकाल ही। अइलिह तन्हिका अंते = उसके (दिन के) अंत में—संध्या को आई। 4. जिसके लिए (जल के लिए) मैं गई, वह (जल-वृष्टि वर्षा) चली आई-वर्षा होने लगी, जिससे मैं छिप रही। 6. से = वह (जलवृष्टि) चली गई तब उसे (जल) लेकर चली। तें = इस कारण। पथ = राह। अनेआई = अन्याय। 7. संकर-बाहन = बैल। खेड़ि खेलाइत = खेल कर रहा था, आपस में लड़ रहा था। मेदिनि-बाहन = सर्प। आगे = आगे था। 8. अछलि = थी। भँग = छिटककर। उबरि अइलिहुँ = उबर आई। भागे = भाग्य से ही। 9. जिन दोनों (जल और घड़ा) की खोज सासुजी कर रही हैं, वे दोनों अपने साथियों से मिल गए—(वर्षा हो रही थी कि घड़ा

फूट गया—घड़े का पानी वर्षा में मिल गया और मिट्टी का घड़ा मिट्टी में मिल गया)। 10. जौबति = युवती। गुपुत नेह = गुप्त प्रेम, रति-रंग = रति-क्रीड़ा।

●

When passion and philosophy meet in a single individual we have a great poet.

—Browning.

मान

(132)

खनहि खन महघि भए कछु अरुन नयन कए,
कपटे धरि मान सम्मान लेही।
कनक जएँ पेम कसि पुनु पलटि बाँक हसि,
आधि सय (?) अधर मधु-पान देहि॥ 2॥
अरेरे इंदुमुखि अढ़ न कर पिअ हृदय खेद हर,
कुसुम-सर रंग संसार सारा॥ 3॥
बचन बस होसि जनु ससरि भीन होइते तनु,
सहज बरु छाड़ि देब सयन सीमा।
प्रथम रस-भंग भेले लोभे मुख-सोभ गेले,
बाँदि भुज-पास पिअ धरब गीमा॥ 5॥
जदि नयन-कमल कर मुकल केर कांति घर,
खर नखर-घात करु सेहे बेला।
परम पद लाभ सम मोद चिर हृदय रम,
नागरि सुरत-सुख अमिअ मेला॥ 7॥
सरसकवि सरस भन चारुतर चतुरपग,
नारि अराहिअइ पँचबाने।
सकल जन सुजन गति रानि लखिमाक पति,
रूपनराएन सिवसिंह जाने॥ 9॥

शब्दार्थ—1. महघि = महँगा। 3. अढ़ = ओट, टालमटूल। कुसुम-सर = कामदेव। 5. गीम = ग्रीवा, गरदन। 6. यदि नयन रूपी कमल कली का रूप धारण करे—आँखें झिपने लगें—तो उस समय नख का विकट प्रहार करना।

(133)

लोचन अरुन बुझल बड़ भेद। रयनि उजागर गरुअ निबेद॥ 2॥
ततहि जाह हरि न करह लाथ। रयनि गमाओलह जन्हिके साथ॥ 4॥
कुच कुंकुम माखल हिअ तोर। जनि अनुरागे राँगि करु गोर॥ 6॥

आनक भुसन लागल तुअ अंग। बड़ओ मंद मंदक परसंग॥ 8॥
चिटि-गुड़ चुपड़लि राड़क पोरि। लाओले लाथ बेकत भेल चोरि॥ 10॥
भनइ विद्यापति बजबहु बाध। बड़ अपराध मौन पए साध॥ 12॥

शब्दार्थ—1-2. उजागर = जागरण। निवेद = जनाता है। लाल आँखों को देखकर मैंने सारा भेद समझ लिया; वे रात का अधिक जागरण प्रकट करती हैं। ''रजनिजनित-गुरुजागर-रा -कषायितमलस-निमेषम्''—गीतगोविंद। 3. ततहि जाह = वहीं जाओ। लाथ = बहाना। 5-6. (उसके) कुच का लगा केसर तुम्हारे हृदय में लिपटा हुआ है। मानो अनुराग के रंग में रँगकर (काले वक्षःस्थल को) गोरा बना दिया हो। 7. आनक = दूसरे का। 8. परसंग = प्रसंग, संगति। 9. चिटि-गुड़ = गुड़-चीटी। राड़ = शूद्र की एक उपजाति। पोरि = घर। लओले लाथ = बहाना करने पर। बेकत = व्यक्त। 11. बजबहु = बोलना।

(134)

कुंकुमे लओलह नख-खत गोइ। अधरक काजर अएलह धोइ॥ 2॥
तइओ न छपल कपट-बुधि तोरि। लोचन अरुन बेकत भेल चोरि॥ 4॥
चल चल कान्ह बोलह जनु आन। परखत चाहि अधिक अनुमान॥ 6॥
जानओं प्रकृति बुझओं गुनशीला। जत तोर मनोरथ मनसिज-लीला॥ 8॥
बचन नुकाबह बेकतओ काज। तोहें हँसि हेरह मोहि बड़ लाज॥ 10॥
अपथहु सपथ बुझाबह राधे। कोन परि खेमओं सठ अपराधे॥ 12॥
भनइ विद्यापति पिअ अपराध। उदघट न कर मनोरथ साध॥ 14॥

शब्दार्थ—1. नायिका ने जो अपने नखों से बकोटकर तुम्हारे वक्षःस्थल पर चिन्ह बना दिया था, उसे कुंकुम लगाकर छिपा लाए हो। 2. अधरक = ओष्ठ का। अएलहु = आए हो। 3. छपल = छिप सका। 4. अरुण = लाल। बेकत = व्यक्त, प्रकट। 5. आन = अन्य। 6. परतख = प्रत्यक्ष। 7. प्रकृति = स्वभाव। 8. जस = जैसा। मनसिज = कामदेव। 9. नुकाबह = छिपाते हो। 10. तुम हँसकर (मेरी ओर) देखते हो, किंतु मुझे लज्जा आती है। 11. अपथहु = बुरी राह जानकर भी। 12. कोन परि = किस प्रकार। खेमओं = क्षमा करूँगी। 14. उदघट = प्रकाश। साध = साधना।

(135)

आध आध मुदित भेल दुहु लोचन, बचन बोलत आध आधे।
रति-आलस सामर तनु झामर, हेरि पुरल मोर साधे॥ 2॥
माधव, चल चल चल तन्हि ठाम।
जसु पद-जाबक हृदयक भूषन, अबहु जपह तसु नाम॥ 4॥
कत चंदन कत मृगमद कुंकुम, तुअ कपोल रहु लागि।
देखि सौतिन अनुरूप कएल बिहि, अतए मानिअ बहु भागि॥ 6॥

शब्दार्थ—1. मुदित = मुँदे हुए। 2. रति-आलस = काम-क्रीड़ा में अलसाया। सामर = श्यामला। झामर = मलिन। हेरि = देखकर। साधे = हौसला। 3. चल = जाओ। तन्हि ठाम = उसके यहाँ। 4. जसु = जिसके। पद-जाबक = पैर का महावर तुम्हारे हृदय का आभूषण हुआ है, उसी का नाम तुम अब भी जप रहे हो। (अकस्मात कृष्ण के मुँह से उस नायिका का नाम निकल गया था।) 5. कत = कितना। मृगमद = कस्तूरी। कुंकुम = केशर। कपोल = गाल। 6. अनुरूप = समान। 7. मैं तो इसी में अपना सौभाग्य मानती हूँ कि ब्रह्मा ने मुझे एक योग्य सौत दी है।

(136)

सुन सुन सुंदरि कर अबधान। बिन अपराध कहसि काहे आन॥ 2॥
पुजलहुँ पसुपति जामिनि जागि। गमन बिलंब भेल तेहि लागि॥ 4॥
लागल मृगमद कुंकुम दाग। उचरइत मंत्र अधर नहि राग॥ 6॥
रजनि उजागर लोचन घोर। ताहि लागि तोहें बोलसि चोर॥ 8॥
नवकबिसेखर कि कहब तोए। सपथ करह तब परतित होए॥ 10॥

शब्दार्थ—1. अवधान = मनोयोग, ध्यान देना। कहसि काहे आन = दूसरी बात क्यों कह रही हो? पसुपति = महादेव। जामिनि = रात। 4.गमन = आने में, चलने में। तेहि लागि = इसलिए। 5-6. उचरइत = उच्चारण करते-करते। राग = लालिमा। कस्तूरी और केशर से शिव की पूजा की। शरीर पर उन्हीं के चिह्न हैं। बराबर मंत्र उच्चारण करने के कारण ओष्ठ की ललाई नष्ट हो गई। 7. रजनि = रात। उजागर = जागरण। घोर = भयानक (लाल)। 8. इसीलिए तुम मुझे चोर कहती हो। 9-10. विद्यापति कहते हैं—तुम क्या कहोगे, जब सपथ करो, तो तुम्हारी बातों पर विश्वास हो।

[अगले पद में श्रीकृष्ण की विचित्र शपथ पढ़िए और गौर कीजिए।]

(137)

ए धनि मानिनि करह संजात।

तुअ कुच हेम-घट हार भुजंगिनि। ताक उपर धरु हाथ॥ 2॥
तोहें छाड़ि जदि हम परसब कोए। तुअ हार-नागिनि काटब मोए॥ 4॥
हम बचन यदि नहि परतीत। बूझि करह साति जे होए उचीत॥ 6॥
भुज-पास बाँधि जघन-तले तारि। पयोधर-पाथर अदेह भारि॥ 8॥
उर-कारा बाँधि राखह दिन-राति। विद्यापति कह उचित इ साति॥ 10॥

शब्दार्थ—1. धनि = बाला। करह संजात = संयत करो (?), क्रोध छोड़ो। 2. हेम-घट = सोने का पहाड़। भुजंगिनि = सर्पिणी। ताक = उसके। [यदि विश्वास न हो तो शपथ करा लो। सोना छूकर शपथ खाना प्रामाणिक माना जाता है, सो] तेरे कुच-रूपी सोने के घड़े तथा हाररूपी सर्पिणी के ऊपर हाथ रखकर शपथ खाता हूँ। 3. छोड़ि =

छोड़कर। परसब = स्पर्श करूँगा। कोए = किसी को। 6. साति = शास्ति, दंड। 7. भुज–पास = भुजा–रूपी जंजीर। जघन तले = जाँघों के तले। तारि = ताड़ना करके, खूब ठोंक–पीट के। 8. स्तनरूपी भारी पत्थर हृदय पर रख दो। 9. उरकारा = हृदय रूपी जेलखाने में। राख = रखो। इ = यह। साति = शास्ति, दंड।

(138)

*** अरुण पुरब दिशा बहलि सगरि निसा, गगन मलिन भेल चंदा।**
मुँदि गेलि कुमुदिनि तइओ तोहर धनि, मूँदल मुख अरबिंदा॥ 2॥
चाँद बदन कुबलय दुहु लोचन, अधर मधुरि निरमान।
सगर सरीर कुसुमें तुअ सिरिजल, किए दहु हृदय पखान॥ 4॥
असकति कर कंकन नहि पहिरसि, हार हृदय भेल भार।
गिरिसम गरुअ मान नहि मुंचसि, अपरुब तुअ बेवहार॥ 6॥
अबगुन परिहरि हेरह हरखि धनि, मानक अबधि बिहान।
राजा सिवसिंह रूपनराएन, कवि विद्यापति भान॥ 8॥

शब्दार्थ—1. अरुण = लाल। बहलि = बीत गई। सगरि = समग्र, समूची। 2. अरबिंदा = कमल। 3. बदन = मुख। कुबलय = कमल। मधुरि = एक लाल फूल। 4. कुसुम = फूल। सिरिजल = बनाया। किए दहु = क्यों। पखान = पत्थर। 5. असकति = (मैथिली प्रयोग) आलस। 6. गरुअ = भारी। मुंचसि = छोड़ती हो। 7. बिहान = प्रात : काल।

(139)

मदन–कुंज तर बइसल नागर, वृंदा सखि मुख चाहि।
जोड़ि जुगल कर बिनति करए कत, तुरित मिलाबह राहि॥ 2॥
मोहि पर रोखि बिमुख भए सुंदरि, जबहु चललि निज गेहा।
मदन हुतासन मोर मन जारल, जीब न बाँधए थेहा॥ 4॥
तुअ अति चतुर सिरोमनि नागरि, तोहें कि सिखाओब बानि।
तोहि बिनु हमर मरम कओने जानब, कइसे मिलाएब आनि॥ 6॥
चंदन चाँद पवन भेल रिपु सम, वृंदावन बन भेल।
कोकिल मयूर झंकार करए कत, मोर मन मनमथ सेल॥ 8॥
छल–छल नयन बयन भरि रोआए, चरण पकड़ रहि जाब।
हा हा से धनि हमहि न हेरब, सिंह भूपति रस गाब॥ 10॥

---

* **यह पद उमापति रचित 'पारिजात–हरण' में पाया जाता है, अतः इसके रचयिता विद्यापति नहीं, उमापति हैं।**

शब्दार्थ—1. चाहि = देखकर। 2. राहि = राधा। 4. मदन-हुतासन = कामदेवरूपी अग्नि। जीव न बाँधए थेहा = जीव स्थैर्य नहीं बाँधते, प्राण स्थिर नहीं होते। 8. मनमथ = कामदेव।

(140)

माधब, ई नहि उचित विचार।

जनिक एहनि धनि काम-कला सनि, से किअ कर बेभिचार॥ 2॥
प्रानहु चाहि अधिक कए मानए, हृदयक हार समाने।
कोन परि जुगुति आनकें ताकह, की थिक तोहर गेआने॥ 4॥
कृपिन पुरुषकें केओ नहि निक कह, जग भरि कर उपहासे।
निज धन अछइत नहि उपभोगब, केवल परहिक आसे॥ 6॥
भनइ विद्यापति सुनु मथुरापति, ई थिक अनुचित काज।
माँगि लाबए बित से जदि हो नित, अपन करब कोन काज॥ 8॥

शब्दार्थ—2. जनिक = जिनकी। एहनि = ऐसी। सनि = समान। 4. जुगुति = तर्क। आनकें ताकह = दूसरे को देखते हो। की = क्या। थिक = है। 5. कृपिन = सूम। निक = नीक, अच्छा। उपहास = हँसी। 7. अछइत = रहते। परहिक = दूसरे की ही। 8. यदि माँगा हुआ धन नित्य रहता—यदि मँगनी की चीज से काम चल जाता—तो लोग अपने धन के लिए क्यों कष्ट उठाते?

(141)

बिरह ब्याकुल बकुल तरुतर, पेखल नंद-कुमार रे॥
नील नीरज सयन सएँ सखि, ढरए नीर अपार रे॥ 2॥
पेखि मलयज-पंक मृगमद, तामरस घनसार रे॥
निज पानि पल्लव-मूँदि लोचन, धरनि पडु असँभार रे॥ 4॥
बहए मंद सुगंधि सीतल, मंद मलय-समीर रे॥
जनि प्रलय कालक प्रबल पाबक, दहए सून सरीर रे॥ 6॥
अधिक बेपथु टूटि पड़ खिति, मसृन मुकुता-माल रे॥
अनिल तरल तमाल तरुबर, मुंच सुमनस जाल रे॥ 8॥
मान मनि तजि सुदति चलु जहि, राय रसिक सजान रे॥
स्त्रुति सुखद अति सरस दंडक, कवि विद्यापति भान रे॥ 10॥

शब्दार्थ—1. बकुल = मौलिश्री, मनसरी। 2. नीरज = कमल। 3. मलयज = चंदन। मृगमद = कस्तूरी। तामरस = कमल। घनसार = कपूर। 4. पानि = हाथ। 6. पाबक = अग्नि। सून = शून्य। बेपथु = कंप। खिति = पृथ्वी। मसृन = चिकना। 8. अनिलतरल = वायु द्वारा आंदोलित। मुंच = गिराता है। सुमनस = फूल। 9. सुदति = सुंदरी। 10. स्त्रुतिसुखद = सुनने में अच्छा। दंडक = इस छंद का नाम दंडक है।

(142)

रामा, कि आब बोलसि आन।

तोहर चरन सरन से हरि, आबहु मेटह मान॥ 2॥

गोबर्धन गिरि बाम करे धरि, कएल गोकुल पार॥

बिरह खिन से करक कंकन, गरुअ मानए भार॥ 4॥

काल-दमन कएल जे जन, चरन-जुगल-तरे॥

आब भुजंगम भरमे भूलल, हृदय हार न धरे॥ 6॥

सहज चातक छाड़ न बरत, बैसल नदी तीर॥

नव नहि जलधर-बारि बिनु, पिबए तकर नीर॥ 8॥

शब्दार्थ—1. रामा = सुंदरी। आन = अन्य। 4. करक = हाथ का। गरुअ = भारी, कठिन। 6. भुजंगम = सर्प। 7. बरत = व्रत। बैसल = बैठा। 8. जलधर = बादल।

(143)

सखि हे बूझल कान्ह गोआर।

पितरक टाँड़ काज दहु कओने लहु, ऊपर चकमक सार॥ 2॥

हमे तौ कएल मन गेलहि होएत भल, हमे छलि सुपुरुख भाने॥

तोहर बचन सखि कएल आँखि देखि, अमिअ-भरम विष पाने॥ 4॥

पसुक संग हुनि जनम गमाओल, से कि बुझ रतिरंगे॥

मधु-जामिनि मोरि आज बिफल गेलि, गोप गमारक संगे॥ 6॥

तोहर बचने कूप धसि जाएब, तें हमे गेलिहुँ अबाटे॥

चंदन भरम सिमर आलिंगल, सालि रहल हिअ काँटे॥ 8॥

भनइ विद्यापति हरि बहुबल्लभ, कएल बहुत अपमाने॥

राजा सिवसिंह रूपनराएन, लखिमा पति रस जाने॥ 10॥

शब्दार्थ—2. पितरक = पीतल का। टाँड़ = हाथ का एक गहना। काज दहु कओने लहु = कौन-सा काम करेगा? 3. गेलहि = जाने से ही। छलि = थी। मधु-जामिनि = बसंत की रात। 7. अबाटे = कुपथ में। 8. सिमर = सेमल। 9. बहुबल्लभ = बहुत स्त्रियों का पति।

(144)

मधु सम बचन कुलिस सम मानस, प्रथमहि जानि न भेला।

अपन चतुरपन पिसुन हाथ देल, गरुअ गरब दुर गेला॥ 2॥

सखि हे, मंद पेम परिनामा।

बड़ कए जीवन कएल पराधिन; नहि उपसम एको ठामा॥ 4॥

झाँपल कूप देखिहि नहि पाओल, आरति लिचलिहुँ धाई।

तखन गरुअ लहु किछु नहि गूनल, अब पछताबक जाई॥ 6॥
एत दिन अछलिहुँ आन भान हमे, आब बुझल अबगाहि।
अपन मूँड़ अपनेहि हम चाँछल, दीख देब गए काहि॥ 8॥
भनइ विद्यापति सुनु बर जौबति, चीत गनब नहि आने।
पेमक कारन जीब उपेखिअ, ई जग के नहि जाने॥ 10॥

शब्दार्थ—1. कुलिस = वज्र। 2. पिसुन = दुष्ट। 3. उपसम = शांत। 5. आरति = आर्तिवश। 6. गूनल = समझा। 7. आन मान = दूसरी धारणा में। अबगाहि = भीतर से सोचकर। 8. चाँछल = छील लिया। 10. उपेखिअ = उपेक्षा करें।

(145)

माधव, दुरजए मानिनि-मानि,

बिपरित चरित पेखि चकरित भेलि, न पुछलि आधहु बानि॥ 2॥
तुअ रूप साम आखर नहि सूनए, तुअ रूप रिपु सम मानि।
तुअ जन सँग संभास करए नहि, कइसे मिलाएब आनि॥ 4॥
नील बसन बर, कांचन चुरि कर, पौतिक? माल उतारि।
करि-रद चुरि कर, मोति माल बर, पहिरलि अरुनिम सारि॥ 6॥
असित चित्र उर ऊपर मेटल, मलयज देह लगाए।
मृगमद तिलक धोए दृग अंजन, कच लेल बसन छिपाए॥ 8॥
एक तील छल चारु चिबुक पर, निदित मधुप-सम सामा।
तृन-अग्रे करि मलयज रंजल, ताहि छपाओल रामा॥ 10॥
जलधर देखि चंद्रातप झाँपल, सामरि सखि नहि पास।
तमाल तरु गन चूना लेपल, सिखि पिक दूरि निवास॥ 12॥
मधुकर डरे धनि चंपक तरु तर, लोचन जल भरिपूर।
सामर चिकुर हेरि मुकुर पटकि टेल, टूटि भए गेल सत चूर॥ 14॥
तुअ गुन-गान करए सुक पंडित, सुनितहि उठल रोसाइ।
पिंजर झटकि फटिक पर पटकल, धाए धएल तहि जाइ॥ 16॥
मेरु सम मान कोप सुमेरु सम, देखि भेल रेनु समान।
विद्यापति कह राहि मनाबए, आपु सिधारह कान॥ 18॥

शब्दार्थ—2.बिपरित = उल्टा। चकरित = चक्रित, चक्कर आ गया। 3. साम = श्याम (कृष्ण)। आखर = अक्षर। 4. सँग = साथ। सम्भास = बातचीत। कांचन चुर कर = हाथों की सोने की चूड़ी। पौतिक = पिरोज़ा, नीलमणि। 6. करि-रद चुरि = हाथी के दाँत की चूड़ी। अरुनिम = लाल। सारि = साड़ी। 7. असित चित्र = काला गोदना। मलयज = चंदन। 8. मृगमद = कस्तूरी (काली होती है)। दृग = आँख। कच = केश।

9. तील = तिलवा। चिबुक = ठुड्डी। निद्रित भौंरे के समान श्याम। 10. खर की नोक से चंदन लगाकर उस सुंदरी ने उसे मिटा दिया। 11. जलधर = मेघ। चंद्रातप = चँदोबा। 12. काले तमाल के वृक्ष को चूने से पोत दिया और (कले) मयूर तथा कोयल को खदेड़ दिया। 13. चिकुर = केश। मुकुर = आईना। 14. सत चूर = सौ टुकड़े। 15. सुक = सुग्गा। रोसाइ = क्रोधित होकर। फटिक = स्फटिक पत्थर। 16. रेनु = धूल।

(146)

मानिनि, हमे कहिए तुअ लागी।
नाह निकट सुख जे जन बंचित तन्हिकर बड़हि अभागी॥ 2॥
दिनकर-बंधु कमल सब जानए, जल तसु जीबन होई।
पंक बिहिन तनु भानु सुखाबए, जल पटाब बरु कोई॥ 4॥
नाह समीप सुखद जत बैभव, अनुकुल होएत जोई।
तन्हिकर बिरह सकल सुख संपद, खन खन दगधए सोई॥ 6॥
तुहु धनि गुनमति बूझि करह रति, परिजन ऐसन भास।
सुनइते राहि हृदय भेल गदगद, अनुमति कएल प्रगास॥ 8॥

शब्दार्थ—1. तुअ लागि = तुम्हारे लिए। 2. नाह = पति। 3. दिनकर = सूर्य। 4. बिहिन = हीन। भानु = सूर्य। पटाब = छिड़के। दगधए = जलता है।

(147)

मानिनि आब उचित नहि मान।
एखनुक रंग एहन सन लागए, जागल पए पँचबान॥ 2॥
जूड़ि रयनि चकमक करु चाँदनि, एहन समय नहि आन॥
एहि अवसर पिय-मिलन जेहन सुख, जकरहि होए से जान॥ 4॥
रभसि-रभसि अलि बिलसि-बिलसि कलि, करए मधुर मधु पान॥
अपन-अपन पहु सबहु जेमाओल, भूखल तुअ जजमान॥ 6॥
त्रिबलि तरंग सितासित संगम, उरज संभु निरमान॥
आरति मति मँगइछ परतिग्रह, करु धनि सरबस दान॥ 8॥
दीप-बाति सम थिर न रह मन, दिढ़ करु अपन गेआन॥
संचित मदन बेदन अति दारुन, विद्यापति कवि भान॥ 10॥

शब्दार्थ—2. इस समय का समाँ (रंग) कुछ ऐसा मालूम होता है मानो कामदेव सोते से जाग पड़ा हो। 3. जूड़ि = शीतल। 4. जेहन = जैसा। जकरहि = जिसी को। 5. रभसि = उमंग में आकर। अलि = भौंरा। 6. पहु = प्रीतम। जेमाओल = खिलाया। 7. त्रिबली की तरंग में गंगा-यमुना (हार और रोमावलि) का संगम हुआ है, जहाँ कुच-रूपी शिव की स्थापना है। 8. आरति = आर्ति, व्याकुलता। परतिग्रह = दान। 9. दीप-बाति = दीपक की शिखा, लौ। 10. मदन = कामदेव।

(148)

अखिल लोचन तम-ताप-बिमोचन, उदयति आनंद कंदे॥
एक नलिनि मुख मलिन करए जदि, इथे लागि निंदह चंदे॥ 2॥
सुंदरि, बूझल तुअ प्रतिभाति।
गुन-गन तेज दोष एक घोषसि, अंत अहीरिनि जाति॥ 4॥
सकल जीव-जन जीब समीरन, सीत सुगंध सुधीरे॥
दीपक-जोति परसे जदि नासए, इथे लागि निंदह समीरे॥ 6॥
स्थावर जंगम कीट पतंगम, सुखद जे सकल सरीरे॥
कागद पत्र परसें जओं नासए, इथे लागि निंदह नीरे॥ 8॥
खन-खन सकल कुसुम मन तोषय, निसि रहु कमलिनि संगे॥
चंपक एक जइओ नहि चुंबए, इथे लागि निन्दह भृंगे॥ 10॥
पाँच-पाँच गुन दस गुन चौगुन, आठ दुगुन सखि माझे॥
विद्यापति भन आकुल तुअ बिनु, बिसरि न पाबसि लाजे॥ 12॥

शब्दार्थ—1. अखिल = समूचा (संसार)। तम = अंधकार। ताप = गर्मी, ज्वाला। बिमोचन = नाश करने वाला। उदयति = उगता है। कंद = मूल; जड़। 2. नलिनि = कमलिनी। इथे लागि = इसलिए। निंदह = निंदा करती हो। 3. प्रतिभाति = बुद्धि। 'परिपाटि' पाठ उचित जँचता है। 4. घोषसि = कहती हो। 5. जीव-जन = प्राणी। जीव-प्राण। समीरन = वायु। 6. परस = स्पर्श। समीरे = पवन को। 7. स्थावर = वृक्ष आदि अचल जीव। जंगम = मनुष्य आदि। चलने वाले जीव। कीट = कीड़े। पतंगम = फनगे आदि। 8. कागद पत्र = कागज के पन्ने। परस = स्पर्श। जओं = यदि। नीर = पानी। 9. खन = क्षण। कुसुम = फूल। तोषए = संतुष्ट करता है। निसि = रात। 10. चंपक = चंपा। जइओ = यद्यपि। भृंगे = भौंरे को। 11. (5×5×10×4×8×2) = 16000 सखियों के मध्य में। 12. बिसरि = भूलकर। पावसि = पाती हो।

●

"सा कविता सा वनिता यस्याः श्रवणेन दर्शनेनापि।
कविहृदयं विटहृदयं सरलं तरलं च सत्वरं भवति॥"

(149)

चानन भरमे सेबल हमे सजनी, पूरत सब मनकाम।
कंटक दरस परस भेल सजनी, सीमर भेल परिनाम॥ 2॥
एकहि नगर बसु माधब सजनी, पर-भामिनि बस भेल॥
हमे धनि एहनि कलावति सजनी, गुन गौरब दुरि गेल॥ 4॥
अभिनव एक कमल फुल सजनी, दोना नीमक डारि॥
सेहो फुल ओतहि सुखाएल सजनी, रसमय फुलल नेबारि॥ 6॥

बिधि बस आज आएल पुनि सजनी, एत दिन ओतहि गमाए॥
कोन परि करब समागम सजनी, मोर मन नहि पतिआए॥ 8॥
भनइ विद्यापति गाओल सजनी, उचित आओत गुनसाह (?)॥
उठ बधाव करु मन भरि सजनि, आज आओत घर नाह॥ 10॥

शब्दार्थ—1. चानन = चंदन। भरमे = भ्रम से। सेबल = सेवा की। 2. कंटक = काँट। सीमर = सेमल। 3. पर-भामिनि = दूसरे की स्त्री। 4. एहनि = ऐसी। दुरि गेल = दूर हो गया। 5. एक नए कमल के फूल को (अर्थात् मुझे) नीम की डाली पर डाल दिया, वह यहीं सूख गया और नेवार का फूल रसयुक्त होकर खिला। 7. ओतहि = वहीं। 8. समागम = भेंट। 10. आओत = आवेगा।

(150)

सजनी अपद न मोहि परबोध।
तोड़ि जोड़िअ जहाँ गाँठ पड़ए तहाँ, तेज तम परम बिरोध॥ 2॥
सलिल सनेह सहज थिक सीतल, ई जानए सब कोई।
से जदि तपत कए जतने जुड़ाइअ, तइओ बिगत-रस होई॥ 4॥
गेल सहज हे कि रिति उपजाइअ, कुल-ससि नीली रंग (?)।
अनुभवि पुनु अनुभवए अचेतन, पड़ए हुतास पतंग॥ 6॥

शब्दार्थ—1. अपद = अस्थान, अनुचित रूप से। परबोध = समझाओ। 3. सहज थिक सीतल = स्वभावतः ही ठंडा है। 4. तपत कए = कर्म करके। जतने = यत्नपूर्वक। जुड़ाइअ = ठंडा कीजिए। तइओ = तो भी। विगत-रस = रसहीन। 5. कुल रूपी चंद्रमा में नीला धब्बा पड़ जाने पर कितना भी प्रयत्न करने पर क्या उसमें स्वाभाविक रंग उत्पन्न हो सकता है? 6. अनुभवि = अनुभव करके। पुनु = पुनः। अनुभवए = अनुभव करता है। हुतास = अग्नि।

(151)

कबहु रसिक सएँ दरसन होअ जनु, दरसन होअ जनु नेह।
नेह बिछोह जनु काहुक उपजओ, बिछोह धरओ जनु देह॥ 2॥
सजनी दुर करु ओ परसंग।
पहिलहि उपजइते प्रेमक अंकुर, दारुन विधि देल भंग॥ 4॥
दैबक दोष प्रेम जदि उपजए, रसिक संग जनु होए।
कान्ह सएँ गुपुत नेह करि अब एह, सबहु सिखाओल मोए॥ 6॥
एहन औषध सखि कतहु न पाइअ, जेहि जौवन जरि जाब।
असमंजस रस सहए न पारिअ, एह कवि सेखर गाब॥ 8॥

शब्दार्थ—1. सएँ = से। जनु = नहीं। 2. बिछोह = जुदाई। काहुक = किसी को। 3. दुर करु = अलग करो, बंद करो। परसंग = विषय, बातचीत। 4. दारुन = कठोर।

देल भंग = तोड़ डाला, कुचल डाला। 5. दैबक दोष = विधि-विडंबना से। 6. कृष्ण से गुप्त प्रेम करके मैं एक शिक्षा लोगों को देती हूँ। 7. ऐसी दवा मैं कहीं भी नहीं पाती, जिसके खाने से यह जवानी जल जाती है। 8. असमंजस = दुविधा। सहए न पारिअ = सहा नहीं जाता।

(152)

जनम होअए जनु, जओं पुनि होइ। जुबती भए जनमए जनु कोइ॥ 2॥
होइए जुबति जनु हो रसमंति। रसओ बुझए जनु हो कुलमंति॥ 4॥
निधन माँगओं बिहि एक पए तोहि। थिरता दिहह अबसानहु मोहि॥ 6॥
मिलओ सामि नागर रसधार। परबस जनु होअ हमर पिआर॥ 8॥
परबस होइह बुझिह बिचारि। पए बिचार हार कओन नारि॥ 10॥
भनइ विद्यापति अछि परकार। दंद-समुद होअ जिब दए पार॥ 12॥

शब्दार्थ—1. जओं = यदि। 2. जनु = नहीं। जुबती = नौजवान स्त्री। 4. यदि युवती होकर जन्म मिले तो सुरसिका न हो, और यदि सुरसिका हो तो ऊँचे कुल की नहीं हो। 5. निधन = मृत्यु। बिहि = ब्रह्मा। एक पए = एक ही। 6. थिरता = स्थिरता। दिहह = देना। अबसानहु = अंतिम अवस्था में भी। 7. सामि = स्वामी, पति। नागर = चतुर। रसधार = रसिक। 8. परबस = दूसरे के वश। 9-10. यदि परवश भी हो जाए तो कुछ समझ-बूझ रखे, क्योंकि समझ-बूझ होने पर कौन स्त्री हार सकती है अर्थात् पति विचारवान् हो तो कोई स्त्री हार न सकती। 11. अछि = है। परकार = उपाय। दंद = कलह। समुद = समुद्र। प्राण देकर कलहरूपी समुद्र से पार हो जाओ।

(153)

चरन-नखर मनि-रंजन छाँद। धरनि लोटाएल गोकुलचाँद॥ 2॥
ढरकि-ढरकि पर लोचन नोर। कतरूप मिनति कएल पहु मोर॥ 4॥
लागल कुदिन कएल हमे मान। अबहु न निकसए कठिन परान॥ 6॥
रोस तिमिर अत बेरि किए जान। रतने भेल मोहि गेरुक भान॥ 8॥
नारि जनम हमे कएल अभागि। मरन सरन भेल मानक लागि॥ 10॥
विद्यापति कह सुन धनि राइ। रोअसि काहे कह भल समुझाइ॥ 12॥

शब्दार्थ—1-2. मेरे चरण की नख-रूपी मणि को रंजित करने के बहाने वह गोकुलचंद (श्रीकृष्ण) पृथ्वी में लोट गया। 3. नोर = आँसू। 4. कतरूप = कितने प्रकार से। मिनति = विनय। पहु = प्रीतम। 6. निकसए = निकलता है। 7-8. क्रोध रूपी अंधकार में मैं उस समय क्या जानने गई, रत्न को मैंने गेरू-मिट्टी समझा। 9. अभागि = अभाग्य। 10. मान के कारण मुझे मृत्यु की शरण लेनी पड़ी। 11. राइ = राधा। 12. रोअसि = रोती है। काहे = किसलिए? भल समुझाइ = अच्छी तरह समझकर।

(154)

धनि भेलि मानिनि सखि गन माँझ। अनुनय करइत उपजए लाज॥ 2॥
पिरितक आरति बिरति न सहई। इंगित-भंगिएँ दुहु सब कहई॥ 4॥
राहि सुचेतनि कान्ह सयान। मनहि समाधल मन अभिमान॥ 6॥
अधर मुरलि जब धरए मुरारि। फोइ कबरि धनि बाँध समारि॥ 8॥
जब निज पुर-पथ धरए मुरारि। सखि लखि अनतए चलु बर नारि॥ 10॥
हरि जब छाया कर धनि पाए। धनि संभ्रमे बइसलि कर लाए॥ 12॥
कह कबिसेखर बुझए सयान। इंगितें रस पसार पँचबान॥ 14॥

शब्दार्थ—1. धनि = बाला। 3. आरति = आतुरता। प्रेम की आतुरता उदासीनता नहीं रहती। 4. इंगित-भंगिएँ = इशारे से। 5. राहि = राधा। सुचेतनि = सुचतुरा। 6.समाधल = समाधान किया। 8. फोइ = खोलकर। कबरि = केश। धनि = बाला। समारि = सँभालकर। 9. पुर-पथ = गाँव का रास्ता। 10. अनतए = अन्यत्र। सखियों की ओर देखकर (वह चतुर स्त्री) दूसरी ओर चली। 11. जब कृष्ण ने (रास्ते में) राधा को पाकर, उस पर छाया की तब राधा झटपट उनका हाथ पकड़ बैठ गई।

श्रीकृष्ण का मान

(155)

राधा-माधब रतनक मंदिर, निबसए सयनक सूखे।
रसें-रसें दारुन दंद उपजल पुन, कान्ह चलल तब रोखे॥ 2॥
नागर-अंचल कर धरि नागरि, हँसि मिनती करु राधा।
नागर-हृदय पाँचसर हनलक, उरंज दरसि मन बाधा॥ 4॥
देख सखि झूठक मान।
कारन किछु ओ बुझए नहि पाइअ, तब काहे रोखल कान॥ 6॥
रोख समापि पुन रभस पसारल, भेल मधथ पँचबान।
अवसर जानि मनाबथि राधा, कबि विद्यापति भान॥ 8॥

शब्दार्थ—1. रतनक = रत्न का बना। निबसए = निवास करते हैं। सयनक सूखे = शय्या के सुख में—मिलनानंद में। 2. रसें-रसें = धीरे-धीरे। दारुण = कठोर। दंद = कलह। 2. अंचल = चादर का खूँट। कर = हाथ। 4.पाँचसर = कामदेव। हनलक = मारा। उरज = कुच। दरसि = देखकर। मन-बाधा = मन में बाधा उपस्थित हुई। मन चंचल हो उठा। 6. रोखल = क्रुद्ध हुआ। 7. समापि = समाप्त कर। रभस पसारल = काम-क्रीड़ा में लगा। मधथ = मध्यस्थ, पंच। 8. (उपयुक्त) समय जानकर राधा मनाने लगीं। भान = कहते हैं।

(126)

एत दिन छलि नब रीति रे। जल मिन जेहनि पिरीति रे॥ 2॥
एकहि बचने बिच भेल रे। हँसि पहु उतरो न देल रे॥ 4॥
एकहि पलँग पर कान रे। मोरे लेखें दुर देस भान रे॥ 6॥
जाहि बन केओ नहि डोल रे। ताहि बन पिया हँसि बोल रे॥ 8॥
धरब जोगिनिआक भेस रे। करब मएँ पहुक उदेस रे॥ 10॥
कवि विद्यापति भान रे। सुपुरुष न कर निदान रे॥ 12॥

शब्दार्थ—1.एत = इतने। छलि = थी। नब = नवीन। मिन = मछली। जेहनि = जैसा। 3. बिच भेल = अंतर पड़ गया। 4. पहु = प्रीतम। उतरो = उत्तर भी। 5. कान = कन्हैया, कृष्ण। 6. मोर लेखें = मेरे लिए। भान = मालूम होता है। 7. केओ = कोई। डोल = आता-जाता है। 9. धरब = धरूँगी। जोगिनिआ = जोगिन। 10. पहुक = प्रीतम का। उदेस = तलाश। 11. निदान = अंत, मर्यादा का अतिक्रमण।

(157)

जतहि पेम रस ततहि दुरंत। पुनु कर पलटि पिरिति गुनमंत॥ 2॥
सबतहु सुनिअ अइसन बेवहार। पुनु टूटए पुनु गाँथिअ हार॥ 4॥
एक कान्ह एक कान्ह तोहहि सयान। बिसरिए कोप करह समधान॥ 6॥
प्रेमक अंकुर तोहें जल देल। दिन-दिन बाढ़ि महातरु भेल॥ 8॥
तुअ गुने न गुनल, सउतिनि आछ। रोपि न काटिअ बिषहुक गाछ॥ 10॥
जे नेह उपजल प्रानक ओल। से न करिअ दुर दुरजन बोल॥ 12॥
जगत बिदित भेल तोहे-हमे नेह। एक परान कएल दुइ देह॥ 14॥
भनइ विद्यापति न कर उदास। सुपुरुख बचन करिअ बिसबास॥ 16॥

शब्दार्थ—1-2. जहाँ प्रेम-रस है, वहीं कलह भी है। अतः गुणवान एक बार टूटने पर पुनः प्रीति करते हैं। 3. सबतहु = सर्वत्र ही। 6. समधान = समाधान। 7. तोहें = तुमने। गुन न गनल = तुमने गुण कुछ न देखा। सउतिनि आछ = (और) सौतिन कर लाए। 10. विषहुक गाछ = विष का भी वृक्ष। 11. प्रानक ओल = प्राणों की ओर, अंतस्तल में। 12. दुर = दूर, भंग। 13. तोहे = हमे = तुम्हारा और मेरा।

(158)

की हमे साँझक एकसरि तारा, भादब चौठिक ससी।
इथि दुहु माझ कओन मोर आनन, जे पहु हेरसि न हँसी॥ 2॥
साए साए, कहह कहह कान्हु कपट करह जनु, कि मोरा भेल अपराधे।
न मएँ कबहु तुअ अनुगति चुकलिहुँ, बचन न बोलल मंदा।
सामि समाज पेम अनुरंजिअ, कुमुदिनि सन्निधि चंदा॥ 5॥

भनइ विद्यापति सुनु बर जौबति, मेदिनि मदन समाने।
राजा सिवसिंह रूपनराएन, लखिमा देवि रमाने॥ 7॥

शब्दार्थ—1-2.क्या मैं संध्याकाल की अकेली तारा हूँ (जिसे लोग देखना नहीं चाहते) या मैं भादों शुक्ला चतुर्थी का चंद्रमा हूँ। (जिसे देखने से कलंक लगता है)? मेरा मुख इन दोनों में क्या है, जो हे प्रियतम, उसे तुम हँसकर नहीं देखते? (कैसा अच्छा तर्क है) 3. साए = सखि। कहह = कहो। 4. अनुगति = पीछे जाना, आज्ञा मानना। 5. सामि = स्वामी, पति। अनुरंजिअ = अनुरंजन करती हूँ, निभाती हूँ। सन्निधि = निकट। 6. मेदिनि मदन = पृथ्वी के कामदेव।

(159)

करतल कमल नयन ढर नीर। न चेतए अभरन कुंतल चीर॥ 2॥
तुअ पथ हेरि-हेरि चित नहि थीर। सुमिरि पुरुब नेहा दगध सरीर॥ 4॥
कत परि माधब साधब मान। बिरही जुबति माँग दरसन दान॥ 6॥
जल-मध कमल गगन-मध सूर। आँतर चान कुमुद कत दूर॥ 8॥
गगन गरज मेघ सिखर मयूर। कत जन जानि सिनेह कत दूर॥ 10॥
भनइ विद्यापति बिपरित मान। राधा बचनें लजाएल कान॥ 12॥

शब्दार्थ—1.करतल = हथेली। कमल = (मुख)। नीर = आँसू। 2. चेतए = संभालती है। अभरन = आभरण, गहने। कुंतल = केश। चीर = वस्त्र। तुअ पथ = तेरी राह। हेरि-हेरि = देख-देखकर। थीर = स्थिर। 4. पुरुब = पहला। दगध = जलता है। 5. कत परि = कब तक। साधब मान = मान किए रहोगे। कुमुद = कुईं, कुमुदिनी। 7. मध = मध्य। सूर = सूर्य। आँतर = अंतर, बीच। चान = चन्द्रमा। कत = कितना। 9. गरज = गरजता है। सिखर = पहाड़ की चोटी। 10. जन = आदमी। जान = जानते हैं। 11-12. यह विपरीत मान कैसा? (मान स्त्रियाँ करती हैं, पुरुष नहीं)। राधा का यह वचन सुन श्रीकृष्ण लज्जित हुए।

मान-भंग

(160)

बड़ रे चतुर मोर कान। साधन बिनहि भाँगल मोर मान॥ 2॥
जोगी बेस धरि आओल आज। के इह समुझब अपरुब काज॥ 4॥
सासु बचनें हमे भीख आनि देल। मोर मुख हेरइते गदगद भेल॥ 6॥
कह तब—'मान-रतन देह मोय'। समुझल तब हमे सुकपट सोय॥ 8॥
जे किछु कयल तब कहइते लाज। केओ नहि जानल नागर-राज॥ 10॥
विद्यापति कह सुंदरि राई, किए तोहें समुझबि से चतुराई॥ 12॥

शब्दार्थ—2. भाँगल = तोड़ा। 3. आओल = आया। 4.के = कौन। अपरुब = अपूर्व। 5. सासु बचनें = सास के कहने से। आनि देल = ला दिया। 6. हेरइते = देखते।

7. तब कहा—मुझे मानरूपी रत्न दो। 8. सोए = वह। 10. जानल = जाना। नागर-राज = चतुरों का बादशाह। 11. राई = राधा। 12. किए = कैसे?

●

"सुभाषितेन गीतेन युवतीनां च लीलया।
मनो न भिद्यते यस्य स योगी ह्यथवा पशुः।"

(161)

जटिला सासु फुकरि तहि बोलल, बहुरि बेरि काहे ठाढ़ि।
ललिता कहल अमंगल सूनल, सति पतिभय अबगाढ़ि॥ 2॥
सुनि कह जटिला घटक की अकुसल, घर सएँ बाहर होहि।
बहुरिक पानि धरि हरह जोगी, किए अकुसल कह मोहि॥ 4॥
जोगेस्वर फेरि बहुरिक पानि धरि, कुसल करब बनदेब।
इहे एक अंक बंक बिसंकओं, बन मधि पसुपति सेब॥ 6॥
पुजनक तंत्र-मंत्र बहु आछए, से हम किछु नहि जान।
जटिला कह आन देव कहाँ पाओब, तुहु बीज कर इह दान॥ 8॥
एत सुनि दुहु जन मंदिर पइसल, दुहु जन भेल एक ठाम।
मनमथ मंत्र पढ़ाओल दुहु जन, पूरल दुहु मनकाम॥ 10॥
पुनु दुहु जन मंदिर सएँ निकसल, जटिला सएँ कह भाखी।
जब इह गौरि अराधन जाओब, बिधवा जन घर राखी॥ 12॥
एत कहि सबहु चललि निज मदिर, जोगी चरन प्रनाम।
विद्यापति कह नटबर सेखर, साधि चलल मन काम॥ 14॥

शब्दार्थ—1.फुकरि = चिल्लाकर। बहुरि = बहुरिया, पतोहू। बेरि = विलंब। 2. अबगाढ़ि = निश्चय। जटिला सास चिल्लाकर बोली—बहुरिया, उतनी देर से वहाँ क्यों खड़ी हो? ललिता ने कहा—कुछ अमंगल सुना है। सती को पति-भय निश्चय है। 3. घटल की अकुशल = कौन-सा अमंगल घटा है। 4. बहुरिक पानि = बहुरिया के हाथ। हेरह = देखो। 5-6. अंक = रेखा। बंक = टेढ़ा। बिसंकओं = शंका करती हूँ। मधि = में। तब योगेश्वर ने बहुरिया का हाथ धरकर कहा—वन-देवता कुशल करें यही हाथ की एक रेखा कुछ टेढ़ी है, जिससे अकुशल की आशंका है। इसके निवारण के लिए वन में पशुपति की सेवा करनी होगी। 7-8. पूजा के बहुत से मंत्र-तंत्र हैं। हम कुछ नहीं जानते। जटिला सास ने कहा—तुम्हारे ऐसा देवता फिर कहाँ मिलेगा—तुम इसे बीजदान दो—मंत्र की दीक्षा दो। 9. पइसल = प्रवेश किया। 11. सएँ = से। 12. ज़ब यह गौरी की आराधना करते जाए, तब विधवा को घर में ही रख ले—विधवा इसके साथ न जाए। [बेचारी सास विधवा थी, अतः बहू अकेली जाएगी, तो मिलने में सुविधा होगी।] 14. मनकाम = मनःकामना, इच्छा।

(162)

गोकुल देवदेयासिनि आइलि, नगरहि ऐसे पुकारि।
अरुन बसन पैन्हि जटिल बेस धरि, कान्ह द्वार माझ ठारि॥ 2॥
सुनि धनि जटिला तुरत चलि आइलि, हेरइत चमकित भेल।
हमर बधुक रीति देखि जनि आनमति, कहि मदिर लए गेल॥ 4॥
देवदेयासिनि कान।
जटिला बचन सुधामुखि नियरहि, एक दिठि हेरइ बयान॥ 6॥
कह तब अतनु देव इये पाओल, हृदि-मधि पइसल काल।
निरजन होई मंत्र जब झाड़िअ, तब इह होएब भाल॥ 8॥
एत सुनि जटिला घर दोहे लेअल, निरजन दुहु एक ठाम।
सब जन निकसल बाहर बइसल, पुरल कान्ह मनकाम॥ 10॥
बहु खन अतनु मंत्र पढ़ि झाड़ल, भागल तब सेहो देवा।
देवदेयासिनि घर सएँ निकसलि, चातुरि बूझब केबा॥ 12॥
जटिला बहुत भकति करि हरखलि, कतक भीख आनि देल।
कह कबिसेखर भीख लइए तब, सेहो देयासिनि गेल॥ 14॥

शब्दार्थ—1.देवदेयासिनि = वह स्त्री जो झाड़-फूँक करती है। आइलि = आई। नगरहि = नगर में। 2. अरुन = लाल। बसन = वस्त्र। पैन्हि = पहनकर। जटिल = योगिनी। माझ = में। 3. जटिला धनि = सास। चमकित = आश्चर्यित। 4. बधुक = वधू की, पतोहू की। जनि = जैसे। आनमति = कुछ दूसरी ही तरह की। लए गेल = (श्रीकृष्ण को) ले गई। 6. जटिला = सास। सुधामुखि = चंद्रवदनी (बाला) नियरहि = निकट ही। एकदिठि = एकटक। बयान = मुख। 7. अतनुदेव = कामदेव। इथे = इसे। हृदिमधि = हृदय में। पइसल = प्रवेश किया। 8. निरजन = एकांत में। झाड़िअ = झाड़-फूँक करूँ। इह = यह। भाल = अच्छी। 9. एत = इतना। जटिला = सास। घर दोहे लेअल = दोनों को घर में ले आई। ठाम = जगह। 10. निकसल = निकल गई। बइसल = बैठी। मनकाम = मनःकामना, इच्छा। 11. भागल = भाग गया। सेहो = वह। 12. केबा = किसने? अर्थात किसी ने नहीं। 13. भकति = भक्ति। कतक = कितना (बहुत)। आनि देल = ला दिया। 14. गेल = गई।

•

''कलेजे की सबसे गुप्त एवं मधुर रागिणी का नाम कविता।''

(163)

वर नागर साजए नागरि बेसा।
मुकुट उतारि सीमंत सँवारल, बेनी बिरचल केसा॥ 2॥

चंदन धोए सिंदुर भाल रंजल, लोचन अंजन अंका।
कुंडल खोलि करनफूल पहिरल, भरि तनु केसर-पंका॥ 4॥
बेसर खचित सतेमरि पहिरल, कनक चूड़ि कर कंजे।
चरन-कमल पास जाबक रंजल, तापर मजिर गंजे॥ 6॥
कंचुकि माँझ कदंब-कुसुम भरि, आरंभल कुच आभा।
अरुनांबर बर साड़ी पहिरल, वस्त्र बिलोकन सोभा॥ 8॥
धरि परिबादिनि स्याम मिलन हित, शुभ अनुकूल पयाने।
पहिलहि बाम चरण तुलि मोहन, त्रियागति लच्छन भाने॥ 10॥
ऐसन चरित मिलन जहाँ सुंदरि, दूरहि एकलि ठारि।
कर धरि मत्रक तंत्र सँवारत, केओ पए लखए न पारि॥ 12॥
राइक निकट बजाओल सुंदरि, सुनइत भए गेल साधा।
ए नव-यौवनि नबिन बिदेसिनि, आबह पुकारए राधा॥ 14॥
सुनइत स्याम हरखि चित आएल, उठि धनि आदर देल।
बाँहि पकड़ि निज आसन बइसाओल, कत कत हरखित भेल॥ 16॥
जबहि बजाओल बीन सुमाधुरि, रीझि देहल मनि-माल।
अइसे बजाबए हमर जंतरिया, मोहन जंत्र रसाल॥ 20॥
नाम गाम कह कुल अबलंबन, ब्रज आगम किए काजा।
सुखमइ नाम मघुरापुर जदुकुल, गुनिजन पीड़ए राजा॥ 22॥
धनि कह तुअ गुन रीझि प्रसन्न भेल, माँगह मानस जोए।
मनोरथ कर्म जाँचलि जदि सुंदरि, मान रतन देह मोए॥ 24॥
हँसि मुख मोड़ि पीठि दए बइसल, कान्ह कएल धनि कोर।
टूटल मान बढ़ल कत कौतुक, भूपति के करु और॥ 26॥

शब्दार्थ—1. चतुर कृष्ण स्त्री का वेष बना रहे हैं। 2. सीमंत = माँग। बिरचल = बनाया। 3. रंजल = अनुरंजित किया, लगाया। अंका = रेखा। 4. केसर पंक = केशर का लेप। 5. कनक चूड़ि कर कंजे = कमल-रूपी हाथों में सोने की चूड़ियाँ। 6. जाबक = महावर। गंजे = गुंजार कर रहा है। 7. चोली में कदंब के फूल रखकर कुचों का आभास बनाया। 8. अरुनांबर = लाल कपड़ा। 9. परिबादिनि = वीणा। पयाने = जाना। 10. पहले बायाँ पैर बढ़ाया, क्योंकि स्त्रियों की यही रीति है। 11. एकलि = अकेली। 12. कर = हाथ। यंत्र = वीणा। तंत्र = तार। केओ पए = कोई भी। लखए न पारि = देख नहीं सकती। 13. राइक = राधा के। साधा = इच्छा। 15. धनि = बाला। 16. बाँहि = बाँह। कत-कत = कितना। 19. देहल = दिया। 20. बजाबए = बजाता है। 21. जंतरिया = वीणा बजानेवाला। यंत्र = वीणा। 22. मेरा नाम सुखमयी है, गाँव मथुरा कुल यदुवंश, वहाँ के राजा गुणियों को पीड़ा देते हैं, इसलिए आई हूँ।

23. मानस = हृदय। 24. मान रतन = मानरूपी रत्न। देह = दो। 25. कोर = गोद। 26. भूपति = शिवसिंह।

विदग्ध-विलास

(164)

आजुक लाज तोहें कि कहब माई। जल दए धोइ जदि तबहु न जाई॥ 2॥
नहाई उठलि हमें कालिंदि तीर। अंगहि लागल पातल चीर॥ 4॥
तें बेकत भेल सकल सरीर। ताहि उपनीत समुख जदुबीर॥ 6॥
बिपुल नितंब अति बेकत भेल। पलटि ताहि पर कुंतल देल॥ 8॥
उरज उपर जब देहल दीठ। उर मोरि बइसलिहुँ हरि करि पीठ॥ 10॥
हँसि मुख मोड़ए दीठ कन्हाई। तनु-तनु झाँपइते झाँपल न जाई॥ 12॥
विद्यापति कह तोहें अगेआनि। पुनु काहे पलटि न पैसलि पानि॥ 14॥

शब्दार्थ—1. आजुक = आज का। माई = अरी दैया। 2. जल दए = जल देकर। 2. नहाई = स्नान कर। 4. पतली साड़ी शरीर से सट गई। 5. तें = इससे। बेकत = व्यक्त, प्रकट। 3. ताहि = वहाँ। उपनीत = आ पहुँचा। जदुबीर = कृष्ण। 7-8. पलटि = पर्दा (?) ताहिपर = उस पर। कुंतल = केश। 9. देहल दीठ = (श्रीकृष्ण) ने दृष्टि डाली। 10. मोरि = मोड़कर। बइसलिहुँ = मैं बैठ गई। हरि करि पीठ = कृष्ण की ओर पीठ करके। 12. तनु-तनु = अंग-अंग। 14. पुनः लौटकर पानी में क्यों न पैठ गई?

(165)

हमे अबला सखि किउ गुन जान। से रसमय तनु रसिक सुजान॥ 2॥
कतहु जतने मोहि कर बइसाए। बाँधल बेनि से कबरि खसाए॥ 4॥
कंचुक देल हृदय पर मोर। परसि पयोधर भए गेल भोर॥ 6॥
कंठ पहिराओल मनिमय हार। अंग बिलेपन कुंकुम भार॥ 8॥
बसन पेन्हाओल कए कत छंद। किंकिनि जालहि नीबि निबंध॥ 10॥
निज कर पल्लव मोर मुख माज। नयनहि कयल सु-काजर साज॥ 12॥
अलक तिलक दए चोलि निहारि। कह कविसेखर जाओं बलिहारि॥ 14॥

शब्दार्थ—1. किअ गुन गान = क्या गुन जानने गई। से = वह। 3. कतहु = कितने। कोर बइसाए = गोद में बिठलाकर। 4. कबरि = केश। खसाए = खोलकर। 5. कंचुक = चोली। 6. परसि = स्पर्श कर, छूकर। पयोधर = कुच। भोर = बेसुध। 8. बिलेपन = लेप किया। कुंकुम = केसर। 9. पेन्हाओल = पहनाया। कए कत छंद = कितने छल करके। 10. नीबि-निबंध = नीबी को बाँधा। 11. माँज = माँजना, पोंछना। 13. अलक तिलक = महावर और टीका। चोलि = कंचुकी।

(166)

ए धनि रंगिनि कि कहब तोए। आजुक कौतुक कहल न होए॥ 2॥
एकलि सुतलि छलि कुसुम सयान। दोसर मनमथ कर धनुबान॥ 4॥
नूपुर झुन-झुन आएल कान। कौतुके मुँदि हमे रहलि नयान॥ 6॥
आएल कान्ह बइसल मोर पास। पास मोड़ि हमें नुकाओल हास॥ 8॥
कुंतल कुसुमदाम हरि लेल। बरिहा माल पुनहि मोहि देल॥ 10॥
नासा मोतिम गीमक हार। जतने उतारल कत परकार॥ 12॥
कंचुकि फोअइते पहु भेल भोर। जागल मनमथ बाँधल चोर॥ 14॥
कवि विद्यापति एह रस भान। तोहि रसिका पहु रसिक सुजान॥ 16॥

शब्दार्थ—1. रंगिनि = सुरसिका। 3. एकलि = अकेली। सुतलि छलि = सोई थी। कुसुम सयान = पुष्पशय्या पर। 4. मनमथ = कामदेव। कर = हाथ। 5. आएल = आया। 7. बइसल = बैठा। मोर = मेरे। 8. कवट फेरकर मैंने अपनी हँसी छिपाई। 9. कुंतल = केश। कुसुमदाम = फूल की माला। हरि लेल = हर लिया, उतार लिया। 10. बरिहा = मयूर की पूँछ। 11. गीमक = गले का। 13. फोअइते = खोलते ही। पहु = प्रीतम। भोर = बेसुध। 15. भान = कहते हैं।

(167)

हरि धरु हार चओंकि परु राधा। आध माधब कर गिम रहु आधा॥ 2॥
कपट कोप धनि दिठि धरु फेरी। हरि हँसि रहल बदन बिधु हेरी॥ 4॥
मधुरिम हास गुपुत नहि भेला। तखने सुमुखि-मुख चुंबन देला॥ 6॥
कर धरु कुच, आकुल भेलि नारी। निरखि अधर-मधु पिबए मुरारी॥ 8॥
चिकुरचमर झर कुसुमुक धारा। पिबि कहु तम जनि बम नव तारा॥ 10॥
विद्यापति कह सुंदरि बानी। हरि हँसि मिललि राधिका रानी॥ 12॥

शब्दार्थ—1-2. राधिका सोई हुई थी कि कृष्ण ने चुपके निकट जाकर उसका हार पकड़ लिया। राधिका चौंक पड़ी। हार टूट गया। आधा हार कृष्ण के हाथ में रहा और आधा राधिका के गले में। 3. कपट कोप = झूठमूठ का क्रोध। दिठि धरु फेरी = आँखें फेर लीं। 4. बदनबिधु = मुखचंद। हेरी = देखना। 5-6. राधा की मधुर मुस्कान छिप न सकी; उसी समय कृष्ण ने उसके मुख को चूम लिया। 8. अधर = नीचे का ओष्ठ। 9. चिकुर = केश। 10. मानो अंधकार तारे को निगलकर पुनः उसे उगल रहा हो।

(168)

सासु सुतलि छलि कोर अगोर। तहि अति ढीठ पीठ रहु चोर॥ 2॥
कत कर-आखर कहल बुझाई। आजुक चातुरि कहल कि जाई॥ 4॥

नहि कर आरति ए अबुझ नाह। अब नहि होएत बचन निरबाह॥ 6॥
पीठ आलिंगन कत सुख पाब। पानि पियास दूध किए जाब॥ 8॥
कत मुख मोरि अधर रस लेल। कत निसबद कए कुच कर देल॥ 10॥
समुख न जाए सघन निसोआस। किए कारन भेल दसन विकास॥ 12॥
जागलि सासु चलल तब कान। न पूरल आस विद्यापति भान॥ 14॥

शब्दार्थ—1. सुतलि छलि = सोई थी। कोर-अगोर = अपनी गोद में लेकर। 2. तहि = वहाँ। 3. हाथ के अक्षरों (संकेतों) द्वारा कितनी ही बातें बुझाईं। 4. कहल की जाई = क्या कहा जाता है? 5. आरति = आतुरता, शीघ्रता। 6. नाह = प्रीतम। 7-8. मेरी पीठ के आलिंगन से उन्हें क्या सुख मिला-पानी की प्यास कहीं दूध से जाती है? 9. मोरि = मोड़कर। 10. निसबद कर = निःशब्द होकर, चुपचाप। 11. निसोआस = निःश्वास, साँस। ऊँची साँस सम्मुख नहीं छोड़ती कि कहीं उस साँस के स्पर्श से मेरी सास न जग जाए। 12. न मालूम क्यों, उसी समय दाँत चमक उठे। 13. कान = कृष्ण। 14. न पूरल आस = आशा नहीं पूरी हुई।

(169)

कि कहब हे सखि आजुक रंग। सपनहि सूतल कुपुरुष संग॥ 2॥
बड़ सुपुरुख बलि आएल धाई। सूति रहल मोर आँचर झँपाई॥ 4॥
काँचलि खोलि आलिंगन देल। मोहि जगाए आपु निंद गेल॥ 6॥
हे बिहि हे बिहि बड़ दुख देल। से दुख रे सखि अबहु न गेल॥ 8॥
भनइ विद्यापति एह रस धंद। भेक कि जान कुसुम-मकरंद॥ 10॥

शब्दार्थ—1.रंग = रस-वार्ता। 2. आज मैं स्वप्न में—भ्रम में आकर—कुपुरुष के साथ सोई। 3. बलि = समझकर। आएल धाई = दौड़कर आया। 4. आँचर झँपाई = आँचल से ढँककर। 5. काँचलि = चोली। आलिंगन देल = छाती से लगाया। 6. मुझे जगाकर पुनः आप सो रहा। 7. बिहि = ब्रह्मा। 9. रस धंद = रस की विचित्रता। 10. भेक = मेढ़क, बेग। कि = क्या। कुसुम-मकरंद = फूल का पराग।

•

—"भ्रमरहिता सा कचवत्स्त्रीणां कुचवच्च सरसहिता।
लसदक्षरपीयूषाधरवत्कविता महात्मनां जीयात्॥"—

(170)

आकुल चिकुरें बेढ़ल मुख सोभ। राहु कएल ससि-मंडल लोभ॥ 2॥
बड़ अपरुब दुहु चेतन मेलि। बिपरित रति कामिनि कर केलि॥ 4॥
कुच बिपरीत बिलंबित हार। कनक कलस बम दूधक धार॥ 6॥
पिआ मुख सुमुखि चुंब तेजि ओज। चाँद अधोमुख पिबए सरोज॥ 8॥

किंकिनि रनित नितंबहि छाज। मदन-महासिधि बाजन बाज॥ 10॥
उभरल चिकुर माल धरु रंग। जनि जमुना जल गांगतरंग॥ 12॥
बदन सोहाओन स्रम-जल बिंदु। मदन मोति लए पूजल इंदु॥ 14॥
भनइ विद्यापति मने अनुमानि। नागरि रम पिआ अनुमत जानि॥ 16॥

शब्दार्थ—1. आकुल = व्यग्र, चंचल, छिटके हुए। चिकुर = केश। बेढ़ल = घेरा हुआ। 3. दुहु चेतन = दो चतुर (राधा-कृष्ण)। 5. बिलंबित = लटका हुआ। 6. बम = वमन करता है, उगलता है। 7. ओज = संकोच, लाज। 9. रनित = रुनझुन आवाज। नितंबहि = नितंब पर। छाज = शोभती है। 11. उभरल = खुले हुए। 16. रम = रमती है।

(171)

बिगलित चिकुर मिलित मुखमंडल, चाँद बेढ़ल घनमाला।
मनिमय कुंडल स्रवन दुलित भेल, घाम तिलक बहि गेला॥ 2॥
सुंदरि तुअ मुख मंगल-दाता।
रति-बिपरीत समर जदि राखब, कि करब हरि हर धाता॥ 4॥
किंकिनि किनिकिनि कंकन कनकन, घनघन नूपुर बाजे।
रति-रन मदन पराभव मानल, जय-जय दुंदुभि बाजे॥ 6॥
तिल एक जघन सघन रब करइत, होअल सैनक भंग।
विद्यापति कवि ई रस गाबए, जामुन मीललि गंग॥ 8॥

शब्दार्थ—1. बिगलित = बिखरे हुए। घनमाला = मेघसमूह। 2. स्रवन = कान। दुलित = डोलता हुआ। 4. समर = युद्ध। राखब = रक्षा करोगी। धाता = ब्रह्मा। 6. युद्ध में कामदेव हार गया है, उसी की जय-भेरी बज रही है। 7. तिल एक = एक क्षण के लिए। सघन जघन = पुष्ट जाँघ। रव = शब्द। होअल = हो गया। 8. जमुन = यमुना।

(172)

सखि हे कि कहब किछु नहि फूर।
सपन कि परतेख कहए न पारिअ, किअ नियरहि किअ दूर॥ 2॥
तड़ित-लता तल जलद समारल, आँतर सुरसरि धारा।
तरल तिमिर ससि सूर गरासल, चौदिस खसि पड़ु तारा॥ 4॥
अंबर खसल धराधर उलटल, धरनी डगमग डोले।
खरतम बेग समीरन संचरु, चंचरिगन करु रोले॥ 6॥
प्रनय-पयोधि-जलहि तन झाँपल, ई नहि जुग अवसान।
के बिपरीत कथा पतिआएत, कवि विद्यापति भान॥ 8॥

शब्दार्थ—1. किछु नहि फूर = कहने की स्फूर्ति नहीं होती। 2. परतेख = प्रत्यक्ष। किअ = क्या। नियर = निकट। 3. तड़ित-लता = बिजुली (राधा)। तल = नीचे। जलद = मेघ (कृष्ण)। आँतर = बीच में। सुरसरि धारा = गंगा की धारा (हार)। 4. तरल तिमिर = चंचल अंधकार (केश)। ससि = चंद्रमा (मुख)। सूर = सूर्य (सिंदूर-बिंदु)। खसि पड़ु = गिर पड़े। तारा = नक्षत्र (माथे पर के फूल)। 5. अंबर = (1) आकाश, (2) वस्त्र। धराधर = (1) पर्वत, (कुच)। उलटल = उलट पड़ा। धरनी = (1) पृथ्वी, (2) नितंब। 6. खरतम = तीव्र। समीरन = (1) हवा, (2) निःश्वास। चंचरिगन = (1) भ्रमर, (2) किंकिणी आदि। रोले = शोर। 7. प्रनय-पयोधि = (1) प्रेम का समुद्र, पसीना। (2) प्रलय़ काल का समुद्र। जुग अवसान = युग का अंत, प्रलय। विपरीत रति का अद्‌भुत वर्णन है।

(173)

दुहुक संजुत चिकुर फूजल। दुहुक दुहू बलाबल बूझल ॥ 2 ॥
दुहुक अधर दसन लागल। दुहुक मदन चौगुन जागल ॥ 4 ॥
दुअओ अधर करए पान। दुहुक कंठ आलिंगन दान ॥ 6 ॥
दुअओ केलि समे समे भेली। सुरत सुखे बिभावरि गेलि ॥ 8 ॥
दुअओ सअन चेत न चीर। दुहु पिआसल पीबए नीर ॥ 10 ॥
भन विद्यापति संसय गेल। दुहुक मदन लिखन देल ॥ 12 ॥

शब्दार्थ—1.संजुत = साथ ही साथ। चिकुर = केश। फूजल = खुल गया। 2. बलाबल = ताकत और कमजोरी। 3. अधर = नीचे का ओष्ठ। दसन = दाँत। 7. केलि = कामक्रीड़ा। समे-समे = साथ ही साथ। 8. विभावरि = रात। 9. दोनों ही शय्या पर अपने-अपने वस्त्र तक नहीं सँभालते। 10. पिआसल = प्यासा।

वसंत

(174)

माघ मास सिरिपंचमि गँजाइलि, नवम मास पंचम हरुआई हे।
अति घन पीड़ा दुख बड़ पाओल, बनसपती भेलि धाई हे ॥ 2 ॥
सुभ खन बेरा सुकुल पक्ख हे, दिनकर उदित समाई हे।
सोरह सम्पुन बतिस लखने सह, जनम लेल ऋतुराई हे ॥ 4 ॥
नाचए जुबतिजना हरखित मन, जनमल बाल मधाई हे।
मधुर महारस मंगल गाबए, मानिनि मान उड़ाई हे ॥ 6 ॥
बह मलयानिल ओत उचित हे, नव घन भउ उजिआरा।
माधवि फूल भेल गजमुकुता तुल, तें देल बंदनवारा ॥ 8 ॥

पीअरि पाँड़रि महुअरि गाबए, काहरकार धतूरा।
नागेसर कलि संख धूनि पुर, तगर ताल समतूरा॥ 10॥
मधु लए मधुकर बालक दए हलु, कमल पखुरिया लाई।
पौंअनार तोरि कटि सुत बाँधल, केसु कएल बघनाई॥ 12॥
नव-नव पल्लव सेज ओछाओल, सिर देल कदँबक माला।
बैसली भमरी हरउद गाबए, चक्का चाँद निहारा॥ 14॥
कनक केआसुति पत्र लिखिए हलु, रासि नछत कए मेला।
कोकिल गनित-गुनित भल जानए, रितु बसंत नाम देला॥ 16॥
दखिन पवन घन आँग उगारए, कुवलए कुसुम परागे।
सुललित हार मँजरि घन कज्जल, आँखिहि आँजन लागे॥ 20॥
नव बसंत रितु अनुसर जौबति, विद्यापति कवि गावे।
राजा सिवसिंह रूपनराएन, सकल कला मनभावे॥ 22॥

शब्दार्थ—1. सिरिपंचमि = माघशुक्ल पंचमी। गँजाइलि = पूर्ण-गर्भा हुई। नवम मास = बैसाख में वसंत का अंत होता है, जेठ से माघ तक नौ महीने हुए। हरुआई = आसन्न-प्रसवा हुई (?)। 2. घन = अधिक। 3. खन = क्षण। बेरा = बेला, समय। सुकुल पक्ख = शुक्ल पक्ष। दिनकर = सूर्य। उदित समाई = उदय के समय। 4. सोरह सम्पुन = सोलह अंगों से संपूर्ण। बतिस लखन = बत्तीस लक्षण। ऋतुराई = वसंत। 5. जनमल = जन्म लिया। मधाई = माधव (वसंत)। 6. उड़ाई = उड़ाकर, लुटाकर। 7. मलय पवन बह रहा है, उसे ओट करना उचित है। (क्योंकि शिशु को हवा लगने का भय है; अतः नवीन मेघ छा गए।) 8. गजमुकुता तुल = गजमुक्ता के समान। पीअरि पाँड़रि = फूल विशेष। महुअरि = गीत विशेष। काहरकार = तुरही बजाने वाला। तगर = एक प्रकार का फूल जिसका आकार ठीक झाल या मंजीर-जैसा होता है। समतूरा = समान। 11. (जन्म होने पर शिशु को पहले मधु चटाया जाता है।) दए हलु = दे दिया। 12. पौंअनार = पद्मनाल। कटि = कमर में (लड़के की कमर में सूत बाँधा जाता है।) बघनाई = बाघनख (लड़के की कमर में पहनाया जाता है।) 13. ओछाओल = बिछाया। कदंब की माला सिरहाने (तकिये के रूप में) रखी। 14. हरउद = पलने का गीत। भमरी = भ्रमरी। कनक केआसुति = एक प्रकार का फूल। पत्र = जन्म पत्र। नछत = नक्षत्र 16. कोकिल गणित की गणना खूब जानता था; उसी ने वसंत नाम रखा। 18. बीच में एक कड़ी गायब है। 19-20. दक्षिण पवन किसलय और पुष्प-पराग लेकर उस शरीर में उबटन लगाता है। मंजरी का सुंदर हार गले में है, मेघ ने उसकी आँखों में काजल लगा दिया।

(175)

आएल रितुपति राज वसंत। धाओल अलिकुल माधबि-पंथ॥ 2॥
दिनकर-किरन भेल पौगंड। केसर कुसुम धएल हेमदंड॥ 4॥
नृप-आसन नव पीठल पात। कांचन कुसुम छत्र धरु माथ॥ 6॥

मौलि रसाल-मुकुल भेल ताए। समुखहि कोकिल पञ्चम गाए॥ 8॥
सिखिकुल नाचए अलिकुल यंत्र। आन द्विजकुल पढ़ आसिख मंत्र॥ 10॥
चंद्रातप उड़ कुसुम पराग। मलय पवन सह भेल अनुराग॥ 12॥
कुंदबल्ली तरु धएल निसान। पाटल तून अशोक-दल-बान॥ 14॥
किंसुक लवँग-लता एक संग। हेरि सिसिर रितु भेल दल भंग॥ 16॥
सैन साजल मधु-मखिका कूल। सिसिरक सबहु कएल निरमूल॥ 18॥
उधारल सरसिज पाओल प्रान। निज़ नव दल करु आसन दान॥ 20॥
नव वृन्दावन राज बिहार। विद्यापति कह समयक सार॥ 22॥

शब्दार्थ—1. आएल = आया। 2. धाओल = दौड़ा। अलिकुल = भ्रमरसमूह। माधबि-पंथ = माधवी लता की ओर। 3. दिनकर = सूर्य। भेल = हुआ। पौगंड = किशोर, कुछ-कुछ तीव्र। हेमदंड = सोने का डंडा, आसा। ''मदन-महीपति-कनकदंड-रुचि-केसर-कुसुमविकासे''—गीतगोविंद। 5. पीठल = वृक्ष-विशेष, पिठवा। पात = पत्ता। कंचनकुसुम = चंपा। 7. मौलि = किरीट। रसाल-मुकुल = आम की मंजरी। ताए = उसके। 9. सिखि = मोर। अलिकुल यंत्र = भौंरे बाजा बजा रहे हैं। 10. द्विजकुल = (1) पक्षी, (2) ब्राह्मण (पक्षी को इसलिए कहा जाता है कि उसका भी जन्म दो बार होता है, एक बार अंडे के रूप में, पुनः पक्षी के रूप में।) आन = मोर से भिन्न। आसिख मंत्र = आशीर्वादात्मक श्लोक। 11. चंद्रातप = चँदोवा। फूलों के पराग ही चँदोवे-से उड़ रहे हैं। 12. मलयपवन = मलयाचल से आनेवाली हवा, दक्षिण पवन। सह = साथ। कुंदबल्ली = वृक्ष विशेष। निसान = पताका। पाटल तून = पाटल का फूल ही तूण (तरकस) है। असोक-दल बान = अशोक के पत्त बाण हैं। 15. किंसुक = पलास (धनुष के समान), लवँगलता (ताँत के समान)। 16. भेल दल भंग = सैन्यभंग हो गया। 17. कूल = कुल। 19. उधारल = उद्धार किया। पाओल = पाया। 20. दल = पत्ता।

•

नान्ध्रीपयोधर इवातितरां प्रकाशो।
नो गुर्जरीस्तन इवातितरां निगूढः॥
अर्थो गिरामपिहितः पिहितश्च कश्चित्
सौभाग्यमेति मरहट्टवधू कुचाभः॥

(176)

नव बृंदावन नव नव तरुगन, नव नव बिकसित फूल।
नवल बसंत नवल मलयानिल, मातल नव अलि कूल॥ 2॥
बिहरए नवलकिशोर।
कालिंदि-पुलिन कुंज वन सोभन, नव-नव प्रेम-विभोर॥ 4॥

नवल रसाल-मुकुल-मधु मातल, नव कोकिल कुल गाब।
नवयुवती गन चित उमताबए, नव रस कानन धाब॥ 6॥
नव जुवराज नवल बर नागरि, मीलए नव नव भाँति।
नित नित ऐसन नव नव खेलन, विद्यापति मति माति॥ 8॥

शब्दार्थ—1. नव = नवीन। बिकसित = खिले हुए। 2. मलयानिल = मलय पवन। मातल = पागल बना। अलिकूल = भौंरे। 3. बिहरए = बिहार करता है। नवलकिशोर = युवक कृष्ण। 4. कालिंदि = यमुना। पुलिन = किनारे। सोभन = सुशोभित। प्रेम-विभोर = प्रेम में बेसुध। 5. नई आम की मंजरी के मधु में मस्त बनी कोयल गा रही है। 6. उमताबए = उन्मत्त हो जाता है। 8. ऐसन = इस प्रकार का। खेलन = केलि। माति = मत्त बनी।

(177)

लता तरुअर मंडप दीअ। निरमल ससधर भिति धबलीअ॥ 2॥
पऊअँ नाल अइंपन भल भेल। रात पल्लव नव पहिरन देल॥ 4॥
गाबह माइ हे मंगल आए। बसंत-बिबाह कानन-थलि जाए॥ 6॥
मधुकर-रमनी मंगल गाब। दुजबर कोकिल मंत्र पढ़ाब॥ 8॥
करु मकरंद हथोदक नीर। बिधु बरिआती धीर समीर॥ 10॥
कनअ केआसुति तोरन तूल। लावा बिथरल बेलिक फूल॥ 12॥
केसु कुसुम करु सिंदुर दान। जौतुक पाओल मानिनि मान॥ 14॥
केलि कुतूहल नव पँचबान। विद्यापति कवि दिढ़ कए भान॥ 16॥
अभिनव नागर बुझए रसवंत। मंति महेस रेनुका देइ कंत॥ 18॥

शब्दार्थ—1. लता और वृक्ष से मंडप बनाया गया। 2. निरमल = स्वच्छ। ससधर = चंद्रमा। धबलीअ = उज्ज्वल कर दिया। (चूना पोत दिया)। भित्ति = दीवार। 3. पऊअँ नाल = पद्मनाल, कमल का नाल। अइपन = ऐपन (जमीन पर मांगलिक चित्र)। 4. रात = लाल। पहिरन = परिधान, वस्त्र। 5. माई हे = अरी मैया। 6. कानन थलि = वनस्थली। 7. मधुकर-रमनी = भौंरा रूपी स्त्री। 8.दुजबर = द्विजश्रेष्ठ। 9. हथोदक = हस्तोदक, जो पानी हाथ में लेकर विवाह का संकल्प पढ़ा जाता है। 10. बिधु = चंद्रमा। समीर = पवन। 11. कनअ केआसुति = एक प्रकार का फूल। तोरन तूल = तोरण के समान। 12. लावा = शादी के समय धान का लावा (खील) छींटा जाता है। 14. जौतुक = दहेज। मंति = मंत्री।

(178)

नाचहु रे तरुनिहु तेजहु लाज। आएल, बसंत रितु बनिक-राज॥ 2॥
हस्तिनि, चित्रिनि, पदुमिनी नारि। गोरी सामरि एक बूढ़ि वारि॥ 4॥
बिबिध भाँति कएलन्हि सिंगार। पहिरल पटोर गृम झूल हार॥ 6॥

केओ अगर चंदन घसि भर कटोर। ककरहु खोइछाँ करपुर तमोर॥ 8॥
केओ कुमकुम रँग मरदाब आँग। ककरहु मोतिअ भल छाज माँग॥ 10॥

शब्दार्थ—2. बनिक-राज = व्यापारी-श्रेष्ठ। बारि = बाला, नवयुवती। 6. पटोर = रेशमी वस्त्र। गृम = गले में। 7. घसि = घिसकर। 8.ककरहु = किसी के। करपुर = कपूर। तमीर = पान। 9. कुमकुम = केशर। मरदाब = मर्दन कराती है, मलवाती है। 10. मोतिअ = मोती। छाज = शोभता है। माँग = सींथ, सीमंत।

•

Poets are long-lived race than heroes; they breathe more of the air of immortality.
—Hazlite

(179)

अभिनव पल्लव बइसक देल। धवल कमल फुल पुरहर भेल॥ 2॥
करु मकरंद मंदाकिनि पानि। अरुन असोग दीप दहु आनि॥ 4॥
माइ हे आज दिवस पुनमंत। करिअ चुमाओन राए बसंत॥ 6॥
सँपुन सुधानिधि दधि भल भेल। भमि भमि भमर हँकारए गेल॥ 8॥
केसु कुसुम सिंदुर सम भास। केतिक धूलि बिथरहु पटबास॥ 10॥
भनइ विद्यापति कविकंठहार। रस बुझ सिबसिंह सिब अवतार॥ 12॥

शब्दार्थ—1. अभिनव = नवीन। बइसक = बैठने के लिए आसन। 2. धवल = स्वच्छ। पुरहर = ब्याह का मांगलिक कलश जो चूने से पुता रहता है। 3. मकरंद = पुष्परस। मंदाकिनि-पानि = गंगा का पानी। 4. अरुण = लाल। असोग = अशोक। दीप = दीपक। दहु आनि = ला दिया। 5. पुनमंत = पुण्यमय, शुभ। 6. वसंत रूपी दुलहे का चुमाओन करो, चुमाओ। 7. संपुन = संपूर्ण, पूर्ण। सुधानिधि = चंद्र। दधि भेल = दही बना। 8. भमि = भ्रमण कर। भ्रमर = भौंरा। हँकारए गेल = निमंत्रण देने चला। 9. केसु = पलास। कुसुम = फूल। भास = मालूम होता। 10. धूल = पराग। बिथरहु = बिखेर दिया है।

(180)

दखिन पबन बह दस दिस रोल। से जनि बादी भाषा बोल॥ 2॥
मनमथ काँ साधन नहि आन। निरसाओल से मानिनि मान॥ 4॥
माइ हे सीत-बसंत बिबाद। कओन बिचारब जय-अबसाद॥ 6॥
दुह दिस मधथ दिवाकर भेल। दुजबर कोकिल साखी देल॥ 8॥
नव पल्लव जयपत्रक भाँति। मधुकर-माला आखर-पाँति॥ 10॥
बादी तह प्रतिबादी भीत। सिसिर-बिंदु हो अंतर हीत॥ 12॥
कुंद-कुसुम अनुपम बिकसंत। सतत जीति बेकताओ बसंत॥ 14॥
विद्यापति कवि एहो रस भान। राजा सिवसिंह एहो रस जान॥ 16॥

शब्दार्थ—1. रोल = शोर करता हुआ। 4. निरसाओल = नि:शेष कर दिया। 5. जय अबसाद = जीत और हार। 6. मधथ = मध्यस्थ। 8. दुजबर = (1) द्विजश्रेष्ठ, (2) पक्षी-श्रेष्ठ। 9-10. नए पल्लव जयपत्र (जिस पर फैसला लिखा जाता है) और भौंरों के समूह अक्षरों की पंक्तियाँ हैं। 11-12. मुद्दई (वसंत) से मुद्दालह डर गया और ओस की बूँदें अंतर्हित होने लगीं। 14. बेकताओ = प्रकट किया।

(181)

अभिनव कोमल सुंदर पात। सगर कानन पहिरल पट रात॥ 2 ॥
मलय-पवन डोलए बहु भाँति। अपन कुसुम रसे अपनहि माति॥ 4 ॥
देखि-देखि माधव मन हुलसंत। बिरिंदावन भेल बेकत बसंत॥ 6 ॥
कोकिल बोलए साहर भार। मदन पाओल जग नब अधिकार॥ 8 ॥
पाइक मधुकर कर मधु पान। भमि-भमि जोहए मानिनि-मान॥ 10 ॥
दिसि-दिसि से भमि बिपिन निहारि। रास बुझाबए, मुदित मुरारि॥ 12 ॥
भनइ विद्यापति ई रस गाव। राधा-माधव अभिनव भाव॥ 14 ॥

शब्दार्थ—1. अभिनव = नवीन। पात = पत्ते। 2. सगर = संपूर्ण। रात = लाल। मानो समूचे वन ने लाल वस्त्र पहन लिया हो। 3. डोलए = बह रहा है। 4. माति = मत्त होकर फूल अपने अपने रस में आप ही पागल है। 5. हुलसंत = हुलसित हुआ। 6. बेकत भेल = प्रकट हुआ। 7. साहर = आम्रमंजरी। 8. मदन = कामदेव। 9. पाइक = पायक, पैकार, ग्राहक (?) दूत। मधुकर = भौंरा। 10. भमि-भमि = भ्रमण कर। जोहए = खोजता है। 11. बिपिन = वन। निहारि = देखकर। 12. प्रसन्न चित्त कृष्ण रासलीला कर रहे हैं।

(182)

चलु देखए जाऊ रितु बसंत। जहाँ कुंद-कुसुम केतिक हसंत॥ 2 ॥
जहाँ चंदा निरमल भमर कार। जहाँ रयनि उजागर दिन अँधार॥ 4 ॥
जहाँ मुगुधलि मानिनि करए मान। परिपंथिहि पेखए पँचबान॥ 6 ॥
परिठबइ सरस कवि-कंठहार। मधुसूदन राधा बन बिहार॥ 8 ॥

शब्दार्थ—3. निरमल = स्वच्छ। भमर = भ्रमर, भौंरा। कार = काला। 4. जहाँ रात उजली-प्रकाशमय (फूलों और चंद्र के कारण) और दिन अंधकारपूर्ण (भौरों और गुल्म लताओं के कारण)। 6. परिपंथिहि = पथिकों को, विरोधियों को। पेखए = देखता है। पँचबान = कामदेव।

(183)

मधुरितु मधुकर पाँति। मधुर कुसुम-मधुमाति॥
मधुर वृंदाबन माँझ। मधुर मधुर रसराज॥
मधुर जुबति जन संग। मधुर मधुर रसरंग॥

मधुर मृदंग रसाल। मधुर मधुर करताल॥
मधुर नटन-गति भंग। मधुर नटनि नट संग॥
मधुर मधुर रस गान। मधुर विद्यापति भान॥

शब्दार्थ—मधुरितु = वसंत। मधुकर = भौंरा। मधुमांति = मधु से मत्त। माँझ = में। मधुकर नृत्य का गति भंग (भाव-भंगी) मधुर नाचने वाली के साथ (मधुर) नट का (मधुर) संग।

(184)

बाजति द्रिगि द्रिगि धौद्रिम द्रिमिया।
नटति कलावति माति श्याम संग, कर करताल प्रबंधक धुनिया॥ 2॥
डम डम डफ डिमिक डिम मादल, रुनुझुनु मंजिर बोल।
किंकिनि रनरनि बलआ कनकनि, निधुबन रास तुमुल उतरोल॥ 4॥
बीन रवाब मुरज स्वरमंडल, सा रि ग म प ध नि सा बहु विधि भाव।
घटिता घटिता धुनि मृदंग गरजनि, चंचल स्वरमंडल करु राव॥ 6॥
स्त्रम भर गलित ललित कबरीयुत, मालति माल बिथारल मोति।
समय बसंत रास-रस वर्णन, विद्यापति मति छोभित होति॥ 8॥

शब्दार्थ— 1. नटति = नाच रही है। माति = मत्त होकर। धुनिया = आवाज। 3. मादल = एक बाजा। 4. बलआ = कंगना। निधुबन = निधुबन में रासलीला जोश के साथ हो रही है। 5. रवाब = सारंगी ढंग का एक बाजा। 6. राव = स्वर। 7. परिश्रम के कारण शिथिल और दोलायमान केश में लगी मालती की माला मोती बिखेर रही है। 8. छोभित = क्षोभित,चंचल।

(185)

रितुपति-राति रसिक रसराज। रसमय रास रभस रस माँझ॥ 2॥
रसमति रमनि-रतन धनि राहि। रास रसिक सह रस अबगाहि॥ 4॥
रंगिनि गन रस रंगहि नटई। रनरनि कंकन किंकिनि रटई॥ 6॥
रहि-रहि राग रचए रसवंत। रतिरत रागिनि रमन वसंत॥ 8॥
रटति रवाब महति कपिनास। राधारमन करु मुरलि विलास॥ 10॥
रसमय विद्यापति कवि भान। रूपनराएन भूपति जान॥ 12॥

शब्दार्थ—1. महति = बड़ी वीणा। कपिनास = एक वाद्ययंत्र। खेपबि = बिताएगा।

(186)

मलय पवन बह। बसंत बिजय कह॥
भमर करए रोर। परिमल नहि ओर॥
रितुपति रँग देला। हृदय रभसँ भेला॥

अनंग मंगल भेलि। कामिनि करथु केलि॥
तरुन तरुनि संगे। रइनि खेपब रंगे॥
बिरहि बिपदि लागि। केसु उपजल आगि॥
कवि विद्यापति भान। मानिनि जीवन जान॥
नृत रुद्रसिंह बरु। मेदिनि कलपतरु॥

विरह

(187)

सखि हे बालँम जितब बिदेसे।
हम कुलकामिनि कहइते अनुचित, तोहहुँ दे हुनि उपदेसे॥ 2॥
ई न बिदेसक बेलि।
दुरजन हमर दुख न अनुमापब, तें तोहे पिया जाह एलि॥ 4॥
किछुदिन करथु निबासे।
हमे पूजल जे सेहे पए भुंजब, राखथु पर-उपहासे॥ 6॥
होएताह किए बध-भागी।
जेहि खन हुनि मन जाएब चिंतब, हमहु मरब धसि आगी॥ 8॥
विद्यापति कवि भाने।
राजा सिवसिंह रूपनराएन, लखिमा देइ रमाने॥ 10॥

शब्दार्थ— 1. जितब = जीतेंगे (अपशकुन समझकर 'जाएँगे' ऐसा नहीं कहती)। तोहहुँ = तुम भी। हुनि = उनको। 3. बेलि = बेला, समय। 4. अनुमापब = समझेंगे। तें तोहे पिया जाह एलि = इसीलिए तुम प्रीतम के निकट झट से जाओ। 5. करथु = करें। 6. जैसा मैंने किया है, वैसा फल मैं भोगूँगी, वे मुझे केवल दूसरे की निंदा से बचा लें। 7. होएताह = होएँगे। किए = क्यों। बध-भागी = हत्या का भागी। 8. जाएब चिंतब = जाने की सोचेंगे।

(188)

माधव, तोहें जनु जाह बिदेस।
हमरो रंग रभस लए जएबह, लएबअ कओन संदेस॥ 2॥
बनहि गमन करु होइति दोसरि मति, बिसरि जाएब पति मोरा।
हीरा मनि मानिक एको नहि माँगब, फेरि माँगब पहु तोरा॥ 4॥
जखन गमन करु नयन नीर भरु, देखहु न भेल पहु ओरा।
एकहि नगर बसि पहु भेल परबस, कइसे पुरत मन मोरा॥ 6॥
पहु सँग कामिनि बहुत सोहागिनि, चाँद निकट जइसे तारा।
भनइ विद्यापति सुनु बर जौबति, अपन हृदय धरु सारा॥ 8॥

शब्दार्थ—1. जनु जाह = मत जाओ। 2. रंग-रभस = आमोद-प्रमोद। 3. मोरा बिसरि जाएब = मुझे भूल जाओगे। 4. नीर = आँसू। पहु ओरा = प्रीतम की ओर। 6. पुरत = पूरा होगा। 8. सारा = (यहाँ) धैर्य।

"सत्सूत्रं सविधानं सदलङ्कारं सुवृत्तमच्छिद्रम्।
को धारयति न कण्ठे सत्काव्यं माल्यमध्वं च॥ "

(189)

कालि कहल पिआ साँझहि रे, जाएब मएँ मारुअ देस।
हमें अभागलि नहि जानल रहे, संगहि जइतहुँ सैह देश॥ 2॥
हृदय मोर बड़दारुन रे, पिया बिनु बिहरि न जाए॥ 3॥

× × ×

एकहि सयन सखि सूतल रे, अछल बालँम निसि मोर।
न जानल कखन तेजि गेल रे, बिछुरल चकबा चोर॥ 5॥
सून सेज हिअ सालए रे, पिआ बिनु मरब मएँ आजि।
मिनति करओं सहलोलिनि रे, मोहि देह अगिहर साजि॥ 7॥
विद्यापति कवि गाओल रे, आबि मिलब पिआ तोर।
लखिमा देह बर नागर रे, राए सिबसिंह नहि भोर॥ 9॥

शब्दार्थ—1. मारुअ = मथुरा। 2. जइतहुँ = जाती। 3. दारुन = कठोर। बिहरि = फट जाना। 4. अछल = था। जोर = जोड़ा। 6. सालए = पीड़ा देती है। 7. सहलोलनि = सहेली। मोहि....मुझे अग्निचिता सजा दो, जिसमें जल जाऊँ।

(190)

मधुपुर मोहन गेल रे, मोरा बिहरत छाती।
गोपी सकल बिसरलन्हि रे, जत छलि अहिबाती॥ 2॥
सूतलि छलहुँ अपन घर रे, गेलहुँ सपनाई।
करसएँ छुटल परसमनि रे, कओन लेल अपनाई॥ 4॥
कत कहबों कत सुमिरबों रे, हमे मरिअ गरानि।
आनक घन सएँ धनबंति रे, कुबजा भेलि रानि॥ 6॥
गोकुल चान चकोरल रे, चोरी गेल चंदा।
बिछुड़ि चललि दुहु जोड़ी रे, जिब दए गेल धंदा॥ 8॥
काक भाख निज भाखह रे, पहु आओत मोरा।
खीर खाँड़ भोजन देब रे, भरि कनक कटोरा॥ 10॥

भनहि विद्यापति गाओल रे, धैरज धरु नारी।
गोकुल होएत सोहाओन रे, पुनि मिलत मुरारी॥ 12॥*

शब्दार्थ—1. मधुपुर = मथुरा। गेल = गया। मोरा = मेरा। बिहरत = फट जाएगी। 2. बिसरलन्हि = भूल गए। जत = जितनी। छलि = थीं। अहिबाती = सौभाग्यवती। 3. सूतलि = सोई। छलहुँ = (मैं) थी। अपन = अपने। गेलहुँ सपनाई = स्वप्न देखने लगी। 4. कर = हाथ। छूटल = छूट गया। परसमनि = स्पर्शमणि पारस। लेल अपनाई = अपना लिया। 5. कत = कितना। कहबों = कहूँगी। सुमिरबों = स्मरण करूँगी। मरिअ गरानि = ग्लानि से मर रही हूँ। आनक = दूसरे का। सएँ = से। भेलि = हुई। 7. गोकुल का चंद्रमा चकोर बन गया = जो यहाँ चंद्रमा के समान था—जिसे हजार-हजार गोपियाँ चकोरी की तरह देखती थीं—वही आज स्वयं चकोर बनकर दूसरी को—कुब्जा को देख रहा है। हा! मेरा चंद्र चोरी चला गया। 8. बिछुड़ि = बिछुड़कर। चललि = चली। दुहु जोड़ी = दोनों (राधा-कृष्ण) की जोड़ी। जिब दए गेल धंदा = प्राणों में संदेह दे गया। 9. काक = काग, कौआ। भाख = बोली। भाखह = बोलो। पहु = प्रीतम। आओत = आएगा। 10. खीर = दूध। खाँड़ = मिश्री। देब = दूँगी। कनक = सोना। 12. सोहाओन = शोभायमान।

•

"सुभाषितरसास्वादबद्धरोमाञ्चकञ्चुकाः।
विनापि कामिनीसङ्गं कवयः सुखमासते॥"

(191)

सरसिज बिनु सर सर बिनु सरसिज, की सरसिज बिनु सूरे।
जौबन बिनु तन तन बिनु जौबन, की जौबन पिअ दूरे॥ 2॥
सखि हे मोर बड़ दैब विरोधी।
मदन बेदन बड़ पिआ मोर बोलछड़, अबहु देह परबोधी॥ 4॥
चौदिस भमर भम कुसुम-कुसुम रम, नीरस माँजरि पीबे।
मंद पवन बह पिक कुहु-कुहु कह, सुनि बिरहिनि कइसे जीबे॥ 6॥
सिनेह अछल जत हमें भेल न टूटत, बड़ बोल जत सब थीर।
अइसन के बोल दहु निज सिम तेजि कहु, उछल पयोनिधि नीर॥ 8॥
भनइ विद्यापति अरेरे कमलमुखि, गुनगाहक पिया तोरा।
राजा सिवसिंह रूपनराएन, सहजे एको नहि भोरा॥ 10॥

शब्दार्थ—1. की = क्या? सूरे = सूर्य। 4. बोलछड़ = प्रतिज्ञा भंग करने वाला।

---

* इस गीत की कुछ पंक्तियों के परिवर्तित रूप 'कृष्ण कवि' के नाम से प्राप्त है। व्याख्या के पृष्ठ में देखें। —दि० ला० आनंद

देह = दो। 5. भमर भम = भौंरे भ्रमण कर रहे हैं। 7. अछल = था। बड़ बोल जत सब थीर = बड़े लोग जो कुछ कहते हैं पक्का होता है। 8. के = कौन। सिम = सीमा।

(192)

सखि हे कतहु न देखिअ मधाई।

काँप शरीर थीर नहि मानस, अबधि नियर भेलि आई॥ 2॥
माधब मास तीथि भउ माधब, अबधि कइए पिआ गेला।
कुच-जुग संभु परसि कर बोललन्हि, तें परतिति मोहि भेला॥ 4॥
मृगमद चानन परिमल कुंकुम, के बोल सीतल चंदा।
पिअ बिसलेख अनल जओं बरिसए, बिपति चिन्हिअ भल मंदा॥ 6॥
भनइ विद्यापति सुन बर जौबति, चित जनु झाँखह आजे।
पिअ बिसलेख-कलेस मेटाएत, बालँम बिलसि समाजे॥ 8॥

शब्दार्थ—1.मधाई = माधव, कृष्ण। 2. मानस = मन। अवधि = मिलने का दिन। नियर = निकट। 3. माधब मास = बैसाख। माधब तिथि = एकादशी। गेला = गए। 4. कर = हाथ। तें = उससे। 5. के = कौन। 6. बिसलेख = विश्लेष, विच्छेद। अनल = आग। 7. झाँखह = झाँखों, पश्चात्ताप करो।

(193)

लोचन धाए फेधाएल, हरि नहि आएल रे।
सिब-सिब जिबओ न जाए, आस अरुझाएल रे॥ 2॥
मन करि तहाँ उड़ि जाइअ, जहाँ हरि पाइअ रे।
पेम-परसमनि जानि, आनि उर लाइअ रे॥ 4॥
सपनहु संगम पाओल, रंग बढ़ाओल रे।
से मोर बिहि बिघटाओल,, निंदओ हेराएल रे॥ 6॥
सुकवि विद्यापति गाओल, धनि धइरज धरु रे।
अचिरें मिलत तोहि बालम, पुरत मनोरथ रे॥ 8॥

शब्दार्थ—1. धाए = दौड़कर। फेधाएल = फेन सहित हो गए, (?) फूल गए। 2. जिबओ = प्राण भी। अरुझाएल = उलझ पड़े हैं। 3. मन कर = इच्छा होती है। उर लाइअ = छाती से लगा लूँ। 5. संगम = मिलन, भेंट। पाओल = पाया। 3. बिहि = ब्रह्मा। बिघटाओल = नष्ट किया। निंदओ हेराएल = नींद भूल गई, जाती रही। 8. अचिरें = शीघ्र ही। पूरत = पूरा होगा।

(194)

सखि मोर पिआ।

अबहु न आएल कुलिस-हिआ॥ 2॥
नखर खेलओलहुँ दिन लिखि-लिखि। नयन अँधाओलहुँ पिआपथ देखि॥ 4॥
जब हम बाला परिहरि गेला। किए दोस गुन बुझिओ न भेला॥ 6॥

अब हम तरुनि बुझब रस-भास। हेन जन नहि जे कहत पिआपास॥ 8॥
आब एहेन करि पिआ मोरा गेला। पुरबक जत गुन बिसरित भेल॥ 10॥
भनइ विद्यापति सुन अब राइ। कानु समुझाबइते अब चलि जाइ॥ 12॥

शब्दार्थ—2. आएल = आया। कुलिस-हिया = बज्र के ऐसा कठोर हृदय। 3. नखर = नख। खेलओलहुँ = घिसा दिया। प्रीतम के आने का दिन लिखते-लिखते मेरे नख घिस गए। 4. अँधाओलहुँ = अंधा बना लिया। पिआपथ = प्रीतम की राह। 5. बाला = भोली-भाली किशोरी। परिहरि गेला = छोड़कर चले गए। 6. किए = क्या। बुझिओ न भेला = कुछ न जान सकी। 7. तरुनि = युवती। रस-भाव = रस की बातें। 8. हेन = ऐसा। 10. पुरबक = पूर्व की। बिसरित = विस्मृत। 11. राइ = राधा। 12. कानु = कृष्ण।

(195)

आसक लता लगाओलि सजनी, नयनक नीर पटाए।
से फल अब तरुनत भेल सजनी, आँचर तर न समाए॥ 2॥
काँच साँच पहु देखि गेल सजनी,. तसु भन भेल कुह (?) भान।
दिन-दिन फल तरुनत भेल सजनी, अहुखन न करु गेआन॥ 4॥
सबकर पहु परदेस बसि सजनी, आएल सुमिरि सिनेह।
हमर एहन पति निरदए सजनी, नहि मन बाढ़ए नेह॥ 6॥
सुकवि विद्यापति गाओल सजनी, उचित आओत गुन साह।
उठि बधाब करु मन भरि सजनी, अब आओत घर नाह॥ 8॥*

शब्दार्थ—1-2. सखि, आँखों के पानी से सींचकर आशा की लता मैंने लगाई। अब उस लता का फल (कुच) जवानी में आ गया, पुष्ट हो चला, वह अंचल के नीचे समाता। 3. साँच = सचमुच। पहु = प्रीतम। तसु = उसके। कुह = कुहेसा (निराश)। अहुखन = इस समय भी। 6. एहन = ऐसा। 7. आओत = आएगा। गुनसाह = गुणवान्। 8. बधाव = बधैया। नाह = पति।

(196)

कौने गुने पहु परबस भेल सजनी, बुझल तनिक भल-मंद।
मनमथ मन मथ तनि बिनु सजनी, देह दहए निसि चंद॥ 2॥
कहओ पिसुन सत अवगुन सजनी, तनि सम मोहि नहि आन।
कतन जतन कए मेटिअ सजनी, मेटए न रेखपखान॥ 4॥
जओं दुरजन कटु भाखए सजनी, मोर मन न होए बिराम।
अनुभव राहु पराभव सजनी, हरिन न तेज हिमधाम॥ 6॥
जइओ तरनि जल सोखए सजनी, कमल न तेजए पाँक।
जे जन रतल जाहि सओं सजनी, कि करत बिहि भय बाँक॥ 8॥

---

* **मिथिला गीत-संग्रह में इस पद के रचयिता हैं धैरजपति।**

विद्यापति कवि गाओल सजनी, रस बूझए रसमंत।
राजा सिवसिंह मन दए सजनी, मोदवती देइ कंत॥ 10॥

शब्दार्थ—1.तनिक = उनका। 2. मनमथ = कामदेव मन को मंथन कर रहा। तनि = उनके। 3. दुष्ट लोग भले ही उनके सैकड़ों अवगुण मुझसे कहें किंतु मेरे लिए उनके समान दूसरा कोई नहीं है। 4. पखान = पत्थर। 5. विराम = ठहरना। राहु पराभव = राहु द्वारा पीड़ित होने पर, ग्रस लिए जाने पर। हिमधाम = चंद्रमा। 7. तरनि = सूर्य। 8. रतल = अनुरक्त। कि करत = ब्रह्मा विमुख होकर क्या करेगा?

(197)

माधब हमर रटल दुर देस। केओ न कहए सखि कुसल-सनेस॥ 2॥
जुग-जुग जिबथु बसथु लाख कोस। हमर अभाग हुनक नहि दोस॥ 4॥
हमरे करमे भेल बिहि बिपरीत। तेजल माधब पुरुब पिरीत॥ 6॥
हृदयक बेदन्न बान समान। आनक दुख आन नहि जान॥ 8॥
भनइ विद्यापति कवि जयराम। दैब लिखल परिनत फल बाम॥ 10॥

शब्दार्थ—1. रटल = चला गया। 2. केओ = कोई। सनेस = संदेश। 3. जिबथु = जिएँ। बसथु = बसें। 4. हुनक = उनका। 5. बिहि = ब्रह्मा। 6. तेजल = छोड़ दिया। 7. बेदन = वेदना, दुःख। 8. आनन्न = दूसरे का। 10. बाम = विपरीत।

●

"कृतमन्दपदन्यासा विकचश्रीश्चारुशब्दभगवती।
कस्य न कम्पयते कं जरेव जीर्णस्य सत्कवेर्वाणी।"

(198)

जौबन रतन अछल दिन चारि। ताबे से आदर कएल मुरारि॥ 2॥
आबे भेल झाल कुसुम रस छूछ। बारि बिहुन सर केओ नहि पूछ॥ 4॥
हमरि ए बिनति कहब सखि रोए। सुपुरुष नेह अंत नहि होए॥ 6॥
जाबे से धन रह अपना हाथ। ताबे से आदर कर संग-साथ॥ 8॥
धनिकक आदर सबतहु होए। निरधन बापुर पुछ नहि कोए॥ 10॥
भनइ विद्यापति राखब सील। जओं जग जिबिअ नबओ निधि मील॥ 12॥

शब्दार्थ—1. अछल = था। 2. ताबे से = तब तक। कएल = किया। झाल = कटु, गंधहीन। रस छूछ = रस से हीन। 4. बारि-बिहून = पानी से रहित। सर = तालाब। केओ = कोई। 5. रोए = रोकर। 8. जाबे = जब तक। ताबे = तब तक। संग-साथ = संगी-साथी, मित्र-कुटुंब। 9. धनिक = धनियों का। सबतहु = सर्वत्र। 10. बापुर = बेचारा। 11. सील = मर्यादा। 12. यदि जग में जीवित रहो तो नवो निधियाँ प्राप्त हो सकती हैं।

●

Poetry is at bottom a criticism of life. The greatness of a poet lies in his powerful and beautiful application of ideas to life. —Mathew Arnold

(199)

सखि हे हमर दुखक नहि ओर।
ई भर बादर माह भादर, सून मंदिर मोर॥ 2॥
झंपि घन गरजति संतत, भुवन भरि बरसंतिया।
कन्त पाहुन काम दारुन, सघन खर सर हंतिया॥ 4॥
कुलिस कत सत पात मुदित, मयूर नाचत मातिया।
मत्त दादुर डाक डाहुक, फाटि जाएत छातिया॥ 6॥
तिमिर दिग भरि घोरि यामिनि, अथिर बिजुरिक पाँतिया।
विद्यापति कह कइसे गमाओब, हरि बिना दिन-रातिया॥ 8॥

शब्दार्थ—2. (इस पद्य का चरण अत्यंत प्रसिद्ध है। स्वयं रवींद्रनाथ ठाकुर ने कई बार इसे उद्धृत किया है) भर = भरा हुआ। बादर = मेघ। 3. संतत = सदा। 4. पाहुन = प्रवासी। खर = तेज बाण। हंतिया = मरता है। 5. कत सत = कई सौ। पात = गिरता है। माति = मत्त होकर। डाक = पुकारता है। डाहुक = एक बरसाती पक्षी। 7. दिग = दिशा। अथिर = चंचल। 8. कइसे = किस प्रकार। गमाओब = बिताऊँगी।

(200)

मोर बन-बन सोर सुनइत, बढ़ए मनमथ पीर।
प्रथम छार असाढ़ आओल, अबहु गगन गँभीर॥ 2॥
दिबस रयनी कइसे रे सखी, मन मोहन बिनु जाए॥ 3॥
आबए साओन बरिख भाओन, घन सोहाओन बारि।
पंचसर-सर छुटए कइसे, जिअए बिरहिनि नारि॥ 5॥
आबए भादो बेगर माधो, काहि कहु एहो दूख।
निडर डर-डर डाक डाहुक छुटए मदन बनूक॥ 7॥
आबए आसिन गगन-भासिन (?), घनन घनघन रोल।
*सिंह भूपति भनइ ऐसन, चतुर मास कि बोल॥ 8॥

शब्दार्थ—1. भाऔन = जो मन को भावे। 5. पंचसर = कामदेव। 7. बेगर = बिना। काँसों = किससे। 7. डर-डर डाक डाहुक = डाहुक (पक्षि विशेष) डर-डर शब्द से पुकार रहा है—मानो कामदेव की बंदूक छूट रही हो।

(201)

फुटल कुसुम नव कुंज कुटिर बन, कोकिल पंचम गाबे रे।
मलयानिल हिमसिखर सिधारल, पिआ निज देश ने आबे रे॥ 2॥
चान चानन तन अधिक उतापए, उपबन अलि उतरोले रे।
समय बसंत कंत रहु दुर देस, जानल बिधि प्रतिकूले रे॥ 4॥

---

* यह पद विद्यापति का नहीं प्रतीत होता।

अनिमिख नयन नाह मुख निरखइते, तिरपति न भेल नयाने रे।
ई सुख समय सहए एत संकट, अबला कठिन पराने रे॥ 6॥
दिन-दिन खिन तनु हिम कमलिनि जनु, न जानि कि जिब परजंत रे।
विद्यापति कह धिकधिक जीवन, माधब निकरुन कंत रे॥ 8॥

शब्दार्थ—1. फुटल = प्रस्फुटित हुआ, खिल उठा। 2. मलयानिल हिमसिखर सिधारल = मलय-पवन हिमालय की ओर चला—दक्षिण-पवन बहने लगा। 3. चान = चंद्रमा। चानन = चंदन। उतापए = उत्तप्त कर देता है, जलाता है। 4. अलि उतरोले रे = भौरें गुंजार कर रहे हैं। 5. अनिमिख = अपलक। 7. हिम = बर्फ। परजंत = पर्यंत। 8. निकरुन = करुणा रहित, कठोर।

(202)

सजनी कान्ह कें कहब बुझाई।

रोपि पेम बिज अंकुर मड़ल, बाँचब कओने उपाई॥ 2॥
तेल-बिंदु जैसे पानि पसारिअ, ऐसन मोर अनुराग।
सिकता जल जैसे छनहि सुखाए सखि, तैसन मोर सोहाग॥ 4॥
कुल-कामिनि छलौं कुलटा भए गेलौं, तनिकर बचन लोभाई।
अपनेहि करें हमे मूड़ मुड़ाओल, कान्ह सओं पेम बढ़ाई॥ 6॥
चोर-रमनि जनि मने-मने रोइअ, अंबर बदन झपाई।
दीपक लोभ सलभ जनि धाएल, से फल भुजइत चाई॥ 8॥
भनइ विद्यापति ई कलिजुग रिति, चिंता करह न कोई।
अपन करम-दोष आपहि भुंजइ, जे जन पर-बस होई॥ 10॥

शब्दार्थ—1. कान्हकें=कृष्ण को। 2. मूड़ल=तोड़ दिया। पसारिअ=फैलाता है। 4. सिकता=बालू। तैसन=वैसा। सोहाग=सौभाग्य। 5. छलौं=थी। कुलटा=व्यभिचारिणी। तनिकर=उनके। 6. मूँड़ मुड़ाओल (मैथिली मुहावरा)=बदनामी हुई। 7. चोर-रमनि=चोर की स्त्री। अंबर=वस्त्र। ('चोरनारि जिमि प्रगट न रोई'—तुलसी) 8. सलभ=पतंग। जनि=ऐसा। भुजइत चाई=भोगना ही चाहिए। भुंजई=भोगता है।

(203)

के पतिआ लए जाएत रे, मोरा पिअतम पास।
हिए नहि सहए असह दुख रे, भेल साओन मास॥ 2॥
एकसरि भवन पिआ बिनु रे, मोहि रहलो न जाए।
सखि अनकर दुख दारुन रे, जग के पतिआए॥ 4॥
मोर मन हरि हरि लए गेल रे, अपनो मन गेल।
गोकुल तेजि मधुपुर बस रे, कत अपजस लेल॥ 6॥
विद्यापति कवि गाओल रे, धनि धरु मन आस।
आओत तोर मन भावन रे, एहि कातिक मास॥ 8॥

शब्दार्थ—के=कौन। भेल=हुआ, आया। 3. एकसरि=अकेली। 4. अनकर=दूसरे का। पतिआए=विश्वास करता है। 5. हरि लए गेल=हरकर ले गए। अपनो=स्वयं भी। 8. आओत=आवेगा।

(204)

सजनी, के कह आओब मधाई।
बिरह-पयोधि पार किअ पाओब, मोर मन नहि पतिआई॥ 2॥
एखन-तखन करि दिवस गमाओल, दिवस-दिवस करि मासा।
मास-मास करि बरस गमाओल, छाड़लि जीवन-आसा॥ 4॥
बरस-बरस करि समय गमाओल, तेजल कान्हक आसे।
हिमकर-किरिन नलिनि जदि जारब, कि कहब माधब मासे॥ 6॥
अंकुर तपन-ताप जदि जारब, कि करब बारिद मेहे।
इह नव जौबन बिरह गमाओब, कि करब से पिआ गेहे॥ 8॥
भनइ विद्यापति सुनु बर जौबति, आब नहि होओह निरासे।
से ब्रजनंदन हृदय-आनन्दन, तोरित मिलब तुअ पासे॥ 10॥

शब्दार्थ—1. आओब=आवेंगे। 2. पयोधि=समुद्र। 3. एखन-तखन=अब-तब। 5. कान्हक=कृष्ण की। 6. हिमकर=चंद्रमा। नलिनि=कमलिनी। जारब=जलाएगा। कि=क्या। माधब मास=वैशाख (वसंत)। 7. तपन-ताप=सूर्य की ज्वाला। 9. होओह=होओ। 10. तोरित=शीघ्र।

(205)

अंकुर तपन ताप यदि जारब, कि कहब बारिद मेह।
ई नव जौबन बिरह गमाओब, कि करब से पिया गेह॥ 2॥
हरि हरि के कह दैब-दुरासा।
सिन्धु निकट जदि कंठ सुखाएब, के दुर करब पिआसा॥ 4॥
चंदन-तरु जब सौरभ छोड़ब, ससधर बरिखब आगि।
चिंतामनि जब निज गुन छोड़ब, की मोर करम अभागि॥ 6॥
साओन माह घन-बिंदु न बरिखब, सुरतरु बाँझ कि छाँदे।
गिरिधर सेबि ठाम नहि पाएब, विद्यापति रहु धाँदे॥ 8॥

शब्दार्थ—2. के=कौन। 4. दुर करब=दूर करेगा। 5. सौरभ=सुगंध। ससधर=चंद्रमा। बरिखब=वर्षा करेगा। 6. चिंतामणि=वह मणि, जिससे जो कुछ माँगे, दे दे। 7. घन-बिंदु= मेघ की बूँद। सुरतरु=कल्पवृक्ष। बाँझ=बन्ध्या। कि छाँदे=किस प्रकार। 8. सेबि=सेवा कर। ठाम=जगह। धाँदे=चिंता।

(206)

चानन भेल विषम सर रे, भूषन भेल भारी।
सपनहुँ नहि हरि आएल रे, गोकुल गिरधारी॥ 2॥

एकसरि ठाढ़ि कदम-तर रे, पथ हेरथि मुरारी।
हरि बिनु देह दगध भेल रे, झामर भेल सारी॥ 4॥
जाह जाह तोहें ऊधव हे, तोहें मधुपुर जाहे।
चंद्रबदनि नहि जीउति रे, बध लागत काहे॥ 6॥
भनइ विद्यापति मन दए रे, सुनु गुनमति नारी।
आज आओत हरि गोकुल रे, पथ चलु झट-झारी॥ 8॥

शब्दार्थ—1. चानन=चंदन। विषम=कठोर। सर=बाण। भारी=भार-स्वरूप। 3. एकसरि=अकेले। पथ हेरथि=राह देख रही है। 4. दगध=दग्ध, जला हुआ। झामर=मलिन। 5. जाहे=जाओ। मधुपुर=मथुरा। 6. जीउति=जियेगी। बध=हत्या। काहे=क्यों। 8.झट-झारी=झटककर, शीघ्र-शीघ्र।

(207)

बिपत अपत तरु पाओल रे, पुन नव नव पात।
बिरहिनि-नयन बिहल बिहि रे, अबिरल बरिसात॥ 2॥
सखि अंतर बिरहानल रे, नित बाढ़ल जाए।
बिनु हरि लाख उपचारहु रे, हिअ दुख न मेटाए॥ 4॥
पिआ पिआ रटए पपिहरा रे, हिअ दुख उपजाब।
कुदिना हित जन अनहित रे, थिक जगत सोभाब॥ 6॥
कवि विद्यापति गाओल रे, दुख मेटत तोर।
हरखित चित तोहि भेटत रे, पिअ नंदकिसोर॥ 8॥

शब्दार्थ—1. विपत्ति-रूपी पत्रहीन वृक्ष ने पुनः (वर्षा आने पर) नए-नए पत्ते प्राप्त किए। 2. बिहल=विधान किया, बनाया। बिहि=ब्रह्मा। अबिरल=लगातार, निरंतर। अंतर=भीतर, हृदय में। बिरहानल=बिरह-रूपी अग्नि। 4. उपचार=उपाय। 6. कुदिना=कुदिन आने पर। अनहित=शत्रु। सोभाब=स्वभाव। थिक=है। 7. मेटत=मिटेगा।

(208)

मोर पिअतम सखि गेल दुर देस। जौबन दए गेल साल सनेस॥ 1॥
मास अषाढ़ उनत नव मेघ। पिआ बिसलेख रहओं निरथेघ॥
कोन पुरुष सखि कोन से देस। धरब तहाँ मएँ जोगिनि भेस॥ 2॥
साओन मास बरिस घन बारि। पंथ न सूझए निसि अँधियारि॥
चौदिसि देखिअ बीजुरि रेह। हे सखि कामिनि जिवन संदेह॥ 3॥
भादब मास बरिस घन घोर। सभ दिसि कुहुकए दादुर मोर॥
चिहुँकि चिहुँकि पिआ कोर समाए। गुनमति सूतलि अंग लगाए॥ 4॥
आसिन मास आस धर चीत। निकरुन नाह भेल नहि हीत॥
सर-बर खेलए चकबा हास। बिरहिनि बैरि भेल आसिन मास॥ 5॥

कातिक कंत दिगंतर बास। पिअ-पथ हेरि-हेरि भेलहुँ निरास।
सुख सुखराति सबहुँ काँ भेल। मोहि दुखसाल सोआमि दए गेल॥ 6॥
अगहन मास जीब मोर अंत। आबहु न आएल निरदय कंत॥
एकसरि हमे धनि सूतओं जागि। आओत नाह देत मोहि आगि॥ 7॥
पूस खीन दिन दीघरि राति। पिआ परदेस मिलन भेल काँति॥
हेरओं चौदिस झाँखओं रोए। नाह बिछोह काहु जनु होए॥ 8॥
माघ-मास घन पड़ए तुसार। झिलमिल केचुआँ उनत थन हार।
पुनमति सूतलि पिअतम कोर। विधि बस दैव वाम भेल मोर॥ 9॥
फागुन मास धनि जीव उचाट। विरह बिखिनि भेलि हेरओं बाट॥
मधु मातल पिक पंचम गाब। से सुनि कामिनि जीबहु संताब॥ 10॥
चैत चतुरपन पिअ परबास। मालि जानए नहि कुसुम बिकास॥
भमि-भमि भमरा करु मधुपान। नागर भए पहु भेल अगेआन॥ 11॥
बैसाख तब खर मरन समान। कामिनि कंत हनए पँचबान॥
नहि जुड़ि छाहरि न बरिस बारि। हम जे अभागिनि पापिनि नारि॥ 12॥
जेठ मास ऊजर नव रंग। कंत चाहए खेलु कामिनि-संग॥
रूपनरायण पूरथु आस। भनइ विद्यापति बारह मास॥ 13॥

शब्दार्थ—1. साल=काँटा। सनेस=भेंट। 2. उनत=उन्नत, चढ़ता हुआ। बिसलेख=विश्लेष, वियोग। रहओं=रहती हूँ। निरथेघ=निरवलंब। से=वह। 4.दादुर=मेढ़क। कोर=गोद। सूतलि=सोई। अंक=हृदय। 5. निकरुन=निष्करुण। 6. दिगंतर=दूर देश। बास=रहना। सुखराति=दीपावली की रात। सोआमि=स्वामी। 9. सूतओं जागि=जागकर सोती हूँ। जब मैं विरहज्वाला में मर जाऊँगी, तब प्रीतम मुझे आग देने के लिए आएँगे। 8. दीघरि=दीर्घ, बड़ी। झाँखओं=झँखती हूँ। तुसार=बर्फ। झिलमिल=बारीक चोली में उभरे हुए कुच हैं जिनके ऊपर हार है। बाम भेल=विमुख हुआ। 10. धनि जीब उचाट=बाला का जी उचट गया। बिखिनि = बिखिन्न। पिक=कोयल। से=वह। सँताब=सताता है। 11. परबास=प्रयास, विदेश में। कुसुम विकास=फूल का खिलना। भमि =भ्रमण कर। भमर=भौंरा। नागर=चतुर। पहु=प्रीतम। 12. तब=तब जाता है, गरम हो उठता है। खर=तीक्ष्ण। जुड़ि = ठंडी। छाहरि=छाया। बरिस=बरसता है। बारि=पानी। 13. ऊजर नवरंग=नये रंग उजड़ गए। पूरथु=पूरा करें।

(209)

माधव देखलि बियोगिनि बामे।

अधर न हास बिलास सखी संग, अहनिस जप तुअ नामें॥ 2॥
आनन सरद सुधाकर सम तसु, बोलए मधुर धुनि बानी॥
कोमल अरुन कमल कुम्हिलाएल, देखि मएँ अइलिहुँ जानी॥ 4॥

हृदयक हार भार भेल सुबदनि, नयन न होय निरोधे॥
सखि सब आए खेलाओल रँग करि, तसु मन किछुओ न बोधे॥ 6॥
रगड़ल चानन मृगमद कुंकुम, सभ तेजल तुअ लागी॥
धनि जलहीन मीन जकँ फिरइछ, अहनिस रहइछ जागी॥ 8॥
दूतिक सुनि उपदेस सुमिरि गुन, तहिखन चललाह धाई॥
मोदवतीपति राघबसिंह गति, कवि विद्यापति गाई॥ 10॥

शब्दार्थ—3. तसु=उसका। 4. कुम्हिलाएल=मुरझा गया। अइलिहुँ=मैं आई। 6. निरोधे=बन्द। 7. रगड़ल = घिसा। चानन = चंदन। मृगमद=कस्तूरी। कुंकुम = केशर। 8. जकँ=समान। फिरइछ=करती है। 9. तहिखन=उसी क्षण।

(210)

लोचन नीर तटिनि निरमाने। करए कलामुखि तथिहि सनाने॥ 2॥
सरस मृनाल करइ जपमाली। अहोनिस जप हरिनाम तोहारी॥ 4॥
वृंदाबन कान्हु धनि तप करई। हृदय-बेदि मदनानल बरई॥ 6॥
जिब करि समिध समर कर आगी। करति हेम बध होएबह भागी॥ 8॥
चिकुर सँभारि बरहि करि लेअई। फल उपहार प्रयोधर देअई॥ 10॥
भनइ विद्यापति सुनह मुरारी। तुअ पथ हेरइत अछि बर नारी॥ 12॥

शब्दार्थ—1-2. आँखों के आँसुओं से नदी का निर्माण कर वह चंद्रवदनी उसी में स्नान करती है। 3. मृनाल=कमल नाल। 5. करइ=बनाती है। जपमाली=जपमाला, सुमरिणी। 6. हृदय-स्वरूप वेदी पर काम की अग्नि धधक रही है। 7-8. अपने प्राणों को समिध (अग्निहोत्र की लकड़ी) बनाकर और स्मर कामदेव को अग्नि बना करके वह होम कर रही है, तुम इसकी हत्या के भागी बनोगे। 9. चिकुर=केश। बरहि=वहीं; कुश। सँभरि=सँभालकर। 10. पयोधर=कुच। 12. अछि=है।

(211)

अकामिक मन्दिर भेलि बहार। चहुँदिस सुनलक भमर-झंकार॥ 2॥
मुरुछि खसलि महि न रहलि थीर। न चेतए चिकुर न चेतए चीर॥ 4॥
केओ सखि बेनि धुन केओ धुरि झार। केओ चानन अरगजहि सँभार॥ 6॥
केओ बोल मंत्र कान पर जोलि। केओ कोकिल खेद डाकनि बोलि॥ 8॥
अरे अरे अरे कान्हु की रभसि बोरि। मदन-भुजँग डसु बालहि तोरि॥ 10॥
भनइ विद्यापति एह रस भान। एहि विष गारुड़ि एक पए कान॥ 12॥

शब्दार्थ— 1. अकामिक=अकस्मात। भेलि बहार=बाहर हुई। 2. भमर=भौंरा। 3. खसलि=गिर पड़ी। थीर=स्थिर। 4. चेतए=संभालती है। चिकुर=केश। चीर=साड़ी। 5. केओ=कोई। बेनि धुन=पंखा झलती है। धुरि झार=धूल झाड़ती है। 6. अरगजहि=कस्तूरी आदि के लेप से। सँभार=सँभालती है। 7. कान कर जोलि=कान में हाथ

जोड़कर। 8. खेद=खदेड़ती है। 9. कि रभसि बोरि=क्या रभसकर बोल रहे हो? 10. तुम्हारी प्रेमिका को (बालहि) कामदेव-रूपी सर्प ने काट लिया है। 11. एक कृष्ण ही इस विष के लिए गारुड़ि (विष उतारनेवाला) है।

(212)

माधब, कठिन हृदय परबासी।

तुअ पेअसि मएँ देखलि बराकिनि, अबहुँ पलटि घर जासी॥ 2॥
हिमकर हेरि अवनत कर आनन, कर करुना पथ हेरी।
नयन कागज लए लिखए विधुन्तुद, भयें रह ताहेरि सेरी॥ 4॥
दखिन पवन बह से कइसे जुबति, सह, कर कबलित तसु अंगे।
गेल परान आस दए राखए, दस नख लिखए भुजंगे॥ 6॥
मीनकेतन भएँ सिव सिव सिव कए, धरनि लोटाबए देहा।
कर-सरसिज लए कुच सिरिफल दए, सिव पूजए निज गेहा॥ 8॥
दुतर पयोधि फेने नहि सन्तरू, विद्यापति कवि भाने।
राजा सिवसिंह रूपनराएन, लखिमा देइ रमाने॥ 10॥

शब्दार्थ—1. परबासी=प्रवासी, विदेश में रहने वाला। 2. पेअसि=प्रेयसि, प्रेमिका। जासी=जाओ। 3. हिमकर=चंद्रमा। अवनत=नीचे। बिधुन्तुद=राहु। ताहेरि सेरी=उसकी शरण में। 9. विरहरूपी समुद्र फेन के सहारे मत तैरो। 5. कवलित=ग्रस्त, खा जाना। 6. गेल=गया हुआ। भुजंगे=सर्प (सर्प वायु को खा जाएगा, यह समझकर)। 7. मीनकेतन=कामदेव। 8. कर-सरसिज लए=हाथ रूपी कमल लेकर। सिरिफल=बेल।

(213)

कुसुमित कानन हेरि कमलमुखि, मुँदि रहु दुअओ नयान।
कोकिल कलरब मधुकर धुनि सुनि, कर लए झाँपए कान॥ 2॥

माधब सुन सुन बचन हमारा।

तुअ गुने सुंदरि अति भेलि दूबरि, गुनि गुनि पेम तोहारा॥ 4॥
धरनी धरि धनि कत बेरि बइसए, पुन तहिं उठए न पारा।
कातर दिठि करि चौदिस हेरि हेरि, नयन ढारए जलधारा॥ 6॥
तोहर बिरह दिन छन छन तनु छिन, चौदसि चाँद समान।
भनइ विद्यापति सिवसिंह नरपति, लखिमा देइ रमान॥ 8॥

शब्दार्थ—1. कुसुमित कानन=खिला हुआ वन। 2. मधुकर=भौंरा। पृथ्वी पकड़कर वह बाला कई बार बैठ जाती है और पुनः (चेष्टा करने पर) उठ नहीं सकती। 7. दिन=गरीब, असहाय। चौदसि=चतुर्दशी।

(214)

सरदक ससधर मुखरुचि सोंपलक, हरिनकें लोचन लीला।
केसपास लए चमरिकें सोंपलक, पाए मनोभव पीला॥ 2॥
माधब, जानल न जिअति राही।
जतबा जकर लेले छलि सुंदरि, से सब सोंपलक ताही॥ 4॥
दसन-दसा दाड़िमकें सोंपलक, बन्धुर अधर-रुचि देली।
देह-दसा सौदामिनि सोंपलक, काजर सनि धनि भेली॥ 6॥
भौंहक-भंग अनंन-चाप देल, कोकिलकें देल बानी।
केवल देह नेह अछि लओले, एतबा अएलहुँ जानी॥ 8॥
भनइ विद्यापति सुन बर जौबति, चित झाँखह जनु आबे।
राजा सिवसिंह रूपनराएन, लखिमा देइ रमाने॥ 10॥

शब्दार्थ—1. ससधर=चंद्रमा। मुखरुचि=मुख की शोभा। सोंपलक=समर्पण किया। 2. चमरि=वह गाय जिसकी दुमं का चँवर होता है। मनोभव=कामदेव। पीला=पीड़ा। 4. जतबा=जितना। जकर=जिसका। लेले=लिए हुई थी। 5. दाड़िम=अनार। बंधुर=बंधुली फूल। 6. सौदामिनि=बिजली। सनि=समान। 7. अनंग-चाप देल=कामदेव के धनु को दिया। 8.अछि=है। एतबा=इतना। 9. झाँखह=झँखो।

(215)

आएल उनमद समय बसंत। दारुन मदन निदारुन कंत॥ टेक॥
ऋतुराज आज बिराज हे सखि, नागरी जन बंदिते।
नव-रंग नव दल देखु उपवन, सहज सोभित कुसुमिते।
आरे कुसुमति कानन कोकिल साद। मुनिहुक मानस उपजु बिखाद॥ 1॥
अति मत्त मधुकर मधुर रव कर, मालती मधु-संचिते।
समय कंत उदंत नहि किछु, हमहि बिधि-बस-बंचिते॥
बंचित नागर सेहे संसार। एहि रितुपति जे न कर बिहार॥ 2॥
अति हार भार मनोज मारए, चाँद रबिसन भान ए।
पुरुष पाप संताप जत हो, मन मनोभव जान ए॥
जारए मनसिज मार सर साधि, चानन देह चौगुन ही धाधि॥ 3॥
सब धाधि आधि बेआधि जाइति, धरिअ धैरज कामिनी।
सुपहु मन्दिर तुरित आओत, सुफल जाइति जामिनी॥
जामिनी सुफल जाइति अवसान, धैरज धरु विद्यापति भान॥ 4॥

शब्दार्थ—1. उनमद=उन्मत्त, पागल। दारुन=कठिन। निदारुन=करुणाहीन। नागरी जन बंदिते=नागरी स्त्रियों द्वारा पूजित। नव=नवीन। दल=पत्ता। कुसुमित=खिले हुए। कानन=वन। साद=ध्वनि। 2. मधुकर=भौंरा। रव=आवाज। उदंत=वार्ता। सेहे=वही। 3. मनोज=कामदेव। चाँद रबि सन भान ए=चंद्रमा सूर्य के समान मालूम होता है।

जत=जितना। मनसिज=कामदेव। मार=मारता है। चानन=चंदन। धाधि=ज्वाला। 4. आधि बेआधि=शोक और पीड़ा। जाइति=जाएगी। सुपहु=सुप्रभु, प्यारे प्रीतम। आओत=आवेगा। जामिनी=रात। अवसान=अंत। भान=कहते हैं।

(216)

माधब, कत परबोधब राधा।

हा हरि हा हरि कहितहि बेरि बेरि, अब जिब करब समाधा॥ 2॥
धरनी धरि धनि जतनहि बइसए, पुनहि उठए नहि पारा।
सहजहि बिरहिनि जग महा तापिनि, बैरि मदन-सर-धारा॥ 4॥
अरुन नयन नोरें तितल कलेबर, बिलुलित दीरघ केसा।
मन्दिर बाहिर करइत संसय, सहचरि गन तहि सेसा॥ 6॥
आनि नलिनि केओ रमनि सुताओलि, केओ देअ मुख पर नीरे।
निसबद पेखि केओ साँस निहारए, केओ देअ मंद समीरे॥ 8॥
कि कहब खेद भेद जनि अन्तर, घन घन उतपत साँस।
भनइ विद्यापति सेहो कलावति, जीव बाँधल आस-पास॥ 10॥

शब्दार्थ—2. समाधा=समाप्त। 3. बइसए=बैठती है। 5. नोरें=आँसू। तितल=भीगा हुआ। 6. सेसा=अंत, मृत्यु। सुताओलि=सुलाई। 8. उतपत=उत्तप्त, गर्म। 10. आस-पास=आशा के बन्धन में।

(217)

अनुखन माधब माधब सुमरइते, सुंदरि भेलि मधाई।
ओ निज भाव सुभाबहि बिसरल, अपनेहि गुन लुबुधाई॥ 2॥
माधब, अपरूब तोहर सिनेह।
अपनेहि बिरहें अपन तनु जरजर, जिबइते भेल संदेह॥ 4॥
भोरहि सहचरि कातर दिठि हेरु, छल-छल लोचन पानि।
अनुखन राधा राधा रटइत, आधा आधा बानि॥ 6॥
राधा सँग जब पुन तहि माधब, माधब सँग जब राधा।
दारुन प्रेम तबहि नहि टूटत, बाढ़त बिरहक बाधा। 8॥
दुहुदिस दारुन-दहन जैसे दगधई आकुल कीट परान।
ऐसन बल्लभ हेरि सुधामुखि, कवि विद्यापति भान॥ 10॥

अर्थ—इस पद्य में प्रेम की पराकाष्ठा हो गई है। राधा विरहवश, प्रेम में तल्लीन हो, अपने ही को कृष्ण समझ लेती है और 'राधा-राधा' चिल्लाने लगती हैं। पुनः जब होश में आती हैं तब कृष्ण के लिए व्याकुल हो उठती हैं। यों दोनों अवस्थाओं में मर्म व्यथा सहती हैं।

(218)

रामा हे, से किअ बिसरल जाई।

कर धरि माथुर अनुमति मँगइत, ततहि परल मुरछाई॥ 2॥
किछु गदगद सरे लहु-लहु आखरे, कान्ह कहल बर रामा।
कठिन कलेबर तहिं चलि आओल, चित्त रहल ओहि ठामा॥ 4॥
तनि बिनु राति दिबस नहि भावए, ताहि रहल मन लागी।
आन रमनि सँग राज सम्पद हमे, आछिअ जइसे बिरागी॥ 6॥
दुइ एक दिवस निचय हम जाओब, तोहें परबोधह राई।
विद्यापति कह चित्त रहल नहि, पेम मिलाएब जाई॥ 8॥

शब्दार्थ—1. रामा=सुंदरी (सखि)। से=वह। किअ=क्यों। बिसरल=भूलना। 3. सरे=स्वर में। लहु-लहु आखरे=मधुर शब्दों में। 4. तहिं=उसी से। 5. तनि=वह (राधा)। 6. आन=अन्य। आछिअ=हूँ। निचय=निश्चय। तोहें=तुम।

(219)

तिला एक सयन ओत जिब न सहए, न रहए दुहु तनु भीन॥
माँझे पुलक गिरि-अंतर मानए, अइसन रह निसि-दीन॥ 2॥

सजनी कोन परि जीबए कान।

राहि रहलि दुर हमें मथुरापुर, एतवाहु सहए परान॥ 4॥
अइसन नगर अइसनि नव नागरि, अइसन संपद मोर॥
राधा बिनु सब बाधा मानिअ, नयन न तेजिअ नोर॥ 6॥
से जमुना जल से रमनीगन, सुनइते चमकित चीत॥
कह कबिसेखर अनुभवि जनलहुँ, बड़ जन बड़िहि पिरीत॥ 8॥

शब्दार्थ—1.तिला एक=एक क्षण के लिए भी। ओत=ओट। भीन=भिन्न। माँझे=मध्य में। 2. मिलने के समय रोमांच हो जाने से मिलने में किंचित् नाम-मात्र का व्याघात हो जाता था, अतएव, रोमांच हम लोगों को पहाड़ के समान मालूम पड़ता था, इस प्रकार हम दिन-रात मिले हुए थे। 3. कोन परि=किस प्रकार। 5. अइसन=ऐसा। 6. नोर=आँसू। अनुभवि=अनुभव करके। जनलहुँ=जान गया।

भावोल्लास

(220)

सरस बसंत समय भल पाओल, दछिन पबन बहु धीरे॥
सपनहुँ रूप बचन एक भाखिए, मुख सओ दुरि करु चीरे॥ 2॥
तोहर बदन सन चान होअथि नहि, जइओ जतन बिहि देला॥
कए बेरि काटि बनाओल नव कए, तइओ तुलित नहि भेला॥ 4॥

लोचन-तूल कमल नहि भए सक, से जग के नहि जाने॥
से फेरि जाए नुकाएल जल भए, पंकज निज अपमाने॥ 6॥
भनइ विद्यापति सुनु बर जौबति, ई सभ लछमी समाने॥
राजा सिबसिंह रूपनराएन, लखिमा देइ रमाने॥ 8॥

शब्दार्थ—1. पाओल=पाया। 2. स्वप्न में एक आदमी ने आकर कहा—अरी, मुख से अंचल हटाओ (?)। 3. बदन=मुख। चान=चंद्रमा। जइओ=यद्यपि। बिहि=विधाता। 4.कए=कितने। तइओ=तो भी। तुलित=तुल्य, समान। 5. तूल=तुल्य। भए सक=हो सकता। नुकाएल=छिप गया। जलभए=जल में। पंकज=कमल। ई सभ=यह सब।

(221)

सुतलि छलहँ हमे घरबा रे, गरबा मोतिहार॥
राति जखन भिनुसरबा रे, पिआ आएल हमार॥ 2॥
कर कौसल कर कपइत रे, हरबा उर टार॥
कर-पंकज उर थपइत रे, मुख-चंद्र निहार॥ 4॥
केहनि अभागलि बैरिनि रे, भाँगलि मोर निंद॥
भल कए नहि देखि पाओल रे, गुनमय गोबिंद॥ 6॥
विद्यापति कबि गाओल रे, धनि मन धरु धीर॥
समय पाए तरुबर फर रे, कतबो सिचु नीर॥ 8॥

शब्दार्थ— 1. सुतलि छलहुँ=सोई थी। गरबा=गले में। 2. जखन=जिस समय। भिनुसरबा=भोर, उषःकाल। आएल=आया। 3. चतुराई करते हुए काँपते हाथ से हृदय का हार हटाया। 4. कर-पंकज=कमल रूपी हाथ। थपइत=स्थापित करते, धरते। छाती पर हाथ देकर मुँह देखने लगे। 5. केहनि=कैसी। अभागलि=अभागिनी। 6. भल कए=अच्छी तरह। 8. फर=फरता है। कतबो सिचु नीर=कितना भी पानी पटाओ।

(222)

मोरा रे आँगना चानन केरि गछिआ, ताहि चढ़ि कुररए काग रे।
सोने चोंच बाँधि देब तोहि बायस, जओ पिआ आओत आज रे॥ 2॥
गाबह सखि सब झूमरि लोरी, मयन-अराधए जाउँ रे।
चहुदिस चम्पा मउली फूललि, चान इजोरिआ राति रे॥
कइसे कए हमे मयन अराधब, होइति बड़ि रति-साति रे॥ 5॥
विद्यापति कवि गाबए तोहर, पहु अछ गुनक निधान रे।
राअ भोगीसर सब गुन आगर, पदमा देइ रमान रे॥ 7॥

शब्दार्थ—1. आँगना=आँगन में। चानन केरि=चंदन का। गछिआ=वृक्ष। कुररए=बोल रहा है। 5. सोने=स्वर्ण से। तोहि=तुझे। बायस=काग। 3. गाबह=गाओ।

मयन-अराधए=कामदेव की आराधना करने। 4. मउली=मल्लिका। चान=चंद्रमा। इजोरिआ=चाँदनी। कइसे कए=किस प्रकार। होइति=होगी। रति-साति=रति-जनित पीड़ा। 6. पहु=प्रीतम। अछ=है। 7. रमान=पति।

(223)

आँगने आओब जब रसिआ। पलटि चलब हमे ईषत हँसिआ॥ 2॥
रसति-नागरि रमानी। कत तक जुगति मनहि अनुमानी॥ 4॥
आबेसे आँचर पिआ धरबे। जाएब हमे न जतन पहु करबे॥ 6॥
केंचुआ धरब जब हठिआ। करे कर बारब कुटिल आध दिठिआ॥ 8॥
रभस माँगब पिआ जबहि। मुख मोड़ि बिहुँसि बोलब नहि तबही॥ 10॥
सहजहि सुपुरुख भमरा। चिर धरि पिअब अधर-रस हमरा॥ 12॥
तखन हरब मोर गेआने। विद्यापति कह धनि तुअ धेआने॥ 14॥

शब्दार्थ—1. आँगने=आगन में। आओब=आएँगे। 2. ईषत=थोड़ा-थोड़ा। 4. कत=कितनी। जुगति=युक्ति। 5. आबेसे=आवेश में; उत्तेजित होकर वे यत्न करेंगे, किंतु मैं न जाऊँगी। 7. केंचुआ=कंचुकी, चोली। हठिआ=हठकर। 8. (अपने) हाथ से (उनके) हाथ को रोकूँगी, और तिरछी एवं आधी चितवन से देखूँगी। 9. रभस=रति-क्रीड़ा। 10. बिहुँसि=हँसकर। 11. भमरा=भौंरा। पिअब=पिएगा। 13. तखन=उस समय। (काम-क्रीड़ा के समय) ज्ञान हर लेंगे।

(224)

आओब जखन पिआ मोर गेहे। मंगल जतन करब निज देहे॥ 2॥
कनअ कुम्भ करि कुच जुग राखि। दरपन धरब काजर दए आँखि॥ 4॥
बेदि बनाओब अंकम अपने। झाड़ि करब ताहि चिकुर बिछाने॥ 6॥
कदलि रोपब हम गरुअ नितंब। आम पल्लब तोहे किंकिनि सुझंप॥ 8॥
दिसि-दिसि आनब कामिनि ठाट। चौदिस पसारब चाँदक हाट॥ 10॥
विद्यापति भन पूरब आस। दुइ एक पलके मिलब तुअ पास॥ 12॥

शब्दार्थ—1. आओब=आवेंगे। गेहे=घर में। जितना मंगल करना होगा, अपने शरीर में करूँगी। 3. कनअ कुंभ=सोने की घड़े। कुच-जुग=दोनों कुच। 4. आँखों में काजर लगाकर उसे दर्पण-रूप में धरूँगा=मेरी आँखों में प्रीतम अपना रूप देखेंगे। 5. बेदी=चौका। अंकम=गोदी। 6. उसे झाड़कर बालों का बिछावन करूँगी। 6. कदलि=केला। गरुअ=विशाल। सुझंप=आन्दोलित; शब्दित। 9. आनब=लाऊँगी। ठाट=समूह। हाट=बाजार (स्त्रियों के मुख-चंद्रमा ही चंद्रमा से दीख पड़ेंगे।)

(225)

दुहुक दुलभ दुहु दरसन भेल। बिरह जनित दुख सबे दुर गेल॥ 2॥
कर धरि बइसाओल विचित्र आसन। रमन-रतन-स्याम रमनी रतन॥ 4॥

बहु बिधि बिलसए बहु बिधि रंग। कमल मधुप जनि पाओल संग॥ 6॥
नयन नयन दुहु बयन बयान। दुहु गुन दुहु गुन दुहुजन गान॥ 8॥
भनइ विद्यापति नागरि भोरि। त्रिभुवन विजयी नागर चोरि॥ 10॥

शब्दार्थ—1. दुलभ=दुर्लभ। 3. बइसाओल=बिठलाया। 9. भोरि=बेसुध।

(226)

चिर दिन से बिहि भेल अनुकूल रे। दुहु मुख हेरइत दुहु आकुल रे॥ 2॥
बाहु पसारिए दुहु दुहु धरु रे। दुहु अधरामृत दुहु मुख भरु रे॥ 4॥
दुहु तनु काँपए मदन उछल रे। किन किन किन करि किंकिनि रुचल रे॥ 6॥
जइतहिं स्मित नव बदन मिलहु रे। दुहु पुलकावलि ते लहु-लहु रे॥ 8॥
रस-मातल दुहु बसन खसल रे। विद्यापति रस-सिंधु उछलल रे॥ 10॥

शब्दार्थ—7. स्मित=हँसते हुए। 8. पुलकावलि=रोमांच। 9. मातल=मत्त बना। खसल=गिर पड़ा।

(227)

सुनु रसिआ, आब न बजाउ बिपिन बँसिआ॥ 2॥
बेरि बेरि चरनारबिंद गहि, सदा रहब बनि दसिआ।
कि छलहुँ कि होएब से नहि जानह, बृथा होएत कुल हँसिआ॥ 4॥
अनुभव ऐसन मदन-भुजंगम, हृदय मोर गेल डँसिआ।
नंद-नंदन तुअ सरन न त्यागब, बरु जग होए दुरजसिआ॥ 6॥
विद्यापति कह सुनु बनितामनि, तोर मुख जीतल ससिआ।
धन्य-धन्य तोर भाग गोआरिनि, हरि भजु हृदय हुलसिआ॥ 8॥

शब्दार्थ—रसिआ=रसिक। 2. बँसिआ=वंशी। 3. दसिआ=दासी। 4. कि=क्या। छलहुँ=थी। होएब=होऊँगी, बनूँगी। से=यह बात। के=कौन। कुल हँसिआ=कुल की निंदा। 4. ऐसन=ऐसा। मदन-भुजंगम=काम रूपी सर्प। गेल डँसिआ=डस गया, काट गया। 6. बरु=भले ही, वरंच। दुरजसिआ=अपयश, कलंक। 7. बनितामनि=स्त्रियों में रत्न समान। जीतल=जीत लिया। ससिआ=चंद्रमा।

(228)

सखि हे, कि पुछसि अनुभव मोए।
सेह पिरिति अनुराग बखानिअ, तिल तिल नूतन होए॥ 2॥
जनम अबधि हम रूप निहारल, नयन न तिरपित भेल॥
सेही मधुर बोल स्रवनहि सूनल, स्रुति पथ परस न गेल॥ 4॥
कत मधु-जामिनि रभस गमाओलि, न बूझल कइसन केलि॥
लाख लाख जुग हिअ हिअ राखल, तइओ हिअ जरनि न गेल॥ 6॥

कत विदगध जन रस अनुमोदए, अनुभव काहु न पेख॥
विद्यापति कह प्रान जुड़ाइते, लाखे न मीलल एक॥ 8॥

शब्दार्थ—1. कि पुछसि=क्या पूछती हो? मोए=मुझसे। 2. सेह=वही। तिल तिल=क्षण-क्षण। निहारल=देखा। स्रवनहि=कानों से। परस=स्पर्श। 5. मधु-जामिनि=वसंत की रात। रभस=कामक्रीड़ा। गमाओलि=बिता दी। तइओ=तो भी। जरनि न गेल=जलन न गई। 7. विदगध=विदग्ध, रसिक। रस अनुमोदए=रस का उपभोग करते हैं। पेख=देखना। 8. लाख में एक न मिला।

प्रार्थना और नचारी

(229)

बिदिता देबी बिदिता हो (मोहि), अबिरल-केस सोहंती।
एक अनेक सहस को धारिनिं, जरि रंगा पुरनन्ती? ॥ 2॥
कज्जल रूप तुअ काली कहिअए, उज्जल रूप तुअ बानी।
रविमंडल परचंडा कहिअए, गंगा कहिअए पानी॥ 4॥
ब्रह्मा-घर ब्रह्मानी कहिअए, हर-घर कहिअए गोरी।
नारायन-घर कमला कहिअए, के जान उतपति तोरी॥ 6॥
विद्यापति कविवर एहो गाओल, जाचक जन के गति।
हासिनि देइ पति गरुड़नराएन, देवसिंह नरपति॥ 8॥

(230)

कनक-भूधर-शिखर-बासिनि, चंद्रिका-चय-चारु-हासिनि।
दशन-कोटि-विकास-बंकिम, तुलित चंद्रकले॥ 1॥
क्रुद्ध-सुररिपु-बलनिपातिनि, महिष-शुंभ-निशुंभघातिनि।
भीत-भक्त-भयापनोदन, पाटव-प्रबले॥ 2॥
जय देवि दुर्गे दुरिततारिणि, दुर्गमारि-विमर्द-कारिणि।
भक्ति-नम्र-सुरासुराधिप, मंगलप्रवरे॥ 3॥
गगन-मंडल-गर्भगाहिनि, समर-भूमिषु सिंहवाहिनि।
परशु-पाश-कृपाण-सायक, शंख-चक्र-धरे॥ 4॥
अष्ट-भैरवि-संग शालिनि, स्वकर-कृत्त-कपाल-मालिनि।
दनुज-शोणित-पिशित-वर्द्धित, पारणा-रभसे॥ 5॥
संसारबन्ध-निदानमोचिनि, चंद्र-भानु-कृशानु-लोचनि।
योगिनी-गण-गीत-शोभित, नृत्यभूमि-रसे॥ 6॥
जगति पालन-जन्म-मारण, रूप-कार्य-सहस्त्र-कारण।
हरि-विरंचि-महेश-शेखर, चुम्ब्यमान-पदे॥ 7॥

सकल-पापकला-परिच्युति, सुकवि-विद्यापति-कृतस्तुति।
तोषिते शिवसिंह-भूपति, कामना-फलदे॥ 8॥

(231)

जय जय संकर जय त्रिपुरारि। जय अध पुरुष जयति अध नारि॥ 2॥
आध धबल तनु आधा गोरा। आध सहज कुच आध कटोरा॥ 4॥
आध हड़माल आध गजमोति। आध चानन सोह आध बिभूति॥ 6॥
आध चेतन मति आधा भोरा। आध पटोर आध मुँजडोरा॥ 8॥
आध जोग आध भोग बिलासा। आध पिधान आध दिग-बासा॥ 10॥
आध चान आध सिंदुर सोभा। आध बिरुप आध जग लोभा॥ 12॥
भने कविरतन बिधाता जाने। दुई कए बाँटल एक पराने॥ 14॥

(232)

भल हर भल हरि भल तुअ कला। खन पित बसन खनहिं बघछाला॥ 2॥
खन पंचानन खन भुजचारि। खन संकर खन देव मुरारि॥ 4॥
खन गोकुल भए चराइअ गाए। खन भिखि माँगिए डमरु बजाए॥ 6॥
खन गोबिंद भए लेअ महादान। खनहि भसम भरु काँख बोकान॥ 8॥
एके सरीर लेत दुइ बास। खन बैकुंठ खनहि कैलास॥ 10॥
भनइ विद्यापति बिपरित बानि। ओ नाराएन ओ सुलपानि॥ 12॥

(233)

आगे माइ एहन उमत बर लएलाह हिमगिरि, देखि देखि लगइछ रंग।
एहन उमत बर घोड़बो न चढ़इक, जहाँ घोड़ रँग रँग जंग ?॥ 2॥
बाघक छाल सओं बसहा पलानल, सापक लागल तंग।
डिमिक डिमिक जे डमरू बाजइन, खटर-खटर करु अंग॥ 4॥
भकर भकर जे भाँग भकोसथि, छटर पटर करु गाल।
चानन सओं अनुराग न थिकइन, भसम चढ़ाबथि भाल॥ 6॥
भूत पिसाच अनेक दल साजल, सिर सओं बहि गेल गंग।
भनइ विद्यापति सुनु ए मनाइनि, थिकाह दिगंबर अंग॥ 8॥

(234)

बेरि बेरि अरे सिब हमे तोहि कइलहुँ, किरिषि करिअ मन लाए।
रहिअ निसंक भीख मँगइते सब, गुन गौरब दुर जाए॥ 2॥
निरधन जन बोलि सब उपहासए, नहि आदर अनुकंपा।
तोहें सिब आक धतुर फूल पाओल, हरि पाओल फुल चंपा॥ 4॥

खटँग* काटि हर हर जे बनाबिअ, तिरसुल तोड़ि तोड़ि करु फार।
बसहा धुरंधर हर लए जोतिअ, पाटिअ सुरसरि धार॥ 6॥
भन विद्यापति सुनहु महेसर, इ लागि कएलि तुम सेबा।
एतए जे होएत से बरु होअओ, ओतए बिसरि जनि देबा॥ 8॥

(235)

हम नहि आजु रहब एहि आँगन, जँ बुढ़ होएत जमाए, गे माइ॥
एक तँ बइरि भेल बीध बिधाता, दोसर धिआ केर बाप॥
तेसरे बइरि भेल नारद बाभन, जे बुढ़ आनल जमाए, गे माइ॥
पहिलुक बाजन डामरु तोड़ब, दोसरे तोड़ब रुंडमाल॥
बड़द हाँकि बरिआत बैलाएब, धिआलए जाएब पड़ाए, गे माइ॥
धोती लोटा पतरा पोथी, सेहो सभ लेबन्हि छिनाए॥
जँ किछु बजता नारद बाभन, दाढ़ी धए लेब घिसिआए, गे माइ॥
भनइ विद्यापति सुनु हे मनाइनि, दिढ़ करु अपन गेआन॥
सुभ सुभ कए सिरी गौरी बिआहू, गौरी हर एक समान, गे माइ॥

(236)

नाहि करब बर हर निरमोहिआ।
बित्ता भरि तन बसन न तन्हिका, बाघ छाल काँख तर रहिआ॥ 2॥
बन बन फिरथि मसान जगाबथि, घर आँगन ओ बनौलनि कहिआ।
सासु ससुर नहि ननदि जेठौनी, जाए बैसति धिआ ककरा ठहिआ॥ 4॥
बूढ़ बड़द ढकढोल गोल एक, संपति भाँगक झोरिआ।
भनइ विद्यापति सुनु हे मनाइनि, सिव सन जग के कहिआ॥ 6॥

(237)

कतए गेलाह मोर बुढ़बा जती। पीसल भाँग रहल सेह गती॥ 2॥
आन दिन निकहि रहथि मोर पती। आज लगाए देल कओने उदगती॥ 4॥
एकसरि जोहए जाएब कोन गती। ठेसि खसब होएत दुरगती॥ 6॥
नंदनबन बिच मिलला महेस। गौरी हरखित भेली छुटल कलेस॥ 8॥
भनइ विद्यापति सुनु हे सती। एहो जोगिआ थिका त्रिभुवन पती॥ 10॥

(238)

जोगिआ एक हमे देखल गे माइ। अनहद रूप कहलो नहि जाई॥ 2॥
पंच बदन तिन नयन बिसाला। बसन बिहन ओढ़न बघछाला॥ 4॥
सिर बह गंग तिलक सोह चंदा। देखि सरूप मेटल दुखदंदा॥ 6॥

खटँग=खटवांग, सोंटा।

एही जोगिआ लए रहलि भवानी। मंन आनल बर कोन गुन जानी ॥ 8 ॥
कुल नहि सिल नहि तात महतारी। बएस हिनक थिक लछ जुग चारी ॥ 10 ॥
भन विद्यापति सुनु ए मनाइनि। एहो जोगिया थिका त्रिभुवन दानि ॥ 12 ॥

(239)

सिव हो, उतरब पार कओन बिधि।

लोढ़ब कुसुम तोरब बेलपात। पुजब सदासिब गौरिक साथ॥
बसहा चढ़ल सिब फिरए मसान। भंगिआ जरठ दरदो नहि जान॥
जप तप नहि कएलहुँ किछु दान। बिति गेल तिन पन करइत आन॥
भन विद्यापति सुनह महेस। निरधन जानि मोर हरह कलेस॥

(240)

जखन देखल हर हो गुननिधी। पुरल मनोरथ मोर सब बिधी ॥ 2 ॥
बसहा चढ़ल हर हो बुढ़ जती। काने कुंडल सोभ गले गजमोती ॥ 4 ॥
बइसल महादेव चौका चढ़ी। जटा छिरिआओल माओलि भरी ॥ 6 ॥
बिधिकरु बिधिकरु बिधिकरी करू। बिधि न करए हर हो हठ धरू ॥ 8 ॥
बिधिए करइत हर हो घुमि खसु। ससरि खसल फनि सिरि गौरी हँसु ॥ 10 ॥
केओ नहि किछ सखि हिनका कह। पुरब लिखल छला ई मोर पहू ॥ 12 ॥
कवि विद्यापति गाओल ना। गौरी उचित बर पाओल ना ॥ 14 ॥

(241)

हर जनि बिसरब मोर ममता, हम नर अधम परम पतिता।
तुअ सन अधमउघार न दोसर, हम सन जग नहि पतिता ॥ 2 ॥
जम के द्वार जवाब कओन देब, जखन पुछत कर धरिआ ॥ 4 ॥
जब जम किंकर कोपि पठाओत, तखन के होत धरहरिया ॥ 6 ॥
भन विद्यापति सुकवि पुनित मति, संकर बिपरीत बानी।
असरन सरन चरन सिर नाओल, दया करह सुलपानी ॥ 8 ॥

(242)

एत जप-तप हम की लागि कएलहुँ, कथिला कएल नित दान।
हमरि धिआ के एहो बर होएताह, अब नहि रहत परान ॥ 2 ॥
हर कें माए बाप नहि थिकइन, नहि छइन सोदर भाए।
मोर धिआ जओं सासुर जइती, बइसती ककर लग जाए ॥ 4 ॥
घास काटि लौती बसहो चरौती, कुटती भाँग धथूर।
एको पल गौरी बैसहु न पौती, रहती ठाढ़ि हजूर ॥ 6 ॥
भन विद्यापति सुनु ए मनाइनि, दिढ़ करु अपन गेआन।
तीन लोक के एहो छथि ठाकुर, गौरा देवी जान ॥ 8 ॥

(243)

कखन हरब दुख मोर,
हे भोलानाथ।
दुखहि जनम भेल दुखहि गमाओल,
सुख सपनहु नहि भेल हे भोलानाथ।
एहि भव-सागर थाह कतहु नहि,
भैरव धरु करुआर, हे भोलानाथ।
भन विद्यापति मोर भोलानाथ गति,
देहु अभय वर मोहि, हे भोलानाथ।

(244)

एहि बिधि चलला बिआहए
मोर बाउर जोगी।
टपर टपर कए बसहा आएल, खटर खटर रुँडमाल॥
भकर भकर सिब भाँग भकोसथि, डमरू लेल कर लाए॥
ऐपन मेटल पुरहर फोड़ल, फेकल चौमुख दीप॥
धिया लय मनाइनि मंडप पइसलि, गाबहु जनु सखि गीत॥
भन विद्यापति सुनु ए मनाइनि, ई थिका त्रिभुवन ईस।

(245)

आजु नाथ एक ब्रत महा सुख लागत हे।
तोहें सिव धरु नट बेष कि डमरू बजाबह हे॥
तोहें गौरी कहैछह नाचए हमे कोना नाचब हे॥
चारि सोच मोहि होए कोन बिधि बाँचब हे॥
अमिअ चबिअ भुमि खसत बघंबर जागत हे॥
होएत बघंबर बाघ बसहा धरि खाएत हे॥
सिरसँ ससरत साँप पुहुमि लोटाएत हे॥
कातिक पोसल मजूर सेहो धरि खाएत हे॥
जटासँ छिलकत गंग, भूमि भरि पाटत हे॥
होएत सहस मुखि धार, समेटलो न जाएत हे॥
मुंडमाल टुटि खसत, मसानी जागत हे॥
तोहें गौरी जएबह पड़ाए, नाच के देखते हे॥
सुकवि विद्यापति गाओल, गाबि सुनाओल हे।
राखल गौरी केर मान, चारू बचाओल हे॥

(246)

आगे माइ, जोगिआ मोर जगत सुखदायक, दुख ककरहु नहि देल।
दुख ककरहु नहि देल महादेव, दुख ककरहु नहि देल॥
एहि जोगिआ के भाँग भुलओलक, धथुर खोआए धन लेल॥
आगे माइ, कातिक, गनपति दुह जन बालक, जग भरि के नहि जान।
तनिका अभरन किछुओ न थिकइन, रति एक सोन नहि कान॥
आगे माइ, सोना रूपा अनका सुत अभरन, आपन रुद्रक माल।
अपना सुत लए किछुओ न जुरइनि, अनका लए जंजाल॥
आगे माइ, छनमे हेरथि कोटि धन बकसथि, ताहि देबा नहि थोर।
भनइ विद्यापति सुनु हे मनाइनि, थिकाह दिगंबर भोर॥

(247)

जोगिआ भँगवा खाइत भेला रँगिआ, भोला बौड़हबा।
सबके ओढ़ाबे भोला साल दोसलबा, आप ओढ़ए मृगछलबा॥
सबके खिलावे भोला पाँच पकवनमा, आप खाए भाँग धथुरबा।
कोइ चढ़ाबे भोला अच्छत चानन, कोइ चढ़ाबे बेलपात॥
जोगिनि भूतिनि सिव के सँपतिआ, भैरो बजावे मिरदंगिआ।
भन विद्यापति जय जय संकर, पारबती रौरी सँगिआ॥

(248)

जओ हम जनितहुँ भोला भेला ठकना, होइतहुँ राम गुलाम, गे माइ।
भाई बिभीखन बड़ तप कएलन्हि, जपलन्हि रामक नाम, गे माइ।
पूरुब पच्छिम एको नहि गेला, अचल भेला ठामे ठाम, गे माइ।
बीस भुजा दस माथ चढ़ाओल, भाँग देल भरि गाल, गे माइ।
नीच-ऊँच सिव किछु नहि गुनलन्हि, हरषि देलन्हि रुंडमाल गे माइ।
एक लाख पूत सवा लाख नाती, कोटि सोबरनक दान, गे माइ।
गुन अवगुन सिव एको नहि बुझलन्हि, रखलन्हि राबनक नाम, गे माइ।
भनइ विद्यापति सुकवि पुनित मति, कर जोरि विनमओं महेस, गे माइ।
गुन अवगुन हर मन नहि आनथि, सेवकक हरथि कलेस, गे माइ।

जानकी वंदना

(249)

रे नरनाह सतत भजु ताही। जाहि नहि जननि जनक नहि जाही॥ 2॥
बसु नइहरा ससुरा के नाम। जननिक सिर चढ़ि गेली ओही गाम॥ 4॥
सासुक कोर में सुतल जमाए। समधि विलह तँ बिलहल जाए॥ 6॥
जाहि उदर सँ बाहर भेलि। से पुनि पलटि ततहि चलि गेलि॥ 8॥
भनइ विद्यापति सुकवि सुजान। कविक मरम कें कवि पहिचान॥ 10॥

गंगा-स्तुति

(250)

कतसुख सार पाओल तुअ तीरे। छाड़इते निकट नयन बह नीरे ॥ 2 ॥
कर जोरि विनमओं विमल तरंगे। पुन दरसन होअ पुनमति गंगे ॥ 4 ॥
एक अपराध छेमब मोर जानी। परसल माए पाए तुअ पानी ॥ 6 ॥
कि करब जप तप जोग धेआने। जनम कृतारथ एकहि सनाने ॥ 8 ॥
भनइ विद्यापति समदओं तोहि। अंत काल जनु बिसरह मोहि ॥ 10 ॥

(251)

ब्रह्मकमंडलु बास सुवासिनि, सागर नागर गृहबाले।
पातक महिष विदारण कारण, धृत करवाल बीचि-माले ॥
जय गंगे जय गंगे, शरणागत भय भंगे।
सुर मुनि मनुज रचित पूजोचित, कुसुम विचित्रित तीरे।
त्रिनयन मौलि जटाचय चुंबित, भूति भूषित सित नीरे ॥
हरिपद कमल गलित मधुसोदर, पुण्य पुनित सुरलोके।
प्रविलसदमरपुरी-पद गान, बिधान विनाशित शोके।
सहज दयालुतया पातकि जन, नरकविनाशन निपुणे।
रुद्रसिंह नरपति वरदायक, विद्यापति कवि भणित गुणे ॥

श्रीकृष्ण-कीर्तन

(252)

माधव, कत तोर करब बड़ाई।
उपमा तोहर कहब ककरा हम, कहितहुँ अधिक लजाई ॥
जओ सिरिखंड सौरभ अति दुरलभ, तओं पुनि काठ कठोरे।
जओं जगदीस निसाकर तओं पुनि, एकहि पच्छ उजोरे ॥
मनिक समान आन नहि दोसर, तनिकर पाथर नामे।
कनक कदलि छोटि लज्जित भय रह, की कहु ठामहि ठामे ॥
तोहर सरिस एक तोहीं माधव, मन होइछ अनुमाने।
सज्जन जन सओं नेह उचित थिक, कवि विद्यापति भाने ॥

(253)

माधव, बहुत मिनति कर तोहि।
दए तुलसी तिल देहं समरपल, दया जनि छाड़ब मोहि ॥
गनइत दोस गुन-लेस न पाओब, जब तोहें करब बिचार।
तोहें जगनाथ जगत कहाओसि, जगबाहर नहि मुञि छार ॥
किअ मानुस पसु पखि भए जनमिअ, अथवा कीट पतंग।

करम बिपाक गतागत पुनु पुनु, मति रह तुअ परसंग॥
भनइ विद्यापति अतिसय कातर, तरइते ई भव-सिंधु॥
तुअ पद-पल्लव केर अवलंबन, तिला एक देह दिनबंधु॥

(254)

तातल सैकत बारि-बिंदु सम, सुत मित-रमनि-समाजे।
तोहि बिसारि मन नाहि समरपल, अब मझु होब कोन काजे॥
माधव, हंम परिनाम निरासा।
तोहें जगतारन दीन दयामय, अतए तोहर बिसबासा॥
आध जनम हम नींद गोड़ायलुँ, जरा सिसु कत दिन गेला।
निधुबन रमनि रंग रसे मातलुँ, तोहि भजब कोन बेला॥
कत चतुरान मरि मरि जाओत, न तुअ आदि अवसाना।
तोहि जनमि पुनु तोहि समओत, साग लहरि समाना॥
भनइ विद्यापति शेष समन भय, तुअ बिनु गति नहि आरा।
आदि अनादिक नाथ कहओसि, भव तारन भार तोहारा॥

(255)

जतने जतेक धन पापें बटोरलुँ, मिलि-मिलि परिजन खाए।
मरनक बेरि हरि केओ नहि पूछत करम संग चलि जाए॥
ए हरि, बंदओं तुअ पद नाए।
तुअ पद परिहरि पाप-पयोनिधि, पारक कओन उपाए॥
जावत जनम हम तुअ पद न सेविलुँ, मतिमय जुबती मेलि।
अमरित तेजि हालाहल पीयलुँ, संपद विपदहि भेलि॥
भनइ विद्यापति लेह मनहि गुनि, कहिलें कि जनि हय काज।
साँझक बेरि सेवकाई मँगइते, हेरइते तुअ पद लाज॥

विविध

व्यथा

(256)

माधब, कि कहब तिहरो गेआन।
सुपहु कहल जब रोष कएल तब करें मूँनल दुहु कान॥ 2॥
आएल गमनक बेरि न नीन टरु तें किछु पुछिओ न भेला।
एहनि करमहिनि हम सनि के धनि, करसँ परसमनि गेला॥ 4॥
जओं हम जनितहुँ एहन निठुर पहु, कुच-कंचन-गिरि-साँधि।
कौसल करतल बाहु-लता लए, दिढ़ करि रखितहुँ बाँधि॥ 6॥

ई सुमिरिअ जब जाओं मरिए तब, बुझि पड़ हृदय पषाने।
हिमगिरि-कुमरि चरन हृदय धरि, कवि विद्यापति भाने॥ 8॥

प्रेम

(257)

फुल एक फुलबाड़ी लाओल मुरारि। जतने पटाओल सुबचन बारि॥ 2॥
चौदिस बान्हल सीलक आरि। जिबे अबलंबन करु अवधारि॥ 4॥
ततहु फुलल फुल अभिनव पेम। जसु मूल लहए न लाखहु हेम॥ 6॥
अति अपुरुब फल परिनत भेल। दुइ जिव अछल एक भए गेल॥ 8॥
पिसुन-कीट नहि लागल ताहि। साहसें फल देल बिहि निरबाहि॥ 10॥
विद्यापति कह सुंदर सेह। करिअ जतन फलमत होए जेह॥ 12॥

शिवसिंह का युद्ध

(258)

दूर दुग्गम दमसि भंजेओ, गाढ़ गढ़ गूढ़िअ गंजेओ।
पातिसाह समीप सीमा, समर दरसेओ रे॥ 1॥
ढोल तरल निसान सद्दहि, भेरि काहल संख नद्दहि।
तीनि भुवन निकेत केतकि, सान भरिओ रे॥ 2॥
कोहे नीर पयान चलिओ, वायु मध्ये राअ गरुओ।
तरनि तेअ तुलाधरा, परताप गहिओ रे॥ 3॥
मेरु कनक सुमेरु कंपिअ, धरनि पूरिअ गगन झंपिअ।
हाथि तुरअ पदाति, पअभर, कमन सहिओ रे॥ 4॥
तरल तर तरवारि रंगे, बिज्जुदाम छटा तरंगे।
घोर घन संघात बारिस-काल दरसेओ रे॥ 5॥
तुरय कोटिअ चाप चूरिअ, चारि दिसि चौ विदिस पूरिअ।
विषम सार असार धारा, धरनि भरिओ रे॥ 6॥
अंध कूअ कबंध लाइअ, फेरबी फफ्फरिस गाइअ।
रुहिर मत्त परेत भूत, बेताल, चलिओ रे॥ 7॥
पार भइ परिपंथि गंजिअ, भूमि मंडल मुंडे मंडिअ।
चारु चंद्र कलेव किति, सुकेत तुलिओ रे॥ 8॥
राम रूप सुधम्म खिक्खिअ, दान दप्प दधीचि रक्खिअ।
सुकवि नव जयदेव, भनिओ रे॥ 9॥

देवसिंह नरेंद नंदन, शत्रु नरवइ कुल निकंदन।
सिंह सम सिवसिंह राआ, सकल गुनक निधान गनिओ रे॥ 10॥

दृष्टकूट

(259)

हरि सम आनन हरि सम लोचन, हरि तहाँ हरि बर आगी।
हरिहि चाहि हरि हरि न सोहाबए, हरि हरि कए उठ जागी॥
माधब हरि रहु जलधर छाई।
हरि नयनी धनि हरि घरिनी जनि, हरि हेरइत दिन जाई॥
हरि भेल भार हार भेल हरि सम, हरिक बचब न सोहाबे।
हरिहि पइसि जे हरि जे नुकाएल, हरि चढ़ि मोर बुझाबे॥
हरिहि बचन पुनु हरि सएँ दरसन, सुकवि विद्यापति भाने।
राजा सिवसिंह, रूपनराएन, लखिमा देवि रमाने॥

(260)

माधब, आब बुझल तुअ साजे।
पाँच दुगुन दस गुन सए गुन पुनि, से देलह कोन काजे॥
चालिस चारि काटि चौठाइ, से हम से पिआ मोरा।
से निरखैत मुख पेखैत चौदिस, करत जनम के ओरा॥
साठिहु मह दह बिंदु बिबरजित, के से सहत उपहासे।
हम अबला अब पहुक दोससँ, दुइ बिंदु करब गरासे॥
नव बुंदा दए नवए वाम कए, से डर हमर पराने।
कपटी बालमु हेरि न हेरए, कारन के नहि जाने॥
भनइ विद्यापति सुनु बर जौबति, ताहि करथि के बाधा।
अपन जीब दए परक बुझाइअ, नाल कमल दुइ आधा॥

(261)

कुसुमित कानन कुंजे बसी। नयनक काजर घोरि मसी।
नखसँ लिखल नलिनि दल पात। लीखि पठाओल आखर सात॥
प्रथमहि लिखलनि पहिल बसंत। दोसरें लिखलनि तेसरक अंत।
लिखि नहि सकलीहि अनुज बसंत। पहिलहि पद अछि जीवक अंत॥
भनइ विद्यापति आखर लेख। बुध-जन होथि से कहत बिसेख॥

(262)

द्विज आहर आहर सुत नंदन, सुत आहर सुत कामा।
बनज बंधु सुत सुत दए सुंदरि, चललि संकेतक ठामा॥

माधब, बूझल कथा बिसेखी।
तुअ न लुबुधलि प्रेम पिआसलि, माधब आइलि उपेखी॥
हरि अरि अरि पति तातक वाहन, जुवति नामे से होई।
गोपति पति अरि वाहन दस मिलि, बिरमति कबहुँ न सोई॥
सायक जोगे नाम तसु नायक, हरि अरि अरि पति जाने।
नौमि दशा हे एक मिलु कामिनि, सुकवि विद्यापति भाने॥

बाल-विवाह

(263)

पिआ मोर बालक हम तरुनी।
कोन तप चूकि भेलहुँ जननी॥
पहिरि लेल सखि दछिनक चीर।
पिआ के देखैत मोर दगध सरीर॥
पिआ लेल गोद कए चललि बाजार।
हटिआक लोक पूछ के लागु तोहार॥
नहि मोर देओर कि नहि छोट भाइ।
पुरब लिखल छल बालमु हमार॥
बाट रे बटोहिआ कि तुहु मोरा भाइ।
हमरो समाद नैहर लेने जाइ॥
कहिहुन बाबा के किनए धेनु गाइ।
दुधबा पिआइकें पोसता जमाइ॥
नहि मोरा टाका अछि नहि धेनु गाइ।
कोन बिधि पोसब बालक जमाइ॥
भनइ विद्यापति सुनु ब्रजनारि।
धैरज धए रहु मिलत मुरारि॥

परकीया (स्वंयंदूतिका)

(264)

अपर पयोधि मगन भेल सूर।
नखि-कुल-संकुल बाट बिदूर॥
नरि परिहरि नाविक घर गेल।
पथिक गमन पथ संसय भेल॥
अनतए पथिक करिअ परबास। हमे धनि एकलि अंत नहि पास॥
एक चिंता अओक मनमथ सोस। दसनि दसा मोहि करमक दोस॥
रयनि न जाग सखी जन मोर। अनुखन सगर नगर भम चोर॥

तोहें तरुन हमे बिरहिनि नारि। उचितहु बचन उपज कुलगारि॥
बामा बचन बाम पथ धाव। अपन मनोरथ जुगुति बुझाव॥
भनइ विद्यापति नारि सयानि। भल कए रखलक दुहु अनुमानि॥

(265)

हमे जुबती पति गेलाह बिदेस। लग नहि बसए पड़ोसिअहु लेस॥
सासु ननंदि किछुओ नहि जान। आँखि रतौंधी सुनए न कान॥
जागह पथिक जाह जनु मोर। राति अँधार गाम बड़ चोर।
भरमहु भौंरि न देख कोतबार। पओलहु नेओते न करए बिचार॥
अधिप न कर अपराधिहु साति। पुरुष महते सब हमरे सजाति॥
विद्यापति कवि एह रस गाब। उकुतिहि अबला भाव जनाब॥

(विद्यापति की मृत्यु)

(266)

दुल्लहि तोहर कतए छथि माए। कहुन्ह ओ आबथु एखन नहाए।
बृथा बुझथु संसार बिलास। पल पल नाना भौतिक त्रास॥
माए बाप जओं सदगति पाब। संतति काँ अनुपम सुख जाब।
विद्यापतिक आयु अबसान। कातिक धवल त्रयोदसि जान॥

॥ इति॥